누구나 만들 수 있는

대박나는 전단지 작성법

이진천, 연현정 지음

누구나 만들 수 있는
대박나는 전단지 작성법

초판 인쇄일 2018년 2월 26일
초판 발행일 2018년 3월 10일

지은이 이진천, 연현정
발행인 박정모
등록번호 제9-295호
발행처 도서출판 **혜지원**
주소 (10881) 경기도 파주시 회동길 445-4(문발동 638) 302호
전화 031)955-9221~5 **팩스** 031)955-9220
홈페이지 www.hyejiwon.co.kr

기획·진행 박혜지
디자인 전은지
영업마케팅 김남권, 황대일, 서지영
ISBN 978-89-8379-957-9
정가 18,000원

Copyright © 2018 by 이진천, 연현정 All rights reserved.

No Part of this book may be reproduced or transmitted in any form, by any means without the prior written permission on the publisher.

이 책은 저작권법에 의해 보호를 받는 저작물이므로 어떠한 형태의 무단 전재나 복제도 금합니다.
본문 중에 인용한 제품명은 각 개발사의 등록상표이며, 특허법과 저작권법 등에 의해 보호를 받고 있습니다.

이 도서의 국립중앙도서관 출판예정도서목록(CIP)은 서지정보유통지원시스템 홈페이지(http://seoji.nl.go.kr)와
국가자료공동목록시스템(http://www.nl.go.kr/kolisnet)에서 이용하실 수 있습니다.(CIP제어번호 : CIP2018007740)

누구나 만들 수 있는

대박나는 전단지 작성법

혜지원

머리말

우리는 항상 주변에서 수없이 많은 전단지를 접하게 된다.
집 앞에 놓인 배달 음식 전단지를 비롯하여 출근길 역 앞에서 나눠주는 헬스 클럽 전단지, 학교 앞에서 배포하는 학원 전단지, 마트의 이벤트나 창고의 폐업 세일 전단지, 동네의 음식점이나 미용실 개업 전단지, 길거리 전봇대에 붙어있는 개인과외 전단지 등 셀 수 없이 많은 전단지가 있다.

전단지는 때때로 쓰레기통으로 바로 들어가기도 하지만 그 정보를 통해 물건이나 서비스를 구매하기도 한다. 전단지의 광고는 다양한 광고 방법 중 가장 가성비가 좋은 광고라 할 수 있다. 특히, 소규모 매장을 운영하는 골목상권의 가게에서는 전단지만큼 유용한 광고가 없을 것이다.

영세한 가게를 운영하는 오너 입장에서는 가게를 알리고 손님을 끌어오기 위해 누구나 전단지 광고를 생각하게 된다. 하지만 전문광고회사에 의뢰하여 제작할 경우 질 높은 전단지가 제작될 수 있지만 비용면에서 무리가 따르기 때문에 쉽게 접근하지 못하고 광고회사를 거치지 않고 바로 인쇄소에 제작을 의뢰하는 경우도 적지 않다. 이 경우 판에 박힌 디자인과 카피문구 등은 감수해야 하므로 본인 가게만의 개성은 포기해야만 한다.

그래서 많은 전단지가 유사한 디자인에 판박이 같은 카피문이 된다. 본인 가게만의 개성이 있는 전단지가 제작되지 못한다.

외주 업체에 맡겨 제작하더라도 자신이 알고 맡기는 것과 모르고 맡기는 것은 질적인 면에서 천지차이가 난다. 오너는 판매하고자 하는 상품이나 서비스에 대해 누구보다도 잘 알고 있기 때문에 직접 제작에 참여함으로써 전단지의 질을 높일 수 있다. 전단지의 질이 바로 매출과 직결되는 것이기 때문이다. 아무리 적은 금액이라도 자금을 투자하여 제작하는 전단지인만큼 광고 효과를 최대화할 수 있어야 한다. 이 책에서는 골목상권의 영세한 가게 오너가 전단지 광고를 하는데 있어 전단지에 대한 이해를 돕고, 약간의 컴퓨터 활용 능력으로 전단지를 직접 제작하는 방법에 대해 설명한다.

첫 번째 파트에서는 전단지 종류, 특징, 배포 방법 등 전단지 광고에 대해 이해하고,

두 번째 파트에서는 전단지 작성을 위한 절차, 용지, 레이아웃, 색상 등 전단지 제작을 위한 기본적인 지식을 다루었다.

세 번째 파트에서는 전단지에 들어갈 문구인 카피문 또는 헤드라인의 작성을 위한 힌트(팁)를 제공한다.

네 번째와 다섯 번째 파트에서는 실전 실습으로 파워포인트와 워드 및 한글을 이용하여 예제 전단지를 작성한다.

 아무쪼록 골목상권에서 작은 가게를 운영하는 오너들이 이 책을 통해 전단지 광고를 조금이라도 더 이해하고, 자신만의 색깔이 있는 전단지를 제작하는 데 도움이 되었으면 한다. 아울러 이렇게 만들어진 전단지의 광고 효과로 인해 매출이 조금이라도 향상되기를 기대해본다.

2018년 초

갤러리

전단지 종류

낱장 전단지

스티커형 전단지

자석식 전단지

고리식 전단지

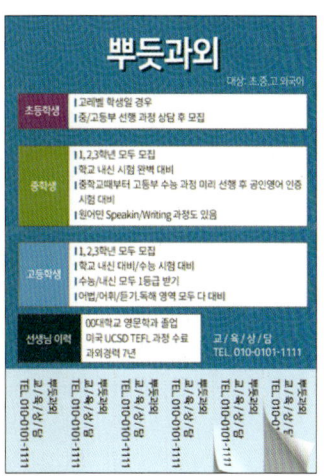

문어발식 전단지

카드식 전단지

명함식 전단지

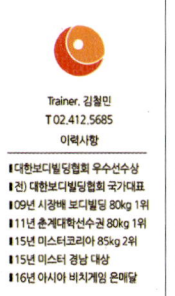

쿠폰형 전단지

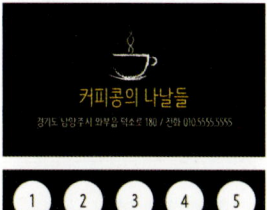

Gallery. 갤러리 7

예제용 전단지

파워포인트 실습용

이 책에서 실습을 통해 직접 만들어 볼 수 있는 전단지 샘플

하나의 전단지를 작성한 후 다양한 디자인 테마를 설정하여 변화를 줄 수 있다. 같은 전단지인데 테마에 따라 다른 느낌의 전단지를 만들 수 있다.

MS-Word 실습용

8 누구나 만들 수 있는 대박나는 전단지 작성법

한글 실습용

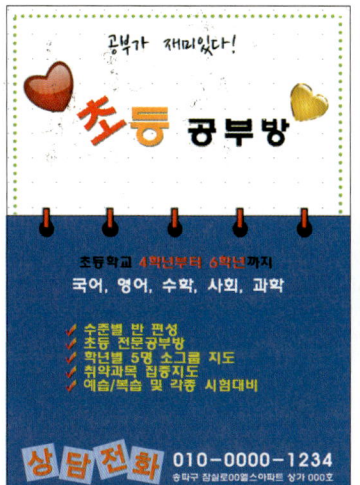

목차

1 전단지 광고의 이해

Section 01 광고의 종류 ································ 14
Section 02 전단지란? ································· 17
Section 03 전단지의 특징 ····························· 19
Section 04 왜 전단지 광고인가? ···················· 21
Section 05 전단지의 종류 ····························· 24
Section 06 전단지 배포 방법 ························· 29
Section 07 전단지 광고의 주요 포인트 ··········· 33
Section 08 전단지의 효과 측정 방법 ·············· 38
Section 09 전단지의 효과와 숫자의 이해 ········ 41
Section 10 효과적인 전단지의 특징 ················ 46
Section 11 효과없는 전단지의 특징 ················ 50

2 전단지 작성을 위한 기초

Section 01 전단지 작성 순서 ························· 54
Section 02 전단지의 기본 요소 ······················ 59
Section 03 좋은 전단지 제작을 위한 팁 ········· 62
Section 04 용지의 선택 ································ 68
Section 05 전단지 디자인의 주요 포인트 ········ 73
Section 06 레이아웃 패턴 ····························· 76
Section 07 색채와 배색 ································ 81
Section 08 인상을 좋게 하는 사진과 레이아웃 ··· 87
Section 09 이미지(사진) 고르는 방법 ············· 94
Section 10 주의해야 할 점 ···························· 99

3 전단지 카피 작성법

Section 01 카피는 누가 만드나? ·········· 104
Section 02 좋은 헤드라인은? ·········· 106
Section 03 헤드라인을 만들기 위한 팁 ········ 108

4 파워포인트를 활용한 전단지 작성법

Section 01 왜 파워포인트 인가? ·········· 150
Section 02 파워포인트의 시작 및 화면 구성 ··· 154
Section 03 파워포인트의 주요 기능·········· 161
Section 04 전단지 작성 예제 : 영어 학원 전단지 184
Section 05 전단지 작성 예제 : 음식점 전단지   206

5 워드프로세서를 활용한 전단지 작성법

Section 01 워드(MS-Word)는? ················ 226
Section 02 전단지 작성 예제 : 요가학원 전단지 ··· 228
Section 03 전단지 작성 예제 : 애견용품 전단지 ··· 244
Section 04 전단지 작성 예제 : 템플릿 활용 방법 ··· 258
Section 05 한글은? ···························· 264
Section 06 전단지 작성 예제 : 공부방 전단지 ······ 266
Section 07 전단지 작성 예제 : 카페 전단지 ········ 302

chapter 1 | 전단지 광고의 이해

우리 주변에서 전단지는 쉽게 볼 수 있지만 전단지 광고에 대해 정확히 이해하고 광고를 실시하는 자영업주는 그리 많지 않다. 조금이라도 효과를 높이기 위해서는 전단지에 대한 이해를 토대로 광고를 실시해야 하는데 현실적으로는 그렇게 하지 못하고 있다. 전단지 작성 방법을 배우기에 앞서 전단지 광고의 특징과 활용 방법 등 전단지 광고에 대한 기본적인 내용에 대해 알아보자.

Section 01 광고의 종류

1 매스 미디어 광고

　매스 미디어는 불특정 다수에게 정보를 전달하는 텔레비전이나 라디오, 신문이나 잡지를 말한다. 자영업자의 입장에서는 매스 미디어 광고는 비용 측면에서 현실적으로 어렵다. 자영업자들이 실시할 수 있는 광고는 지역 케이블 방송, 지역 신문이나 잡지를 활용하는 것이다. 지역 케이블 방송도 광고 제작비와 광고료 등 비용이 많이 소요되기 때문에 자영업자가 실시하기에는 한계가 있다. 지역 신문이나 잡지도 비용대비 효과 측면에서 보면 현실적으로 그리 효율적인 매체가 되지 못한다.

2 SNS 광고

　페이스북(FaceBook), 트위터, 홈페이지, 블로그 등 컴퓨터의 온라인을 활용한 광고다. 최근에는 카카오톡과 같은 단문 메시지 서비스를 이용한 광고도 늘어나고 있다. 이 광고 역시 해당 사이트나 회사에 광고비를 지불하면서 실시하기에는 한계가 있다. 일반적으로 파워 블로거의 맛집 소개 등 유저가 많은 블로그에 싣거나 지역 맛집 소개 사이트에 댓글 형식으로 홍보하는 방법이다. 온라인 입소문을 타서 화제가 되면 폭발적인 반응을 얻을 수 있지만 자사의 홈페이지나 블로그만으로는 동네 가게의 매출 증대를 꾀하기는 한계가 있다. 손님을 가장하여 포스팅을 하거나 댓글을 다는 방법도 있지만 동네 장사에서는 한계가 있을 수밖에 없다. 또, 꾸준히 관리하지 않으면 오히려 역효과가 날 수 있다.

3 현수막 광고

골목 상점에서 많이 사용하는 광고 방법의 하나다. 큰 글씨로 가게를 알리거나 제품(메뉴)을 소개하는 현수막은 비교적 저렴한 비용으로 지나다니는 사람들의 눈길을 끌기 위한 좋은 광고 방법이다. 가게에 직접 부착하는 것은 크게 문제되지 않지만 아무 곳이나 내걸 수 없다는 점이 제약이다. 이러한 제약을 해소하기 위해 관공서에서 지정한 특정 게시 공간을 이용할 경우는 제한된 장소에만 게시해야 하는 점이 문제가 된다. 또, 현수막의 크기에 따라 글자 수의 제약으로 알리고자 하는 정보의 양이 적다는 것과 365일 같은 현수막을 걸어 놓으면 오히려 역효과가 날 수 있다. 실제적으로는 기간의 제약이 없으나 현실적으로 효과 측면에서는 기간의 제약이 있다고 볼 수 있다.

4 입간판 광고

가게 앞에 세워놓는 간판을 말한다. 단순히 가게의 이름이나 제품을 소개하는 나무나 철제의 입간판과 공기를 주입한 기둥식 간판, 공기를 주입하여 세워 놓는 에어라이트 광고, X배너라 불리는 접이식 간판 등 여러 종류가 있다. 영업 시간에 내놓고 홍보할 수 있어 간편하지만 통행인들에게 불편을 끼칠 수 있고 바람이 불면 넘어질 수 있어 주의해야 한다. 또, 옥외 광고물 관리법에 저촉될 수 있다는 점에서 주의해야 한다. 매장 앞이나 근처에 설치하기 때문에 광고 범위가 좁고 알릴 수 있는 정보의 양에 제약이 있다. 가게 주변을 지나치는 행인을 상대로 간단한 메뉴나 이벤트를 알리는 데는 효과적이다.

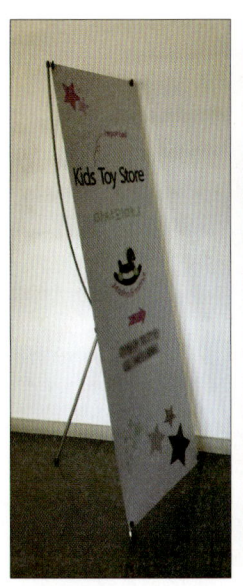 

그림 X 배너와 에어라이트 광고판

5 전단지 광고

제작 단가가 비교적 저렴하며 특정 타깃을 지정하여 공략할 수 있고 효과를 쉽게 파악할 수 있어 동네 자영업자들이 가장 많이 실시하는 광고 방법이다. 가성비가 가장 좋은 광고라 할 수 있다. 전단지의 종류도 다양하다. 일반적인 낱장의 종이 전단지를 비롯하여 아파트 문 앞에 부착하는 자석식, 문고리에 거는 고리식, 아파트 입구 게시판이나 전봇대 등에 부착하여 연락처를 떼어 갈 수 있는 문어발식 전단지 등 응용하기에 따라 다양한 형태로 제작할 수 있다. 약간의 비용으로 쉽게 배포할 수 있어 많은 자영업자들이 선호하는 광고 방법이다. 그러다 보니 여기 저기 전단지가 난무하여 바로 쓰레기통으로 향하는 경우도 많다. 특색이 없거나 타깃을 잘못 잡게 되면 실패할 확률도 높다.

이 외에도 잡지 광고, 전철이나 버스 등 교통수단을 이용한 광고, 우편에 의한 D.M광고, 인터넷과 모바일 광고 등 다양한 형태의 광고가 있다. 교통수단을 이용한 광고에서는 외부에 씰을 부착하거나 랩핑하는 방법도 있고 내부에 있는 디스플레이를 통한 광고도 있다. 하지만 이런 광고는 일반 동네 자영업자들에게는 쉽지 않은 광고다. 우편물 광고의 경우는 이 책에서 다루는 전단지 광고에 포함될 수 있다. 하지만 골목 상점의 자영업자가 실시하기에는 주소록 확보의 어려움, 비용대비 효과가 미미하여 제한적이다.

Section 02 전단지란?

전단지는 '광고, 홍보를 위해 뿌리는 인쇄물'을 말한다. 속어로는 일본어인 '찌라시(チラシ)'라는 단어를 그대로 사용하기도 한다. 우리 생활 속에서 귀찮을 정도로 많이 접하는 것이 전단지라 할 수 있다. 신문 사이에 끼워서 배달되는 광고지를 포함하여 전봇대에 붙어 있는 광고지, 역이나 상가 앞에서 나눠주는 광고지, 축제나 바자와 같은 이벤트를 알리기 위해 관광지에서 배포하는 광고지, 음식이나 상품 배달을 하면서 추가로 정보를 제공하기 위해 나눠주는 광고지, 가정집이나 사무실 문에 부착하는 자석식 광고물이나 스티커 등 다양한 종류와 형태가 있다.

기본적으로 전단지는 상품이나 서비스 판매 촉진을 홍보하기 위한 용도로 특정 지역을 한정하여 배포하는 광고용 매체의 하나라 할 수 있다. 상품이나 서비스가 아닌 국회의원 선거나 지방자치단체장 선거 시에 후보들이 자신을 알리기 위해 돌리는 명함이나 홍보물도 전단지의 한 종류라 할 수 있다. 이 책에서는 주로 동네 가게(골목 상점)의 자영업자가 상품이나 서비스의 홍보와 판촉을 위해 제작하는 전단지에 대해 설명한다. 골목 상점에서 전단지를 활용한 배포 방법으로는 크게 다음의 세 종류가 있다.

1 직접 배포하는 방법

적극적인 배포 방법으로 가장 많이 활용하는 방법이다. 길거리에서 행인들에게 직접 전달하거나 아파트나 각 가정집 등 타깃이 되는 시설물에 무차별적으로 배포하는 방법이다. 우편으로 발송하는 것도 이 방법의 하나라 할 수 있으나 주소록의 확보, 비용의 증대 등으로 골목 상점에서 배포하기에는 비효율적이다.

예를 들어 배달 음식점의 메뉴 소개 전단지를 아파트의 각 세대에 배포한다든지, 부동산 분양 광고를 불특정 다수의 사람에게 나눠주거나 지하철역 앞에서 배포하는 어학원의 전단지도 이에 해당된다. 광고를 우편으로 각 가정이나 회사에 발송하는 것도 해당된다. 가장 오래된 방법은 백화점 세일이나 개업 소식의 전단지를 신문지 사이에 끼워서 신문과 함께 배포하는 것도 이 방법에 해당된다.

고객들의 반응에 관계없이 배포되기 때문에 배포한 수량에 비해서 반응 비율은 낮은 편이지만 많은 사람들에게 배포한다는 점에서는 보이지 않는 홍보 효과까지 기대할 수 있는 방법이다.

2 일정한 장소에 비치하는 방법

상대적으로 소극적인 배포 방법이다. 이 방법은 계산 카운터나 점포 출입구 근처, 버스 정류장 등 대상 고객(타깃)의 왕래가 잦은 위치에 놓아두고 관심을 가진 고객이 자유롭게 가져갈 수 있게 하는 방법이다. 예를 들어, 백화점에서 명절 선물세트를 한눈에 볼 수 있는 전단지를 계산대 주변에 놔두면 관심을 가진 고객이 가져갈 수 있게 하는 방법이다. 식당이나 편의점의 카운터 옆이나 출입구 앞에 배치하여 필요한 손님이 가져가게 하는 경우도 있다. 아파트 출입구 앞에 놓인 전단지도 쉽게 볼 수 있다.

관심이 있거나 필요한 사람이 가져가기 때문에 배포한 수량에 비해 상대적으로 반응 비율이 높은 배포 방법이다. 하지만 소극적 배포 방법이어서 특별히 관심을 갖지 않는 한 지나치는 경우가 많아 배포 수량이나 범위는 제한적이다.

3 게시하는 방법

건물의 벽이나 엘리베이터와 같은 시설물 또는 특정 게시판에 부착하는 방법이다. 예를 들어, 아파트 입구 게시판에 붙이는 학원, 미용, 마트의 이벤트 등을 알리는 홍보용 광고지다. 영화관이 있는 건물의 엘리베이터 게시 공간에 상영되는 영화의 제목과 시간표를 부착하는 것도 이 방법이다. 거리에서 가장 많이 볼 수 있는 방법으로 전봇대나 벽에 무차별적으로 붙어 있는 창고 방출 이벤트, 학원이나 헬스클럽 홍보용 광고지도 이에 해당된다. 불특정 다수의 사람에게 노출하고 관심을 가진 사람이 연락하거나 방문하도록 유도하는 홍보 방법이다. 이 방법은 배포 수량이 한정되기 때문에 제작 비용은 적게 소요되는 장점은 있지만 부착하는데 비용이 소요되거나 불법 부착물이 될 수 있는 위험이 따른다.

배포 방법에 대한 구체적인 내용에 대해서는 뒤에서 조금 더 세분해서 설명하도록 하겠다.

Section 03 전단지의 특징

전단지 광고는 텔레비전이나 라디오와 같은 방송 광고, 잡지나 신문과 같은 지면 광고, 지하철이나 버스와 같은 대중교통 광고, 인터넷 광고와는 다른 몇 가지 특징이 있다.

1 지역적 제한

우리가 일반적으로 생각하는 전단지는 배포하는 범위가 한정된다. 실제 전단지를 전국적으로 배포하는 경우는 극히 드물다고 할 수 있다. 대통령 선거에 사용되는 홍보물과 같이 특별한 경우가 아니고서는 대부분 지역을 한정하여 배포되는 것이 특징이다.

신문에 끼워서 배포하는 경우는 신문이 배달되는 한정된 지역, 음식점의 경우는 배달이 가능한 범위의 지역, 개업을 알리는 경우도 어느 정도 지역을 한정하여 배포하게 된다. 지역 축제나 이벤트를 실시할 때는 지역이 한정되는 경우가 대부분이다. 전국적으로 알리는 축제의 경우는 전단지로 알리는 것이 아니라 방송이나 다른 매체를 활용하게 된다. 선거의 경우도 대통령 선거나 정당을 알리는 경우를 제외하고 지역구 국회의원이나 지방의원 선거의 홍보 전단지는 지역이 한정된다. 이렇듯 전단지 광고는 지역적으로 제한된다는 점이 큰 특징이다.

2 배포 대상의 특정

배포 대상(타깃)은 크게 두 가지로 나눌 수 있다. 불특정 다수에게 무작위로 배포하는 전단지와 특정 대상(남녀, 성별, 직업군 등)을 타깃으로 정해 배포하는 전단지다.

불특정 다수에게 배포하는 전단지의 예로는 배달 음식점의 전단지가 대표적이다. 음식을 주문할 수 있는 거의 모든 사람에게 배포한다고 할 수 있다. 반면, 특정 연령층이나 특정 직업군을 대상으로 배포하는 경우가 있다. 예를 들어, 선거용 전단지는 해당 지역구의 선거 연령대의 남녀, 학원을 홍보하는 전단지는 개설되는 과목의 대상 학생, 헬스장 홍보 전단지는 직장인 남녀, 아파트나 오피스텔 분양 전단지는 중장년층으로 투자의 여력이 있는 사람으로 대상을 특정하여 배포하게 된다. 성별을 구분해서 배포하는 경우도 있다. 예를 들어, 피부미용이나 네일아트 홍보용 전단지는 여성을 상대로 한다거나 면도기 홍보용 전단지는 남성으로 한정하기도 한다.

3 유효 기간 및 배포 기간

상품이나 서비스가 장수하는 경우는 있어도 영원한 것은 드물 것이다. 전단지는 일반적으로 생명력이 짧다고 할 수 있다. 대형 마트나 동네 소규모 음식점의 개점행사 홍보, 마트에서의 계절별 세일이나 이벤트 홍보, 헬스클럽의 할인 행사, 학원의 학기 개설, 선거의 후보 홍보용 전단지 등 대체적으로 기간이 한정되어 있으며 유효 기간도 있다고 볼 수 있다. 배달 음식점 전단지의 경우도 음식점이 폐업하지 않는 한 영원할 것 같지만 가격이 인상된다든가, 메뉴가 바뀌게 되면 이전에 제작한 전단지는 유효 기간이 지났다고 봐야 한다. 유효 기간이 있는 만큼 배포 기간도 제한이 따를 수 밖에 없다. 따라서 어느 타이밍에 배포하느냐 하는 것도 실패하지 않는 중요한 요소가 될 수 있다.

4 신속성, 즉흥성

유효 기간이나 배포 기간과도 관계가 깊다. 장기적인 계획하에 스케줄에 따라 준비하는 전단지도 있겠지만 대부분은 짧은 시간 내에 준비하고 배포할 수 있는 것이 특징이다. 특정 이벤트를 준비하는 과정에서 홍보 계획의 일환으로 전단지 광고를 한다든가, 불경기를 타개하기 위해서 판촉을 위한 방법의 하나로 전단지를 배포한다든가, 어떤 유명인이 방문을 하여 사인회를 개최하는데 스케줄이 갑자기 잡혀서 즉흥적으로 제작하여 배포한다든지 비교적 짧은 기간내에 실행에 옮기는 경우가 많다. 그러다 보니 디자인 작업이나 인쇄물 제작도 짧은 기간 내에 완성하고 신속하게 배포해야 하는 경우가 발생하게 된다. 즉흥적이지는 않더라도 다른 광고 방법에 비해 짧은 시간 내에 결정하고 실행되어 신속성을 요하는 경우가 많은 것이 특징이다.

Section 04. 왜 전단지 광고인가?

광고를 하는 방법은 여러 가지가 있다. 우리가 흔히 접하는 텔레비전 광고, 신문이나 잡지의 지면 광고, 인터넷에서 접하는 배너 광고, 거리의 광고판(옥외 광고), 팜플렛과 전단지 광고와 같이 직접적인 광고와 텔레비전 드라마 등에서 노출시키는 PPL[1] 광고, 스포츠 선수의 스폰서를 통해 노출시키는 간접 광고가 있다. 이렇게 다양한 광고 방법 중에서 "왜 전단지 광고를 선택하는가?"에 대해 알아보자.

1 저렴한 광고비

광고주 입장에서 광고비를 고려하지 않을 수 없다. 영세한 동네 자영업자의 경우는 더욱 그렇다. 전단지 광고의 가장 큰 특징은 저렴한 광고비일 것이다. 전단지 광고는 골목 상가의 치킨 및 피자와 같은 배달 음식점, 동네의 슈퍼마켓 및 마트, 특정 지역 백화점의 세일 홍보, 아파트 및 상가의 분양 광고 등에서 실시한다. 우리가 가장 많이 접하는 전단지는 배달 음식을 취급하는 치킨, 피자, 족발, 야식 등 영세 음식점이며, 동네의 슈퍼마켓이나 마트의 개업이나 세일 광고다. 영세한 업체에서 가장 많이 활용하는 이유가 바로 저렴한 광고 비용 때문이다. 디자인 비용, 인쇄비 등 제작 비용이 저렴하고 배포 비용도 상대적으로 저렴하기 때문이다.

---

[1] PPL(product placement): 영화나 드라마 등에서 특정 상품을 배치하거나 착용하여 노출시키는 간접 광고를 말한다. 이를 접한 관객들에게 무의식적으로 이미지를 각인시키는 효과가 있다.

2 즉흥성 및 단기간 실시 가능

　전단지 광고는 디자인 작업이나 광고지 제작을 짧은 시간 내에 수행할 수 있어 즉흥적 또는 단기간에 실시할 수 있다. 경우에 따라서는 미리 계획을 세워 장시간에 걸쳐 디자인하고 제작하는 경우도 있겠지만 이런 경우는 극히 일부이며, 대부분은 짧은 시간 내에 제작하여 배포한다. 이러한 이유로 갑자기 떠오른 아이디어를 짧은 시간 내에 반영하여 광고를 실시할 수 있다. 특별히 결제 과정을 거치지 않는 소규모 사업자가 오너의 결심으로 바로 실시할 수 있으며 단기간에 제작, 배포가 가능하기 때문에 전단지 광고가 유용하게 활용되고 있다.

3 핀 포인트 공략

　광고에는 대상(타깃)이 있기 마련이다. 전단지 광고는 불특정 다수는 물론 특정 타깃을 대상으로 광고를 할 때 유용한 수단이다. 배달 음식점의 경우는 배달 가능한 지역의 고객을 대상으로 배포할 수 있고, 학원과 같이 학생을 대상으로 하는 업종은 학생들이 많은 학교나 학원가에서 직접 학생들에게 전단지를 배포할 수 있다. 직장인들이 많이 이용하는 식당이나 헬스클럽은 직장인들이 많이 왕래하는 사무실 근처나 독신자 주거지 중심으로 배포하면 효율적이다.

　이처럼 전단지 광고는 특정 타깃을 압축하여 공략할 수 있다. 이렇게 특정 타깃을 압축하여 공략할 수 있다는 점은 다른 광고에 비해 소량을 배포하고 큰 효과를 거두는데 유용하다.

4 가시적 효과

　광고의 목적은 매출 향상일 것이다. 공익광고가 아닌 바에는 단순히 홍보만으로 효과를 거두는 경우는 드물다. 수익을 목적으로 하는 영리 기업(가게)에서는 어떠한 형태로든 매출을 증대하기 위한 목적일 것이다. 매출이 떨어지면 광고를 생각하게 되는데 가장 쉽게 생각할 수 있는 것이 전단지 광고다. 조그마한 배달 음식점을 운영하는 지인에 의하면, 아르바이트를 활용하여 전단지를 배포하면 당일 또는 다음날의 주문 전화 수가 늘어나는 것을 확인할 수 있다고 한다. 바로 가시적인 효과를 확인할 수 있다는 것이다. 우리 주변에서도 쉽게 확인할 수 있다. 동네 마트에서 실시하는 세일을 홍보하는 전단지를 들고 해당 마트를 찾아가보면 이벤트에 맞춰 찾아온 사람들을 목격한 적이 있을 것이다. 이러한 이유로 매출이 떨어지거나 주변에 경쟁 업체가 나타나면 가시적인 효과를 확인할 수 있는 전단지 광고를 생각하게 된다. 이 효과는 주문 전화 수, 방문 고객 수, 매출 등으로 쉽게 판단할 수 있다.

 이렇게 전단지 광고는 저렴한 비용에 짧은 시간에 기획하여 실행에 옮길 수 있으며 지정된 범위 내의 고객을 타깃으로 광고하여 가시적인 효과를 쉽게 확인할 수 있기 때문에 선호한다. 대기업 계열의 백화점 등에서 체계적으로 기획하여 장기적인 마케팅 계획을 세워 실시하기도 하지만 대부분은 영세한 동네 가게에서 상품이나 서비스를 홍보하고 매출을 증대시키기 위해 단기간에 제작하여 실시하는 경우가 많다.

Section 05 전단지의 종류

전단지는 다양한 종류로 제작할 수가 있다. 가장 일반적인 방법으로 A4용지나 B5용지의 낱장 전단지, 아파트의 입구에 부착한 자석식, 문고리에 거는 고리식 등 다양하다. 종이도 낱장 한 장으로도 할 수 있지만 접는 방식으로 제작할 수 있으며 필요에 따라서는 소책자와 같은 형식으로 제작할 수도 있다. 전단지의 종류에 대해 알아보자.

1 낱장 전단지

거리에서 가장 일반적으로 볼 수 있는 전단지다. A4 용지나 B5 용지 크기로 단면 인쇄 또는 양면 인쇄된 형태의 전단지다. 일반적으로 대량으로 인쇄하여 지하철역, 아파트 단지, 학교 앞과 같이 사람들이 많이 왕래하는 지역에서 배포한다. 가장 많이 사용하는 방법인만큼 낱장 전단지가 범람하여 쓰레기통으로 직행할 확률도 높은 전단지다.

그림 낱장 전단지

2 스티커 전단지

스티커 형식으로 광고 내용을 접착제를 이용하여 부착하는 방법이다. 아파트나 사무실 문 앞 손잡이에 붙어있는 열쇠 수리점 스티커가 대표적이다. 크기는 명함보다 작은 크기가 대부분이다. 스티커를 벽에 붙이기 때문에 환경미화 측면에서 지저분해져 민원이 발생할 가능성이 높다.

그림 스티커 전단지

3 자석식 전단지

아파트나 사무실 철제 문에 부착해놓는 전단지다. 또는 각 가정의 냉장고에 부착할 수 있도록 예쁜 캐릭터 모양으로 제작하기도 한다. 사람을 직접 만나지 않고도 전달할 수 있다. 크기는 명함 크기에서부터 B5 정도로 다양하지만 낱장 전단지에 비해 작은 편이다. 자석이 필요하기 때문에 제작 비용이 별도로 추가된다. 단순히 문자로 구성하기도 하지만 캐릭터와 함께 제작하기도 한다. 냉장고와 같이 항상 볼 수 있는 위치에 부착하므로 기왕이면 미관을 고려한 디자인과 병따개 기능과 같은 실용성도 가미할 수 있다.

그림 캐릭터 모양의 자석식 전단지

그림 병따개가 있는 자석식 전단지

4 고리식 전단지

문고리에 걸어놓는 방식의 전단지다. 사람을 직접 만나지 않고서도 전달할 수 있는 전단지다. 걸 수 있는 장치를 마련해야 하기 때문에 제작 비용이 낱장에 비해 비싼 편이다. 모양도 다양하고 낱장 용지처럼 얇은 종이가 아닌 두꺼운 종이를 사용하기 때문에 제작 비용이 낱장 전단지에 비해 추가될 수밖에 없다.

5 문어발식 전단지

상단은 홍보문이 있고 하단에는 연락처가 있어 필요한 사람이 떼어갈 수 있도록 몇 갈래로 찢어진 형태의 전단지다. 벽에 부착하기 때문에 단면 인쇄가 일반적이다. 떼어가는 부분을 잘라놓아야 하기 때문에 다른 전단지에 비해 수작업이 필요하다. 또, 부착할 때는 풀을 칠하거나 양면테이프를 이용하여 부착하기 때문에 배포(게시)하는데 일손이 많이 든다. 아파트 게시판이나 사람들의 왕래가 많은 곳의 벽이나 전봇대에 붙여놓는다. 부동산 정보나 피아노 학원과 같은 교습소, 사설 학원이나 개인 과외 등의 홍보 수단으로 많이 사용되고 있다. 특히, 개인 과외를 홍보하기 위한 수단으로 개인이 A4용지에 직접 작성하고 인쇄하여 주택가에 부착해놓는 경우를 볼 수 있다.

그림 고리식 전단지

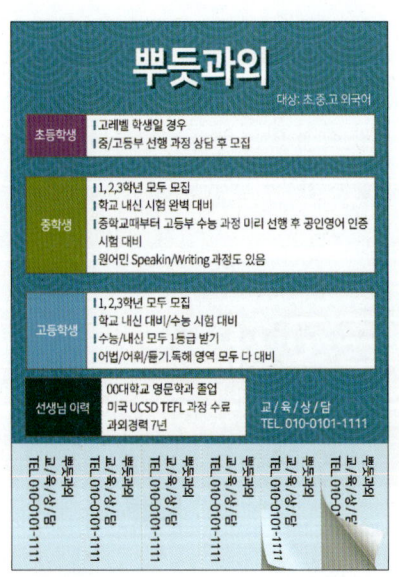

그림 문어발식 전단지

6 카드식 전단지

카드처럼 접어서 봉투에 넣어 배포하는 전단지다. 고급 리조트나 아파트 등 부동산 또는 골프장 홍보와 같이 비교적 고가의 상품이나 서비스에 많이 활용된다. 고급 술집이나 한정식과 같은 고급 음식점의 홍보에 활용하기도 한다. 봉투에 들어 있어 궁금해서 한 번쯤 펼쳐보는 심리를 활용하여 시선을 유도하는 효과도 있다. 우편으로 발송하기도 한다. 종이의 재질도 일반 전단지에 비해 두껍고 고급스러운 디자인을 하고 봉투가 필요하기 때문에 제작 비용은 올라갈 수밖에 없다.

그림 낱장 전단지

7 명함식 전단지

선거에서 후보자가 자신을 알리기 위해 많이 사용하는 명함 크기의 전단지다. 골목 상가의 점포에서는 많이 사용하지 않는 방법이다. 금융이나 부동산 관련 홍보용으로 많이 활용한다. 성인업소나 도박성 게임방 등 불법적인 영업을 하는 업소의 홍보 도구로 많이 사용되고 있다. 주차된 차량의 유리에 끼워놓거나 사람들의 통행이 많은 거리에 무차별적으로 뿌려놓는 경우가 있어 그리 좋은 이미지가 아니다. 하지만 직장인들이 많이 오가는 오피스 건물 주변에서 피트니스, 영어학원 등의 홍보에 용이하다. 작은 사이즈로 휴대하기 편해 간단한 메시지를 전달하는 데는 용이하다. 종이 크기가 작은 만큼 제작비는 저렴한 편이다.

<u>그림</u> 앞면과 뒷면을 적절히 활용한 명함식 전단지

8 쿠폰형 전단지

쿠폰을 배포하는 형식의 전단지다. 쿠폰을 가져오면 특전을 주는 방식으로 홍보 효과와 함께 회수 수량에 따라 전단지의 효과를 측정하는데 유용하다.

Section 06 전단지 배포 방법

앞에서 배포 방법에 대해 개략적으로 살펴봤는데 여기에서는 세분해서 알아보자. 직접 배포하는 방법도 거리에서 지나가는 사람들에게 직접 건네는 방법, 배달되는 신문지 사이에 끼워서 배포하는 방법, 우편물을 이용한 배포 방법 등 다양하다. 여기에서는 전단지의 배포 방법에 대해 자세히 알아보자.

1 가두 배포

가장 일반적으로 활용하는 배포 방법이다. 지하철역과 같이 사람이 많이 모이는 거리에서 지나가는 사람들 손에 쥐어주는 방법이다. 전단지 내용은 다양하다. 가장 일반적인 식당 및 유흥업소 소개, 헬스클럽 소개, 어학원이나 입시학원 소개, 일수와 같은 사금융 또는 은행이나 증권사의 상품 소개, 부동산 분양 소개 등 장르에 구애 받지 않고 다양하다. 불특정 다수에게 배포할 수도 있지만 특정 타깃을 지정할 수 있다. 예를 들어, 사무실이 많은 곳에 위치한 헬스클럽의 경우는 2~30대 직장인에게만 배포할 수 있다.

- 특정 지역(역, 번화가, 영업장 근처)을 정해 배포할 수 있다.
- 불특정 다수에게 배포할 수도 있지만 특정 타깃을 정해서 배포할 수 있다.
- 간단한 경품이나 샘플 제품과 함께 배포할 수 있다.

그림
물티슈에 스티커를 붙여 배포하는 전단지

2 신문과 함께 배포

각 가정이나 사무실에 배달되는 신문지 사이에 끼워서 배포하는 방법이다. 신문을 구독하는 각 가정이나 직장에 배포된다. 보급소의 배달 지역을 알 수 있기 때문에 특정 지역을 한정하여 배포할 수 있다. 최근에는 인터넷 신문이나 스마트폰의 영향으로 신문의 구독률이 떨어지고 있다. 특히 젊은 층의 구독률이 떨어진다. 또, 전단지를 통째로 버리는 고객들에게는 배달되더라도 버려지는 경우가 있어 구독률이 떨어진다. 주로 마트나 백화점의 이벤트, 부동산 광고, 학원 광고가 많다.

- 배포되는 지역을 특정하기 쉽다.
- 주된 타깃은 신문을 구독하는 중장년층이 중심이다.
- 신문을 구독하지 않은 세대에게는 전달되지 못한다.
- 읽지 않고 버려지는 비율이 높다.

3 우편물에 의한 배포

일반 우편물처럼 배포한다. 이 경우는 불특정 다수가 아닌 고객의 정보(주소, 성명 등)가 있어야 가능하다. 고객의 정보를 알 수 있기 때문에 고객의 성별이나 연령층을 특정하여 배포할 수 있다. 또, 주소를 알고 있기 때문에 지역을 특정하여 배포할 수 있다.

- 주소를 포함한 고객의 정보를 파악하고 있어야 한다.
- 대상을 특정하여 배포할 수 있다.
- 다른 방법에 비해 배포하는 시간과 비용(우편요금)이 소요된다.

4 방문 배포

전단지를 각 가정이나 사무실의 우편함에 투입, 각 가정의 문고리에 걸거나 부착하는 방법이다. 또는 아파트나 사무실에 방문하여 직접 건네는 방법이다. 음식 배달의 경우는 가정이나 사무실에 음식을 배달하면서 전단지를 직접 건네주거나 방문한 지역(아파트나 빌딩)에 배포하는 방법이다. 작은 크기의 증정품이나 샘플을 함께 배포할 수 있다.

- 전문적으로 배포하는 사람(아르바이트)을 활용할 수도 있고 배달을 하면서 배포할 수 있다.
- 지역을 특정하여 배포할 수 있다.
- 샘플 제품이나 증정품과 함께 배포할 수 있다.
- 보안이 강화되어 출입이 제한된 주택이나 사무실에는 배포하기 어렵다.

5 비치하여 배포

특정 위치에 전단지를 비치해두고 정보를 필요로 하는 사람이 자유롭게 들고 갈 수 있는 배포 방법이다. 정보가 필요한 사람이 가져가기 때문에 배포 수량에 비해 효과는 좋은 편이다. 계산대 옆이나 아파트 출입구 등에 비치하여 왕래하는 사람들이 가져갈 수 있도록 한다.

- 필요한 사람이 가져가기 때문에 배포 수량이 제한적이다.
- 배포된 수량 대비 효과가 좋은 편이다.
- 별도의 비용이나 시간이 필요하지 않아 상대적으로 배포 비용이 저렴하다.
- 비치할 장소를 별도로 확보해야 한다.

그림 사람들이 왕래하는 장소에 비치

6 지역 상가 정보지에 의한 배포

특정 지역의 업소의 소개문을 실어 무료로 배포하는 상가 정보지를 활용하는 방법이다. 상가 정보지 책자에 끼워서 전단지를 배포하는 방법도 있고 정보지의 한 면에 광고 형식으로 게재하는 방법이 있다. 홍보용 정보지이기 때문에 경쟁 업체와 같이 실리기 때문에 경쟁 업체와의 차별화가 필요하다.

- 지역(상가 정보지가 배포되는 지역)을 특정하여 배포할 수 있다.
- 다른 제품이나 서비스, 경쟁 업체와 함께 게재하기 때문에 혼돈스러울 수 있다.
- 필요에 따라서 상가 정보지에 비용(게재비)을 지불해야 한다.

그림 상가 정보지의 예

Section 07 전단지 광고의 주요 포인트

전단지 광고는 적재적소에 타깃을 공략하여 진행하지 않으면 비용을 투자하고서도 광고 효과는 미미한 결과를 낳게 된다. 이익 창출을 목적으로 하는 비즈니스 세계에서는 투자(시간과 비용)대비 효과가 가장 중요한 요소다. 따라서, 투자대비 효과가 미미하다는 것은 결국은 실패한 광고가 되는 것이다. 전단지 광고에서 실패하지 않기 위한 포인트에 대해 알아보자.

1 적절한 타이밍을 선택하라

비즈니스는 타이밍이다. 아무리 좋은 제품을 만들었다고 해도 타이밍이 좋지 않으면 고객들이 쳐다보지도 않는다. 고깃집을 경영하는 지인에 의하면 학기 초와 여름 휴가철이 불황이라고 한다. 이유를 생각해보면 쉽게 판단할 수 있다. 학기 초에는 학생을 둔 가정에서 지출이 많아진다. 학교의 등록금, 교복, 책과 비품, 학원비 등 교육비와 관련된 지출이 늘어날 수밖에 없다. 정기적으로 지출되는 비용이 아닌 일시적인 비용은 가계부에 숫자로 드러난다. 외식을 생각했던 가정도 한 번이라도 줄이게 되고, 직장인들도 회식을 조금이라도 줄이는 경향이 있기 마련이다. 여름 휴가철에는 이와는 다른 이유다. 해외여행과 같이 지출 비용의 문제도 있겠지만 가장 큰 이유는 피서지로 떠나면서 도심에 머무는 사람이 적어지고 무더위로 인해 외출을 꺼려하기 때문이다.

전단지의 배포도 타이밍을 잘 고려해야 한다. 막연하게 불황이니까 "전단지를 뿌리면 좋아지겠지?"라는 생각보다는 매출의 추이, 계절, 기념일, 공휴일 등을 고려하여 배포해야 한다. 매출이 떨어지는 시기는 왜 떨어지는지 정확히 그 원인을 파악하여 공략해야 한다. 원인이 파악되었으면 대책의 하나로 전단지 광고를 생각했다면 광고의 시점(타이밍)을 결정해야 한다.

앞의 고깃집의 경우와 같이 학기 초에 손님이 없을 때 광고를 하면 효과가 반감된다. 미리 광고를 실시해야 한다. 우리나라는 2월 졸업, 3월 입학이므로 1월~2월에 공략하는 것이 좋다. 1월

말경에 '졸업과 입학 축하 세일', '졸업 꽃다발이나 앨범을 들고 오신 손님에게는 00% 할인 서비스', 2월말에는 '신입 학생증을 지참하면 OOOO 무료 서비스'와 같이 해당 시기에 한 템포 먼저 홍보해야 한다. 물론, 졸업식이나 입학식이 있는 학교 앞에서 행사 당일 전단지를 나눠주는 것도 하나의 방법일 수 있으나 특정 계절이나 기념일에 세일이나 이벤트를 기획하여 미리 홍보를 하는 것이 광고효과를 증대시킬 수 있다. 여름 휴가철에는 피서지로 떠나는 사람들을 어찌할 수 없겠지만 휴가철에 알맞는 메뉴를 개발한다든지 피서철 할인 이벤트를 기획하여 홍보해야 한다. 이 타이밍도 휴가를 떠나기 전에 기획하여 홍보를 해야지 휴가철이 되어서 실시한다면 효과가 반감할 수밖에 없다.

학원의 경우는 학사일정을 고려하여 광고가 이루어져야 한다. 학기 초가 시작되기 전이나 방학에 들어가기 전에 효과가 있다. 헬스클럽의 경우는 연초에 많은 사람들이 신년계획을 세우는데 계획을 세우기 앞서 연말이 적절한 시기가 될 수 있다. 또, 여름 피서지에서 몸매를 드러내는 여름 휴가 2~3개월 전에도 여름 해변의 휴가지를 연상하게 하여 미혼 직장인이나 대학생을 대상으로 공략하는 것이 효과적이다. 이미 신년이 지났거나 휴가철에 접어들었을 때는 광고효과가 반감될 수 밖에 없다. 그렇다고 해당 이벤트 일정보다 너무 앞서 광고를 실시하는 것도 효과가 떨어질 수 있다. 사람은 망각의 동물이기 때문에 그리 중요하다고 생각하지 않는 것은 금세 망각하게 된다.

이처럼 전단지 광고는 실시하는 타이밍이 중요한 포인트가 된다. 소비자의 마음을 잡을 수 있는 적절한 타이밍을 잡도록 해야 한다.

2 전단지의 크기도 중요한 포인트다

다양한 종류의 전단지를 접하지만 많은 경우는 쓰레기통으로 직행하게 된다. 특별히 관심을 갖지 않는 전단지는 읽어보려고 하지도 않고 길거리에 버리거나 쓰레기통으로 직행하게 된다. 지하철역 앞에서 나눠주는 대출 영업용(사금융) 전단지는 아예 받으려 하지도 않는다. 이렇게 전단지가 쓰레기통으로 직행하는 원인에는 자신과 관련이 없는 내용이기도 하지만 전단지의 크기도 영향이 있다. 휴대하기 편한 크기, 한눈에 들어오는 크기가 중요하다. 또, 전달하고자 하는 정보의 양에 따라 크기가 달라지기도 한다. 전단지(용지)의 크기는 제작 비용과도 직결되는 문제이기 때문에 중요하다.

신문에 끼워서 배포하는 경우는 신문 사이즈에 비해 크면 접어야 하는 문제가 발생하고, 너무

작으면 빠질 염려가 있다. 거리에서 배포하는 전단지는 한 손에 잡기 쉽고 한 번이라도 눈길을 줄 수 있도록 한눈에 들어오는 크기를 선정해야 한다. 실어야 할 정보가 많아 피치 못하게 용지가 커지는 경우는 접어서 배포하게 되는데 이 역시 크기를 고려해야 한다. 휴지나 볼펜과 같은 소품과 함께 배포하는 경우라면 소품의 크기를 고려하여 크기를 결정해야 한다.

전문지식이 부족한 골목 상점의 점주는 전단지의 크기를 결정할 때 일반적으로 광고 전문회사나 인쇄소에서 추천하는 대로 적당히 선정하게 된다. 기본적으로 추천을 받아서 진행하더라도 추천에만 의존하지 말고 어느 정도의 기초지식을 가지고 상담을 해야 효과적인 상담이 진행되고 광고효과를 높일 수 있다. 약간의 기초지식만으로도 충분히 자신이 원하는 세일즈 포인트에 맞춰 진행할 수 있다. 광고는 일회성으로 끝나지 않기 때문에 차후 광고를 위해서라도 기본적인 내용을 이해하는 것이 좋다. 광고효과를 높이기 위해 용지의 크기를 바꾸는 것도 하나의 포인트이기 때문이다. 용지의 크기에 대한 자세한 내용은 '전단지 작성법'을 참조한다.

3 눈길을 머물게 하는 디자인을 하라

모든 상품이 그렇듯이 제품 디자인에 의해 구매가 결정되는 경우가 많다. 전단지는 상품이나 서비스를 설명하는 설명서와도 같은 역할을 하므로 얼굴과 같은 역할을 하므로 당연히 첫인상이 좋아야 관심도가 높아지고 구매할 욕구가 생길 것이다.

거리에서 직접 배포를 하든 우편함에 넣든 아파트 문 앞에 붙이든 특별히 관심이 있는 사람이 아니고서는 귀찮은 종이 한 장으로 여기는 경우가 많다. 사람들의 눈길을 머물게 하는 디자인이야말로 전단지의 중요한 역할이다. 학원 전단지를 생각해보자. 학생들은 교문 앞에서 나누어주는 여러 장의 학원 전단지 가운데 가장 눈길을 끄는 디자인에 관심을 갖고 보게 된다. 그래서인지 아름다운 여자 강사를 메인 이미지로 배치하는 디자인의 학원 전단지가 있다. 학원의 강의 내용이 중요하다고 하지만 내용보다도 학생들이 관심을 갖도록 하는 것이 전단지의 첫 번째 목표이기 때문이다. 전단지가 쓰레기통을 향하지 않고 눈길을 줄 수 있도록 하는 것이 전단지 디자인의 역할이다. 내용은 그 다음의 문제다. 일단 관심을 갖고 문의를 하든 방문을 해야 강의 내용을 설명하고 강사들의 이력을 설명할 기회가 주어지기 때문이다.

화려한 장식이나 아름다운 이미지의 디자인보다 타깃이 되는 고객의 눈길을 머물게 하는 디자인이야말로 전단지 디자인의 중요한 포인트다.

4 반복하여 실시하라

　전단지 광고를 기획할 때, 한번에 승부를 보겠다고 생각하면 안 된다. 특정 이벤트 또는 기념일에 맞춰 배포하기도 하지만 일정한 주기로 배포하는 것도 중요하다. 음식점 전단지를 생각해 보자. 한번 배포하고 나면 고객이 전단지를 보관하고 있다가 추후에 주문하는 경우도 있지만 바로 버리는 사람이 많다. 또, 다른 음식점 전단지가 오면 이전에 갖고 있던 전단지는 버리기도 한다. 독자 여러분은 음식을 주문하기 위해 전단지를 찾아보아도 이미 쓰레기통에 들어가버려 찾지 못한 경험을 한 적이 없는가? 분명 한 두 번은 있을 것이다. 이것이 일정 주기로 반복해야 하는 이유다.

전단지를 배포한 후 가능하면 효과를 측정해야 한다. 정확한 숫자로 표현하기는 어려울지라도 문의 전화, 방문자 수, 매출액 등을 수시로 체크해야 한다. 첫 번째는 A지역에 배포해보고 두 번째는 B지역에 배포하여 어느 지역이 효과가 좋은지 판단할 수 있다. 계절별로 배포한 후 차이와 아침과 저녁의 차이 등 시기나 타이밍에 따른 차이도 비교해가면서 확인할 수 있다. 필요에 따라서는 쿠폰이나 할인권을 첨부하여 배포하여 고객이 쿠폰이나 할인권을 가지고 와서 사용했을 때의 매출과 수익률을 계산하여 쿠폰 이벤트의 실시 여부에 따른 비교 분석도 필요하다. 배포하는 방법에 있어서도 직접 배포하는 방법과 아르바이트나 외주를 맡겨 배포하는 방법이 있는데 이때도 효과를 파악해야 한다. 외주에 맡기는 방법보다는 직접 배포하는 것이 효과를 파악하는데 유리하지만 배포하는 수량에 한계가 있기 때문에 시간과 비용대비 효과를 분석하여 결정하는 것이 좋다. 이렇게 여러 가지 시도를 통해 효과를 측정하여 최적의 광고효과를 도출할 수 있어야 한다. 반복할수록 데이터가 쌓이게 된다. 이렇게 축적한 데이터를 토대로 판매하고자 하는 상품이나 서비스에 맞는 전략을 세워야 한다. 어떤 타이밍에 어느 지역에 어떤 방법으로 배포했을 때 고객의 반응이 좋은지 판단해야 한다. 일하기 바쁜데 무슨 효과를 측정하느냐고 이야기하는 사람이 있을 수 있으나 그런 사람에게 이렇게 묻고 싶다. "그렇게나 바쁘게 장사가 잘되는데 왜 비용을 들여가며 전단지를 제작하고 배포하시는가?"

　전단지는 한 두 번에 승부를 본다는 생각보다는 장기간에 걸쳐 다양한 방법으로 반복하여 고객과 접촉해야 한다. 마케팅에서는 '세븐 히트 이론'이 있는데 이는 '소비자는 해당 광고를 3회 접하면 그 상품을 인지하게 되고, 7회 접하면 그 상품을 선택할 확률이 높다'는 것이다. 한 두 번에 반응이 없다고 해서 실패한 것이 아니라 상품이나 서비스에 대한 인지도가 높아가고 이 인지도를 바탕으로 상품이나 서비스 구입으로 연결되게 된다. 따라서 처음에는 반응이 없더라도 꾸준히 반복하게 되면 실패가 실패로 끝나지 않고 성공으로 연결되는 밑알이 될 수 있는 것이다.

사람과 사람의 관계도 마찬가지다. 한 번 봤을 때와 두 번, 세 번 만나면서 호감도가 높아져 신뢰가 쌓이고 거래가 이루어지고 친구가 되는 것이다.

텔레비전에서 자주 방영되는 광고도 우리가 잘 아는 브랜드이지만 계속 반복함으로써 소비자들의 뇌리에 각인되게 하고 친밀감을 높이는 효과가 있다. 어떤 CM의 경우는 대표이사가 직접 출연하여 사투리를 섞어가며 촌스러운 멘트로 웃음을 자아내지만 반복해서 듣다 보면 어느새 뇌리에 각인되는 것이 좋은 예다. 한 두 번의 배포로 반응이 미미하다고 포기하지 말고 효과나 추이를 파악하면서 반복함으로써 인지도를 높이고 소비자들의 뇌리에 각인되도록 해야 한다.

지금까지 전단지 광고를 위해 간과해서는 안 될 포인트를 알아보았다. 전단지 광고를 할 때 보다 효과를 높이 위해서는 광고를 실시하는 타이밍, 배포하는 용지의 크기, 눈길을 머물게 하는 디자인, 한 두 번에 포기하지 말고 효과를 측정해가면서 반복해서 실시함으로써 고객들의 뇌리에 각인시키는 것이 중요하다.

Section 08 전단지의 효과 측정 방법

어떠한 비즈니스 행위든 행위를 실시하고 이에 대한 효과를 측정해야 한다. 즉, 하나의 행위에 대한 결과를 파악해야 한다. 그래야 기대치(목표)에 대해 달성 정도를 파악할 수 있고 다음에 보다 좋은 결과를 위해 전략을 세울 수 있는 전단지 광고도 전단지를 배포한 수량에 대비하여 어느 정도 반응이 있는지 측정할 필요가 있다. 정확한 수치는 아니더라도 어느 정도 효과가 있는지 파악해야 한다. 그 효과를 토대로 다음에 실시할 광고는 어느 지역에, 어떤 타이밍에 어떻게 배포할지 결정해야 한다.
이번에는 전단지 광고의 효과 측정 방법에 대해 알아보자.

1 구두 질문 및 설문 조사

가장 원시적인 방법이지만 가장 친근하게 접근할 수 있고 다양한 조건에 맞춰 질문할 수 있다는 장점이 있다. 미용실의 경우라면, 미용실을 처음 방문한 손님에게 머리를 손질하면서 자연스럽게 질문을 던질 수 있다. 전단지를 보고 왔는지, 전단지에 대한 느낌은 어떤지, 구체적이지 않더라도 손님의 인적 사항(나이, 학교 등) 등을 질문하고 이를 별도의 스텝이 기록하거나 서비스 후에 정해진 양식의 용지에 질문자가 직접 기입할 수도 있다. 이때 손님의 속마음을 끌어낼 수 있는 질문의 기술이 필요하기 때문에 가능한 경험이 많은 사람이 질문하는 것이 좋을 것이다. 학원에서는 강사가 자연스럽게 물어볼 수도 있다. 지나가는 질문 형식으로 묻더라도 미리 준비한 질문을 던지고 학생들의 반응을 기록하여 참고하도록 해야 한다.

간단한 설문 조사 양식을 준비하여 고객의 의견을 듣기도 한다. 고객 카드를 작성하기 위한 양식에 설문을 추가하여 어떤 경로로 방문하게 되었는지, 전단지에 대한 느낌, 연령대나 거주지와 같은 마케팅에 필요한 기본적인 내용을 수집할 수 있는 내용을 담는다. 구체적인 개인 정보를 묻기보다는 연령대, 거주 지역, 간단한 성향 정도만 수집해도 향후 마케팅에 유용하게 활용할 수 있다. 설문 조사에 응할 경우 소정의 답례품을 준비하여 적극적으로 응할 수 있도록 유도한다. 개인정보보호법에 저촉될 우려가 있으므로 주민등록번호와 같은 민감한 개인정보는 가능한 제외한다. 고객 입장에서도 거부감을 갖고 응하지 않을 수 있다.

2 할인 쿠폰, 상품권 회수율

전단지에 할인 쿠폰이나 상품권을 부착하여 이를 갖고 온 고객에게는 혜택을 주는 방법이다. 할인 쿠폰이나 상품권의 회수율이 어느 정도 되는지 파악이 된다면 전단지의 효과를 분석할 수 있다. 전단지를 보고 왔더라도 할인 쿠폰이나 상품권을 사용하지 않을 수도 있겠지만 가장 확실하게 효과를 측정할 수 있는 방법이다.

 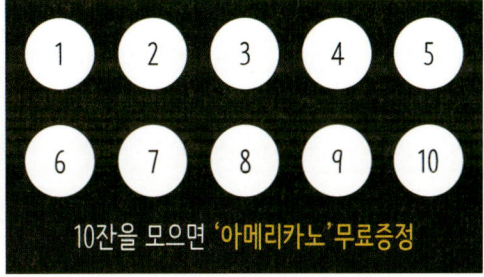

그림 쿠폰

이러한 쿠폰이나 상품권, 경품권의 활용은 효과를 측정하기 위한 도구가 되기도 하지만 고객을 꾸준히 유지하고 확장하기 위한 방법으로도 유용한 도구가 된다.

3 문의 및 주문 전화 수

치킨이나 피자와 같은 배달을 주로 하는 음식점에서는 주문 전화의 수량을 집계하는 방법이 있다. 대부분의 음식점 POS¹ 단말기에는 한 번 전화가 걸려오면 자동으로 등록이 되는 시스템

---

1 POS : Point of Sales의 약어로 점포의 판매 시스템이다. 금전등록기와 컴퓨터 단말을 합쳐놓은 기능으로 기본적인 사무처리는 물론 경영분석 시스템으로 확장되고 있다.

이 구축되어 있다. 이러한 시스템은 통계를 내기 쉽다. 별도의 수고를 들이지 않더라도 단말기에서 쉽게 데이터를 구할 수 있기 때문이다. 신규 고객의 경우는 기존 등록되지 않은 번호이기 때문에 쉽게 판단할 수 있다. 전단지의 배포 전후를 비교하여 통계를 내서 판단할 수 있고, 신규 고객의 증가를 체크하여 효과를 파악할 수 있다. 골목 상권의 치킨집이나 중국집 등에서 가장 쉽게 효과를 측정할 수 있는 방법이다.

4 방문 인원수 및 매출 비교

가장 일반적이며 전통적으로 효과를 판단할 수 있는 방법은 전단지 배포 전후의 고객의 증감, 매출의 추이를 비교하는 것이다. 전단지 제작 전에 몇 개월간의 매출과 전단지 배포 후에 매출을 비교하여 분석한다. 전단지의 배포도 첫 번째 배포와 두 번째 배포 후에 비교하는 것도 필요하다. 또, 지역으로 나눠서 배포한 후 인원수와 매출을 비교한다. A지역과 B지역의 배포 전후를 비교해보면 지역별 차이도 분석할 수 있다. 음식점의 경우는 방문 인원수를 모두 카운트하는 일은 쉽지 않기 때문에 판매 그릇 수나 매출로 판단할 수 있다.

5 기타

홈페이지를 활용하는 경우에는 홈페이지 접속 건수를 체크한다거나, 전단지에 바코드를 인쇄하여 방문객들이 계산을 할 때 바코드를 스캔하여 특전을 주는 방법으로 효과를 측정할 수도 있다. 전단지를 가져오는 사람한테는 할인을 해주는 방법도 하나다.

동네 마트나 식당과 같은 소규모 점포에서는 체계적인 통계를 산출하기 어렵기 때문에 막연하게 "전단지를 배포하면 매출 증대에 도움이 되겠지"라는 생각으로 제작하고 배포하게 된다. 소규모라 할지라도 전단지 배포 전후의 주문 전화 수, 고객의 증감, 매출의 추이 등 조금만 수고를 하면 충분히 파악이 가능하다. 조금이라도 효과를 높이기 위해서는 반응을 측정해가면서 전략을 세워 배포하는 것이 같은 비용을 들이고서라도 보다 좋은 결과를 얻을 수 있다.

Section 09 전단지의 효과와 숫자의 이해

어느 광고나 마찬가지로 고객(소비자)에게 상품이나 서비스를 인지시키고 구입을 유도하여 매출을 올리기 위한 것이다. 상업성이 없는 공익 광고의 경우는 매출까지는 아니라 하더라도 광고를 접하는 이들에게 특정 목적의 행위를 유도하기 위해 홍보한다. 따라서, 광고 후에 고객(소비자)들의 반응을 살피는 것은 매우 중요한 작업이다. 목적으로 하는 결과(매출 증대)를 얻기 위해 시간과 비용을 투자하는 만큼 기대하는 효과가 나와야 한다. 전단지 광고에 있어서 효과와 그 효과에 대한 숫자에 대해 생각해보자.

1 전단지 광고의 효과

전단지 광고에서 효과는 당연히 고객들의 반응일 것이다. 이 반응은 직접 점포를 방문해서 물건이나 서비스를 구매하는 것도 있겠지만 전화로 상담을 하거나 홈페이지를 방문하는 것도 반응이다. 광고의 효과는 반드시 매출만을 가지고 따지는 것은 아니기 때문이다. 당장의 매출로 이어지지 않더라도 상품에 대한 인지도를 높이고 고객들의 뇌리에 각인시키는 효과도 있기 때문에 드러나는 숫자로만 판단하는 것은 정확한 효과 측정이라 할 수 없다.

고객들의 반응으로 생각해볼 수 있는 것이 제품이나 서비스의 구매를 포함하여 문의(질문), 자료 요청, 홈페이지의 방문 등 광고를 접하고 나서 대상자(타깃)가 취하는 액션이라 할 수 있다. 전단지를 배포한 후 보이는 반응의 비율을 반응률(응답률)이라 하는데 일반적으로 배포한 전단지 수량에 비해 실제 반응을 보인 수를 비율로 나타낸다.

반응률(%) = (반응 수 / 전단지 배포 수) * 100

예를 들어, 전단지 10,000장을 배포했을 때 100명이 반응을 했다고 한다면 반응률은 1%가 된다.

이 반응 수의 기준을 어떻게 잡느냐에 따라 비율은 달라질 수 있다. 단순히 문의하거나 자료 요청을 한 것을 반응 수로 잡을 것인지, 실제 매출이 발생하는 건 수만을 반응 수로 잡을 것인지에 대한 판단은 전적으로 광고주의 몫이 된다. 객관적인 입장에서 보면 바로 매출로 연결되지는 않더라도 인지도나 관심도가 높아진 것만으로도 광고의 효과가 있다고 할 수 있기 때문에 문의나 자료 요청도 반응 수에 반영해야 하는 것이 맞을 것이다. 조금 더 디테일하게 계산한다면 반응률과 매출로 이어지는 비율을 별도로 계산할 수도 있다.

이렇게 반응률을 계산하는 것은 광고를 실시하기 전에 목표를 세우고, 반응률을 측정하면서 다음 광고의 전략을 세울 수 있다. 영세한 업체일수록 반응률을 신경을 써야 하는데 현실은 그 반대다. 작은 금액의 광고비도 상대적으로 부담 비율이 높은 소규모 영세 사업자일수록 목표를 세우고 효과를 봐 가면서 지역이나 시기 등을 결정해서 배포해야 한다. A지역의 반응률이 B지역에 비해 떨어진다면 B지역을 중심으로 광고를 해야 하고, 시기에 따른 반응률 차이를 파악하여 광고 시기도 결정해야 한다. 영세하니까 적당히 감(感)으로 배포한다거나 전단지 한 장이라도 더 배포하면 고객이 늘어날 것이라는 막연한 생각으로 실시하기 보다는 영세할수록 조금 더 치밀하게 계산하여 계획을 세워 실시해야 한다. 그만큼 전체 매출에 비해 광고비의 비중이 높아지기 때문이다.

2 반응률 숫자의 이해

개인이나 조직에 따라 숫자에 대한 감각은 다를 수밖에 없다. 1,000매를 배포했을 때, 0.5%의 반응률을 보인 경우 "겨우 5명?"이라는 반응을 보일 수 있지만 사실 전단지 광고에서 0.5%의 반응은 작은 숫자가 아니다. 물론 광고의 종류에 따라 다를 수 있다. 여기에서 말하는 것은 불특정 다수에게 배포했을 때를 말한다. 지하철역 앞에서 왕래하는 사람들에게 나눠주는 전단지를 생각해보자. 어학원 광고에서 2명의 아르바이트를 고용하여 1,000장을 배포했을 때 5명이 등록을 했다면 반응률이 0.5%인데 이는 상당한 반응이라고 판단할 수 있다. 어학원 입장에서는 충분한 광고효과를 누렸다고 할 수 있다.

신규 점포가 개업하여 이를 알리는 경우나 신제품을 발매하여 홍보하는 전단지 광고는 약간 다른 측면을 고려해야 한다. 실제 반응률이 1%라 하더라도 부가적인 광고 효과를 생각할 수 있다. 직접 반응을 보이지 않았다 하더라도 신규 점포의 개업 소식만으로도 효과가 있기 때문이다. 전단지 광고에서 1%의 반응률이 나올 수 있다면 계속 실시해야 한다. 예상 반응률을 너무 크게 잡아서는 안 된다. 반응률이 낮다고 해서 그 광고가 실패했다고 단언하기도 어렵다. 상품이나 서비스에 대한 인지도 향상 측면에서 도움이 되었고 추후에 다시 광고를 했을 때 그 효과가 나타날 수도 있기 때문이다.

반응률을 계산할 때 고려해야 할 사항으로 측정 기간이다. 어제 전단지를 배포해서 오늘 당장의 숫자만으로 측정하는 것은 무리가 있다. 일정 기간을 두고 측정해야 한다. 이는 업종의 성격에 따라 다르고 이벤트 종류에 따라 다르다. 식당의 음식 주문은 바로 반응이 나타나기도 하지만 학원이나 미용실은 다르다. 미용실의 경우, 오늘 전단지를 받았다 하더라도 머리를 손질할 시기에 맞춰 방문하기 때문에 상당한 시간이 흐른 후에 반응이 나타나기도 한다. 유사한 이벤트의 광고를 비교하려면 측정 기간도 동일하게 설정하여 반응률을 계산해야 한다.

3 반응률과 이익의 계산

전단지를 제작하는데 소요되는 비용과 매출로 이어졌을 때 이익을 생각해보자. 단순히 전단지 제작과 배포에 소요되는 비용과 이익과의 상관관계를 다음의 예를 통해 생각해보자.
반응률이 0.3%와 0.5%의 두 가지 경우를 가정하고, 전단지 10,000장의 제작에 소요되는 디자인과 인쇄, 배포하는 비용 합계가 500,000원이라고 가정하자. 반응률이 0.3%라면 30명이 찾아온다는 결과가 된다. 다음 예에서 고객 단가는 (제품이나 서비스의 원가 + 이익)이 포함된 금액이라는 것을 전제로 한다.

(예 1) 수퍼마켓에서 고객이 방문하여 지불하는 비용이 평균 50,000원이고,
0.3%의 반응률로 가정하면,
50,000원(고객 단가) x 30(방문자 수) = 1,500,000원
결과적으로 1,000,000원의 이익이 나오는 결과가 된다.
0.5%의 반응률로 가정하면,
50,000원(고객 단가) x 50(방문자 수) = 2,500,000원
2,000,000원의 이익이 된다.
여기에서 이익은 단순히 매출액에서 광고비를 뺀 차액을 계산한 것이지만 당연히 반응률이 높을수록 이익은 많아진다.

(예 2) 레스토랑에서 고객이 사용하는 금액이 한 테이블당 100,000원이고,
0.3%의 반응률로 가정하면,
100,000원(고객 단가) x 30(방문자 수) = 3,000,000원
2,500,000원의 이익을 가져오게 된다.
0.5%의 반응률로 가정하면,
100,000원(고객 단가) x 50(방문자 수) = 5,000,000원
4,500,000원의 이익이 된다.
위의 두 가지 예로 얻을 수 있는 결론은 전단지의 효과를 얻기 위해서는 당연히 반응률이 높아야 한다는 전제와 함께 상품이나 서비스의 고객 단가가 높을수록 이익도 많아진다는 것이다. 실제로는 고객 단가보다 판매 이익으로 계산하는 것이 맞을 것이다.

4 잠재 가치의 이해

비즈니스에서는 겉으로 드러난 숫자 외에 숨겨진 가치가 존재하기 마련이다. 액면상으로는 손해이지만 결코 손해가 아닌 경우가 있으며, 겉으로 드러난 숫자는 흑자이지만 실제는 적자인 경우도 있다. "앞으로 남고 뒤로는 손해다"라는 말이 이를 대변한다고 할 수 있다. 전단지 광고에서도 마찬가지다.
전단지 광고에 반응률과는 별도로 실제 고객으로 되는 숫자는 더 낮다. 일반적으로 반응이 바로 매출로 연결되는 비즈니스가 아닌 경우, 실제 고객으로 연결되는 비율이 20%정도라고 한다. 당연히 상품이나 비즈니스의 종류, 지명도에 의해 차이가 있다.
예를 들어, 0.5%의 반응률에서 고객이 될 확률은 0.1%(반응률: 0.5% * 고객이 될 비율20% = 0.1)가 된다. 반응률이 0.3%라면 0.06%(0.3% * 0.2 = 0.06)이 될 것이다. 전단지 10,000장을 배포했을 때,
반응률이 0.5%인 경우는 고객으로 확보될 인원은 10명이 된다
반응률이 0.3%인 경우는 고객으로 확보될 인원은 6명이 된다.
전단지 광고비가 500,000원이고, 반응률이 0.3%로 계산해보면,
6명 x 50,000원(고객 단가) = 300,000원(-200,000원)
단순하게 수치만으로 판단하면 광고비를 회수하지 못한 결과가 된다. 이렇게 적자가 난다고 해도 전단지 광고가 실패한 것이라고 단정할 수는 없다. 잠재 가치를 고려하지 않았기 때문이다.

고객은 축적되어 가고 광고의 반복 효과가 작용하기 때문이다. 광고를 반복함으로써 고객의 뇌리에 남을 확률이 높아지게 되는 것이다. 한 번 방문한 사람이 다음에 방문할 확률이 높아지고 광고를 거듭할수록 인지도가 상승하기 때문이다.

가정에서 자녀들이 주문해서 먹는 치킨이나 피자를 생각해보라. 전단지를 보고 한 번 주문했던 식당(치킨, 피자)에서 다시 주문하게 되는 경우를 상기해보면 알 수 있다. 학원에서는 한 학생이 등록한 후 친구를 데려오는 경우도 있다. 모든 비즈니스는 영속성을 전제로 하기 때문에 인지도나 고객, 노하우가 축적되어 성장한다고 할 수 있다. 거래 고객을 비롯하여 제품이나 서비스에 대한 이미지, 인지도, 고객과의 인간관계가 쌓아져 간다. 한 번 관계가 맺어지게 되면 특별히 문제가 없는 한 지속하는 것이 사람들의 속성이다. 좋은 인상을 받게 되면 주변 사람들에게 소개하기도 한다.

헬스클럽도 그렇고 헤어숍도 그렇다. 주택가에는 수 많은 헤어숍이 있다. 머리 손질을 위해 헤어숍을 찾게 되는데 한 번 방문한 헤어숍과 관계를 맺으면 특별히 하자가 없는 한 다시 방문하게 될 확률이 높아진다. 자신의 스타일을 잘 알고 있어 특별한 요구를 하지 않아도 알아서 관리해주는 미용사가 있다면 더욱 그렇다. 그래서 마음 놓고 맡길 수 있는 것이다. 서로 신뢰가 쌓이면 인간관계가 형성되고 친구에게 소개하거나 주변 사람을 소개하기도 한다.

전단지 광고는 한 번만의 반응률이나 고객화 비율만 가지고 판단할 수 없는 것이다. 한 두 번의 광고를 실시해서 효과가 없다고 포기하지 말고 지속적으로 실시해야 한다. 첫 번째의 광고에서 뇌리에 희미하게 남아있다가 두 번째, 세 번째가 되면 갈수록 선명하게 각인되며 문득 필요할 때가 되면 기억을 되살려 활용하게 되는 것이다. 또, 한 번 고객이 되면 반복적으로 찾게 되고 주변에 소개하여 확장이 되기 때문에 당장 가시적인 반응만으로 판단하면 안 된다. 표면상으로 나타나지는 않지만 잠재적인 가치를 간과하지 말아야 한다.

Section 10 효과적인 전단지의 특징

'효과적인 전단지'라는 것은 배포 후의 효과가 좋은 전단지를 말한다. 동일한 지역에 비슷한 타이밍에 비슷한 수량을 배포했는데 효과(고객의 반응)가 다르다면 분명 전단지의 내용에 차이가 있었을 것이다. 앞에서 전단지 광고에서 간과하지 말아야 할 주요 포인트를 살펴봤는데 이번에는 관점을 바꾸어 잘 만들어진 전단지는 어떤 특징이 있는지 알아보자.

1 사진 또는 이미지만으로도 흥미를 끌 수 있어야 한다

이미지의 중요성을 강조한 것이다. 일반적으로 전단지라면 하나 이상의 사진이나 이미지가 들어가 있다. 사진이나 이미지만으로 소비자가 흥미를 가질 수 있도록 유도해야 한다. 따라서 광고주가 어떤 것을 말하고자 하는지 파악할 수 있는 대표 이미지의 선정에 심혈을 기울여야 한다. 배달 음식의 경우, 음식 이미지만으로 군침을 돌게 한다든지, 색다른 메뉴를 출시했을 때는 그 메뉴의 이미지를 대표 이미지로 하여 한 번 먹고 싶다는 생각이 들 수 있게 해야 한다. 많은 양의 이미지보다 임팩트가 강한 이미지를 선택해야 한다. 여러 장의 이미지를 배치한다고 해서 좋은 것이 아니다. 한 장의 이미지라도 강렬한 인상을 줄 수 있는 이미지를 선택해야 한다.

2 광고 목적과 내용을 한눈에 파악할 수 있다

전단지를 받아든 사람의 대부분은 내용을 차분히 읽고 판단하지 않는다. 큰 타이틀이나 이미지만 보고 관심을 가진 사람만이 보다 자세한 정보를 얻기 위해 내용을 읽는다. 잘 만들어진 광고는 소비자가 보는 순간 광고의 목적을 파악할 수 있어야 한다. 예를 들어, 전단지가 세일과 같은 이벤트를 홍보하는 것인지, 신장개업을 홍보하는 것인지, 사원 모집을 홍보하는 것인지 쉽게 눈에 들어와야 한다. 이벤트라면 어떤 내용의 이벤트인지 접하는 순간 한눈에 파악할 수 있어야 한다는 것이다.

3 고객의 마음을 움직이는 요소가 들어있다

광고 목적이 명확하다 해도 고객의 마음을 움직일 수 있는 요소가 있어야 반응을 하게 된다. 우리 주변에서 수많은 전단지를 접하기 때문에 마음을 움직이는 요소가 없다면 쉽사리 행동으로 옮기지 않는다. 음식점 전단지를 예로 들어보자. 아무리 맛있는 음식을 한다고 하더라도 이전에 많이 접했던 전단지와 차이가 없다면 쓰레기통으로 직행하게 된다. 따라서 소비자를 끌어당길 수 있는 요소가 가미되어야 한다. 우리 식당만의 특징(특별 메뉴, 저렴한 가격 등)이 잘 드러나야 한다. 직장인들이 점심시간 때면 메뉴 선택으로 고민을 하게 되는데 '오늘의 추천 요리', '오늘의 점심' 또는 '요일별 백반 메뉴' 등을 제공한다면 시선이 갈 수 밖에 없다. 고객이 무엇을 바라는지 파악하고 그 고객이 바라는 내용을 전단지에 담을 수 있도록 해야 한다. 다른 경쟁업체와 차별화된 유인 요소가 가미되어 있어야 고객의 마음을 움직일 수 있다.

4 연락처, 약도 등 접근 방법이 알기 쉽다

판매하고자 하는 상품이나 서비스에 대한 내용 전달이 잘 되었다 하더라도 연락처나 찾아가는 방법이 불분명하면 효과가 떨어진다. 연락처의 경우도 전화번호, FAX, e-메일, 홈페이지 주소 등 다양한 접촉 포인트를 제공하는 것이 좋다. 사람의 취향이나 성격에 따라 연락하는 방법이 다르기 때문이다. 전화 통화를 선호하는 사람이 있는가 하면 이메일을 선호하는 사람이 있기 때문이다. 그리고 지도와 함께 정확한 주소도 표기해주어야 한다. 최근에는 차량 네비게이션을 이용하는 사람이 많기 때문이다. 지도를 제공할 때는 주변의 큰 건물이나 지하철역과 같이 눈에 띄는 시설을 표기해주는 것도 잊어서는 안 된다. 지하철 역에서는 출구 번호를 기입하는 것도 잊지 않도록 해야 한다.

5 유효기간이 있다

언제든 찾아오면 되는 전단지보다는 유효기간이 정해진 전단지가 효과가 있다. "0월 0일까지 가지 않으면 안 되겠다"는 생각이 들어 정해진 기한 내에 액션을 취하려고 노력하게 된다. 보이지 않는 심리적 압박을 가하는 것이다. 그렇지 않으면 시간이 날 때 가야 하겠다는 느슨한 생각으로 있다가 잊혀지기 때문이다. 예를 들어, 할인 쿠폰의 경우도 유효기간을 두어야 그 혜택을 누리기 위해 조금이라도 빨리 연락을 취한다든지 방문하게 된다. '선착순 000명'과 같이 선착순으로 지정하면 해당 인원이 차기 전에 가야 혜택을 받을 수 있다는 생각을 하게 된다. 지정된 기한이 있으면 시간을 의식하여 조금이라도 빨리 액션을 취하는 것이 일반적인 심리이기 때문이다.

6 효과를 측정할 수 있는 장치가 있다

단순한 이미지 광고가 아니라면 어떤 광고든 효과를 측정할 수 있어야 한다. 여기에서 효과는 광고에 대한 반응을 말한다. 매출일 수도 있고 단순한 문의 전화일 수도 있다. 효과를 파악하게 되면 지금 당장의 결과에도 활용할 수 있지만 다음 마케팅 전략에도 활용할 수 있게 된다. 앞에서 효과를 측정할 수 있는 방법이 여러 가지 있다고 했는데 전단지에 그 효과를 측정하기 위한 장치를 마련하는 것이 좋다. 할인 쿠폰이나 상품권, 간단한 설문 등을 전단지에 넣어 회수율을 파악하는 방법도 좋은 예다.

7 고객의 목소리를 들려준다

가장 큰 광고효과는 소비자의 입소문이라고 한다. 광고주의 백 마디 말보다는 소비자의 한마디가 큰 힘을 발휘한다. 그래서 입소문 마케팅(오럴 마케팅)이 중요한 요소가 된다. 알바 댓글이 사회적인 문제가 될 정도로 입소문을 퍼뜨리기 위해 다양한 방법을 동원하는 것도 그 이유에서다. 사용자의 사용 후기나 서비스의 효과를 소비자 입장에서 쓴 글을 싣는 것이 고객의 신뢰도를 높이는 방법이다. 한 사람의 의견이라도 좋으니 고객의 생생한 목소리를 싣도록 한다.

광고업계에서는 전통적인 원칙으로 'AIDA 원칙'이 있다. Attention(주의 끌기), Interest(흥미

끌기), Desire(구매 욕구), Action(구매 활동)이다. 전단지는 AIDA 원칙을 충족시킬 수 있어야 한다. 전단지의 가장 중요한 요소는 전단지를 받아든 소비자가 눈길을 머물게 하는 것이다. 이를 위해서 사진이나 이미지의 선정과 배치, 타이틀이나 내용을 한눈에 파악할 수 있어야 한다. 고객을 유인할 수 있는 요소가 들어있어야 하며, 유효기간을 두고, 효과를 측정할 수 있는 장치를 마련하도록 해야 한다. 또, 연락할 수 있는 방법을 다양화하고 찾아오는 방법이나 지도는 빠뜨리지 말아야 할 중요한 요소다. 결과적으로는 주의를 끌어(Attention), 흥미(Interest)를 갖게 하여, 구매 욕구(Desire)를 불러일으켜 구매 활동(Action)으로 연결되게 된다.

Section 11 효과없는 전단지의 특징

효과없는 전단지란 전단지를 받아든 사람이 읽어보지도 않고 쓰레기통에 버리는 것이다. 쓰레기통으로 직행하는 전단지는 이미 광고지로서의 기능을 상실하게 된다. 쓰레기통에 버려지더라도 전단지를 받아든 사람이 한 번이라도 읽어봤다면 나름대로 의미를 부여할 수 있다. 이번에는 의미(효과) 없는 전단지의 특징에 대해 알아보자. 앞에서 살펴 본 '효과적인 전단지'와는 상반되는 내용이 된다.

1 내용이 한눈에 들어오지 않는다

아무리 좋은 내용이라도 전단지를 받아든 사람이 순간적으로 눈길이 멈출 수 있는 디자인, 헤드라인, 주요 문장이 갖추어져 있어야 한다. 사진과 같은 이미지도 중요한 요소다. 전단지를 받아든 사람이 순간적으로 '내게 필요한 정보'라는 느낌을 받아야 한다.

첫 번째가 디자인이다. 한 번이라도 훑어볼 수 있도록 하기 위한 이미지, 색상, 문자의 폰트의 크기와 배치 등이다. 다음으로는 카피문이다. 받아든 사람의 마음을 잡을 수 있는 문구가 눈에 들어와야 한다. 상품이나 서비스에 대한 자세한 내용은 그 이후의 문제다. 일단 눈길을 끄는 것이 중요하기 때문이다.

2 타깃이 모호하다

전단지가 누구를 타깃으로 하는지 알기 어려운 경우가 있다. 실제 수요가 있는데도 불구하고 타깃을 명확하지 않아 버려지는 경우가 있다. 예를 들어, 유아를 대상으로 하는 놀이시설의 전단지인데 유치원생이나 초등학생을 대상으로 오해할 수 있는 내용을 싣는 경우다. 대상이 되는 고객(타깃)이 쉽게 읽을 수 있도록 해야 한다. 타깃이 모호하게 되면 읽는 사람도 무엇을 말하는지 모호하여 쉽게 다가서지 못하는 결과가 된다. 상품의 구입이나 서비스를 받고자 하는 사람이 쉽게 읽도록 하고, 어필하기 위해서는 타깃이 명확해야 한다.

3 정보량이 너무 많다

전단지는 기계 조작의 매뉴얼이나 제품 설명서가 아니다. 문장 중심으로 장황하게 늘어놓아 사람들이 읽어보기도 전에 질리게 만드는 경우가 있다. 전단지에 눈길을 주고 관심을 갖게 하는 것이 첫 번째 목적이고, 다음은 전화나 인터넷을 통해 접근하거나 직접 방문을 하게 만들어야 한다. 전달하고자 하는 정보가 아무리 많더라도 전단지에 모두 기재하면 안 된다. 주요 항목만 기재하고 자세한 내용은 전화든 인터넷이든 방문을 통해 설명하면 된다. 쓰레기통에 들어가기 쉬운 전단지는 관심을 갖기 전에 정보량이 너무 많아 질리게 만들어버리는 것이다.

4 전하고자 하는 내용이 명확하지 않다

전단지의 목적은 상품이나 서비스의 인지도를 높여 구매하게 하고 서비스를 받게 하는 것이다. 이를 위해서는 해당 상품이나 서비스에 대해 명확한 내용을 전달해야 한다. 예를 들어, 음식점의 전단지라면 단순하게 "맛있다!"라고 표현할 것이 아니라 어떤 메뉴가 어떤 특징으로 맛있는지 어필해야 한다. 동네 마트에서 세일 이벤트를 개최한다고 할 때는 내용을 명확히 해야 한다. 실시하는 세일 이벤트의 특징을 부각시키기 위해 세일 품목이나 할인율, 실시 일자 등을 정확히 전달해야 한다. 그렇지 않고서는 어디에서나 하는 똑같은 세일 이벤트로 생각하고 가볍게 여길 수 밖에 없다. 전달하고자 하는 내용이 명확하지 않으면 귀찮은 한 장의 광고지로 인식되어 쓰레기통에 직통하게 된다.

5 반복적인 이벤트에 식상해진다

증정품 행사나 할인 행사를 자주 반복하게 되면 소비자가 식상하고 지치게 된다. 대상이 되는 고객(타깃)이 아닌 엉뚱한 사람들이 이런 행사를 노리고 찾을 수도 있다. 대표적인 예로 창고방출 세일이나 폐점 세일이다. 폐점 세일인데 6개월, 1년 후에도 같은 폐점 세일을 반복한다. 도대체 문을 언제 닫는다는 것인지? 백화점도 세일을 너무 자주하기 때문에 물건을 구입해야 할 상황에도 세일 기간까지 기다리는 주부들이 많다. 이로 반복적인 이벤트로 인해 표준 가격은 무시되고 세일 가격이 표준 가격화되어 버린다. 이는 결코 바람직한 현상이 아니다. 창고 정리, 신장 개업, OO세일 등을 너무 남발하게 되면 전체적인 이미지를 실추시킬 수 있다. 할인 쿠폰이나 할인 행사는 사람을 모으는데 힘을 발휘하기는 하지만 너무 지나치면 오히려 역효과를 유발하게 된다.

chapter

전단지 작성을 위한 기초

전단지 광고에 대해 이해했으면 본격적으로 전단지의 제작을 위한 기본적인 내용에 대해 알아보자. 골목 상점의 자영업자가 직접 제작한다고 해도 중간에 전문가의 의견을 반영할 수도 있고 일부는 인쇄소에 의뢰하는 등 상황에 따라 차이가 있을 수 있으나 초보자라는 것을 전제로 한다.

Section 01 전단지 작성 순서

　전단지의 작성자, 종류, 방법에 따라 약간 차이는 있을 수 있으나 일반적인 작성 순서에 대해 알아보도록 하자. 여기에서는 디자인을 전문 업체나 인쇄소에 위탁하는 경우가 아닌 자신이 제작(디자인)한다는 전제하에서 설명한다.

1 기획 : 목적과 타깃, 배포 방법을 명확하게 설정한다

　전체적인 콘셉트를 잡는 과정이다. 전단지를 보는 사람이 누구(타깃)이며, 어떤 상품 또는 서비스를 홍보할 것인가를 결정한다. 전단지를 작성하는 목적이 무엇이며, 무엇을 누구에게 전달하고자 하는지 명확하게 설정해야 한다. 또, 어느 지역에 어떻게 배포할 것인지 결정해야 한다. 할인권과 같은 쿠폰이나 증정품, 할인률 등을 결정해야 한다. 전단지 제작에 소요되는 비용 계획도 잡는 것도 잊지 말아야 한다.

참고 — 전단지의 배포 기한 및 예산

전단지를 제작하고자 할 때는 정해진 기한 내에 한 번만 배포하는 단발형 전단지인지, 한 번 제작해두고 반복해서 배포하는 반복형 전단지인지 결정해야 한다. 이는 예산과도 직접적인 관련이 있다. 개업이나 00주년과 같은 특정한 날을 기념하는 이벤트나 여름맞이, 겨울맞이 할인 서비스와 같은 경우는 단발형 전단지다. 올해에 사용한 전단지를 내년에 그대로 사용할 수 없기 때문에 배포하고자 하는 수량도 한 번만 배포할 수 있는 수량으로 제작해야 한다. 5,000장이든 10,000장이든 인쇄비용의 차이가 없다고 해서 무작정 많이 제작해놓으면 무용지물이 되어 쓰레기통으로 들어가기 때문이다.
이와 반대로 음식점 홍보 전단지는 한 번 제작한 후 배달을 나갈 때마다 주변의 주택가에 배포하는 전단지는 반복 사용하는 반복형 전단지다. 계속해서 사용할 수 있기 때문에

많은 수량을 제작하는 것이 좋다. 보통 인쇄소에서 인쇄를 할 때는 한 번에 많은 매수를 제작하는 것이 저렴하다. 10,000장을 인쇄하는 경우, 한 번에 10,000장을 인쇄하는 것이 5,000장을 두 번 주문하여 인쇄하는 것에 비해 훨씬 저렴하게 제작할 수 있다. 동일한 내용의 전단지를 필요할 때마다 주문하게 되면 그만큼 많은 비용이 소요된다. 따라서 전단지의 기획 단계에서 단발형 전단지인지, 반복형 전단지인지 명확히 구분할 필요가 있다.

2 정보의 준비 : 전달하고자 하는 정보를 나열하고 우선순위를 정한다

전달하고자 하는 메시지(정보)를 준비한다. 메인이 되는 메시지인 헤드라인(메인 타이틀)을 정하고 메시지(보디 카피)를 준비한다. 광고주 입장에서는 자신이 판매하는 상품이나 서비스에 대해 가능한 많은 정보를 제공하고자 한다. 하지만 지면에 게재할 수 있는 정보 양의 제한이 따른다. 효과적인 정보 전달을 위해서는 압축할 필요가 있다. 이를 위해서는 전달하고자 하는 모든 정보를 나열하고 주요 정보를 중심으로 우선순위를 정한다. 반드시 넣어야 할 정보가 무엇인지, 넣으면 좋겠지만 넣지 않아도 될만한 정보가 어떤 것인지 취사선택한다. 정보의 중요도에 따라 레이아웃이나 폰트, 크기, 색상 등 디자인 요소에도 영향을 끼치기 때문이다.

3 디자인 레이아웃 : 디자인을 위한 레이아웃을 잡는다

용지의 크기, 페이지 수 등 정보를 실을 수 있는 양을 정하고, 칼라로 할 것인지 흑백으로 할 것인지, 문자의 크기와 폰트를 정한다. 그리고 전단지에 들어갈 사진이나 이미지를 결정한다. 다음으로 헤드라인과 이미지(사진)의 위치 및 크기 등 전체적인 레이아웃을 잡는다. 구체적인 배치보다는 전체적인 흐름과 비율에 맞춰 구획을 나누는 작업이다.

4 메시지 및 이미지 배치 : 이미지의 배치 및 헤드라인, 설명문을 작성한다

앞 단계에서 디자인 레이아웃이 잡히면 구체적으로 헤드라인(타이틀)과 이미지, 정보를 삽입한다. 특히, 메인이 되는 헤드라인의 선정과 크기, 위치에 많은 비중을 두어 작업해야 한다. 많은 정보를 싣기 보다는 임팩트가 강하게 하여 흥미를 유발할 수 있도록 한다. 즉, 전달하고자 하는 메시지가 명확하고 강렬하여 고객의 관심을 유발할 수 있도록 해야 한다.

5 체크 : 인쇄를 의뢰하기 전에 최종적으로 체크한다

인쇄 업체에 보내기 전에 내용을 세심하게 체크한다. 전체적인 디자인의 분위기, 오탈자 여부, 이미지의 위치나 크기, 주소나 전화번호 등 연락처를 세세히 체크해야 한다. 작성한 사람이 체크하는 것은 당연하지만 반드시 제3자가 체크하는 과정을 거쳐야 한다. 작성한 사람이 체크하다 보면 고정관념에 얽매어 놓치는 부분이 있게 마련이다.

6 인쇄 : 인쇄소에 제작을 의뢰하여 인쇄한다

종이의 크기, 종이 질, 매수 등을 결정하여 인쇄소에 의뢰한다. 기획 단계에서 어느 정도 윤곽이 잡혀있고 인쇄소와의 협의가 이루어져 있겠지만 인쇄를 의뢰하기 전에 최종 확인해야 한다. 가장 중요한 것은 제반 조건에 대한 인쇄 비용의 결정과 납기일이다. 납기일은 배포하고자 하는 날짜에 맞춰 미리 도착(납품)할 수 있도록 시간적 여유를 가지고 의뢰해야 한다.

7 최종 체크 : 인쇄물을 배포하기 전에 최종 체크한다

인쇄소에서 제작되어 납품된 전단지를 배포하기 전에 마지막으로 체크한다. 색상의 선명도, 번짐 현상과 같은 인쇄 상태를 비롯하여 메시지의 내용, 전화번호나 주소 등 주요 정보에 대한 오류가 없는지를 세세하게 체크한다. 만에 하나 잘못된 정보로 고객의 손에 들어가게 되면 돌이킬 수 없기 때문에 보다 면밀한 체크가 필요하다.

참고

전문 업체에 의뢰할 때의 준비 사항

전단지를 전문 업체(광고사, 전단지 전문 제작사 등)에 의뢰한다고 하더라도 광고주 입장에서 충분한 자료를 준비해야 한다. 서로의 의사소통을 위해 반드시 필요하다. 자료가 충분치 않으면 제작하는데 시간도 많이 소요되고 광고주가 생각했던 의도대로 제작되지 않을 수 있다.

1. 사용 목적
상품이나 서비스의 홍보, 고객 유치, 구인 광고, 이벤트 홍보, 공익 홍보 등 제작하고자 하는 전단지의 사용 목적을 명기한다.

2. 배포 대상
타깃이 되는 대상자가 누구인지 명기한다. 가능하면 구체적으로 대상(타깃)을 정하는 것이 좋다. 예를 들어, 대학 입시를 앞둔 재수생과 고 3학생, 정년을 맞이한 50대 후반부터 60대 초반, 다이어트를 생각하고 있는 2~30대 대학생과 같이 배포 대상을 명기한다.

3. 배포 방법 및 장소
손으로 직접 전달할 것인지, 우편으로 배포할 것인지, 특정 장소에 비치하여 배포할 것인지 등 배포 방법을 명기한다. 배포 장소(지하철 역, 대학가, 학원가, 오피스 빌딩 주변 등)도 명확하게 하는 것이 좋다. 배포 방법에 따라 크기나 디자인이 달라질 수 있기 때문이다.

4. 전단지 제원
용지의 크기, 용지 종류 및 질, 칼라 or 흑백, 제작 수량 등 전단지 종이에 대한 제원을 표기한다.

5. 제작, 배포 기한 및 사용 기한
한 번 제작한 전단지는 반복해서 사용할 수도 있고 한 번의 사용으로 끝날 수도 있다. 또, 세일 이벤트와 같이 특정 기일 내에 제작되어 배포하는 경우도 있다. 단발형인지, 반복으로 사용할 것인지에 대한 내용을 명기하고, 언제까지 제작되어야 하고 배포되어야 하는지 명확히 전달해야 한다. 사용 기한이 언제까지인지도 명확하게 표기해야 한다.

6. 전달 내용
무엇을 전달하고자 하는지 구체적인 내용(정보)을 나열한다. 전달하고자 하는 정보의 중요도에 따라 우선순위도 부여하도록 한다. 또, 전면에 내세우고자 하는 헤드라인(메인 타이틀)이 될만한 문구나 강조해야 할 내용은 별도로 표시해둔다. 참고할만한 사진이나 이미지도 준비한다.

7. 주의해야 할 점
전단지 제작에 있어서 주의해야 할 내용이 무엇인지 명기해야 한다. 경쟁 업체나 제품을 비교하지 말라든지, 빨강색을 사용을 최소화하라든지 등 디자인이나 카피문 작성 시 주의해야 하거나 특별히 주지해야 할 내용을 명기한다.

8. 참고할 전단지 또는 자료
제작에 참고가 될만한 전단지가 있으면 제공한다. 기존에 제작했던 전단지나 경쟁 업체의 전단지를 제공함으로써 제작에 참고할 수 있도록 한다. 기존에 제작한 전단지를 개선하고 싶다면 기존 전단지와 함께 개선하고자 하는 내용을 명기한다. 경쟁 업체(업소)의 전단지보다 어떤 차별화를 둘 것인지에 대한 설명도 함께 제시하는 것이 좋다.

9. 사진과 이미지
전단지에 싣거나 참고가 될만한 사진과 이미지를 제공한다. 회사의 로고 마크나 상품이나 서비스의 사진 또는 참고가 될만한 이미지를 준비한다. 별도의 일러스트의 작업이 필요한 경우는 작성할 일러스트에 대한 구체적인 설명이 필요하다. 사진이나 이미지는 가능한 많은 수량을 제공하는 것이 좋다.

10. 예산
전단지 제작 예산을 세운다. 전문 제작업체와 협상을 위해 제작업체에 공개할 수도 있고, 비공개로 할 수도 있다. 제작업체에 공개, 비공개를 떠나 내부적으로 예산을 세우는 것은 기본이다.

11. 일정 계획
전단지가 완성되기까지의 일정과 배포 일정을 세운다. 디자인 작업 완성일, 최종 납품일, 배포 일자 등 구체적인 일정 계획을 세워 명기한다. 제작을 의뢰할 업체와 조율이 필요하지만 나름대로 구상한 일정을 세워야 한다. 구체적인 일정 계획이 없다면 개업 일자, 배포를 원하는 일자는 반드시 알려줘야 한다.

12. 기타
기타 전달 사항이나 주지 사항을 명기한다. 특별히 주의해야 할 사항이 있다면 빼놓지 말아야 한다.

Section 02 전단지의 기본 요소

전단지에는 기본적으로 갖춰야 하는 요소가 있다. 전단지에 들어가야 할 요소 기본적인 요소에 대해 알아보자. 경우에 따라 리드 카피와 바디 카피가 하나로 구성될 수도 있다.

1 헤드라인

광고 카피에서 메인이 되는 카피를 말한다. '슬로건', '캐치 카피', '메인 타이틀'이라고도 불린다. 헤드라인은 짧은 문장으로 고객의 시선을 사로잡는 문장이다. 가장 큰 목적은 전단지에 시선을 멈추게 하여 다음 문장을 읽게 하는 것이다. 짧은 문장으로 표현해야 하기 때문에 임팩트 있는 내용이 되어야 한다.

'붙이는 것만으로 한 달에 5kg 감량!',
'점심시간에 "무엇을 먹을까?" 고민하는 직장인 여러분께',
'누구도 가르쳐주지 않는 맛의 비밀!'

헤드라인은 짧은 문장으로 강렬한 인상을 심어주어 고객의 흥미를 끌어 전단지를 받아든 사람들의 시선을 멈추게 해야 그 다음 단계로 나아갈 수 있다. 처음부터 상품명이나 장황한 설명이 들어가면 독자의 시선을 잡을 수가 없다. 고객의 마음을 잡을 수 있는 상품이나 서비스의 메리트, 특전, 효과를 내세워 짧은 문장으로 표현해야 한다. 헤드라인 작성 방법에 대해서는 뒤에서 구체적으로 다루기로 한다.

슬로건과 헤드라인은 공통으로 사용하기도 하고 구분하기도 한다. 다음의 내용이 헤드라인과 슬로건의 차이를 잘 설명해주고 있다. '헤드라인은 바디 카피의 바로 위나 맨 처음 눈에 띄는 곳에 위치한다. 주로 바디 카피로 소비자의 주의를 유인하는 설득 광고의 요소이다. (중략) 반면에 슬로건은 어느 곳에나 위치하여 그 자체가 기억에 남도록 반복적으로 사용되는 이미지 광고라 할 수 있다. 그래서 슬로건은 소비자 입장에서 전달하는 내용을 마무리한다. 즉, 슬로건은 논리보다는 감정으로, 마음속으로 중얼거리는 것이 아니라 소리를 내어서, 결국 감정이 음으로 나타나는 것이다.' [1]

2 리드 카피(서브 헤드라인)

헤드라인에서 부족한 내용을 보충하는 문장이다. 헤드라인이 제목이라면 리드 카피는 부제라 할 수 있다. 헤드라인과 상품이나 서비스를 구체적으로 설명하는 바디 카피와 연결하는 역할을 한다. 헤드라인을 통해 고객의 시선을 잡았다면 리드 카피는 상품이나 서비스에 대해 보다 호기심을 유발하여 흥미를 연장시키는 것이다. 헬스클럽 전단지라면 어떠한 운동 방법을 소개한다거나, 1:1 전담 트레이너 제도 등 타 클럽과의 차별화된 서비스를 간단히 소개하여 헤드라인을 보완하는 차원의 카피문이다.

3 바디 카피(본문 카피)

본론에 해당된다. 상품이나 서비스의 구체적인 정보다. 고객에게 상품이나 서비스에 대해 구체적으로 설명하며 구매에 이르도록 설득시키는 문장이다. 정확한 정보를 전달하기 위해 가능하면 미사여구보다는 사실적이며 알기 쉽게 표현해야 한다. 전단지에서는 사진이나 이미지, 그래프 등을 이용해 설명하는 것이 좋다. 헬스클럽의 경우라면 운동 방법에 대한 구체적인 설명이나 사례자의 경험을 인터뷰 형식으로 실을 수 있다. 배달 음식점의 경우는 제공되는 메뉴의 종류를 사진과 함께 특징을 설명한다.

가능하면 번호를 부여한다거나 문장을 끊어서 개조식으로 표현하는 것이 바람직하다. 문장은 가능한 짧은 편이 좋지만 그렇다고 해서 짧은 문장에 너무 연연해하지 말아야 한다. 본문을 읽을 정도의 고객이라면 상당한 흥미를 갖고 읽기 때문이다. 간단하게 요약하는 것은 좋지만 무조건 짧다고 좋은 것은 아니다. 즉, 설명할 내용에 대해서는 충분히 설명해야 한다.

---

[1] 강승구, 김병기, 현대광고와 카피전략, 2017, pp. 157

4 요청 또는 제안

제품의 홍보의 궁극적인 목적은 고객에게 우리의 상품이나 서비스를 구입 또는 이용을 요청하는 것이다. 전단지를 배포하는 '을'의 입장에서 '갑'에게 상품의 구입이나 서비스의 이용을 제안하는 부분이다. 고객이 이 요청을 응할 수 있도록 하기 위해서는 고객의 마음을 끌어당길 수 있는 요소를 가미해야 한다. 우리의 상품이나 서비스를 구입하면 어떤 혜택이 있으며, 어떤 메리트가 있는지를 알려서 고객에게 구입을 제안하는 것이다. 전단지에 붙어 있는 할인 쿠폰을 가져오면 30% 할인 혜택을 준다거나, 선착순 00명에 한해서 무료체험 기회를 준다든가, 경품을 제공하는 등의 특전을 부여하여 고객이 문의를 하거나 방문을 유도하게 하는 요소다.

5 접근 요소

고객이 상품이나 서비스에 대해 문의하거나 방문할 수 있는 방법을 설명한다. 전화번호, E-mail, 주소, 홈페이지 주소(URL), 찾아오는 방법과 지도 등을 제공한다. 접근 요소는 하나가 아니라 가능한 복수로 제공하는 것이 좋다. 찾아오는 지도를 제공할 때는 단순히 지도에 목적지를 표시하기 보다는 쉽게 알 수 있는 역이나 빌딩을 표시하고 화살표로 방향을 알려주는 것이 좋다.

그림 전단지 주요 요소

Section 03 좋은 전단지 제작을 위한 팁

좋은 전단지는 배포 후에 매출이 상승한다거나 문의가 쇄도하는 등의 반응이 좋은 전단지일 것이다. 좋은 전단지는 공통적으로 갖고 있는 요소가 있다. 이번에는 좋은 전단지 제작을 위한 요소에 대해 알아보자. 앞장에서 살펴본 '잘 만들어진 전단지의 특징'과 일맥상통한다.

1 목적과 콘셉트를 명확하게 정의한다

목적지가 불분명하면 우왕좌왕하게 된다. 어떤 광고든 목적이 불분명하면 결과도 불분명하게 된다. 홍보는 고객들에게 상품이나 서비스를 알려 많은 구매자 또는 이용자를 확보하기 위함이다. 따라서, 상품이나 서비스에 대해 어떤 목적을 가지고 어떤 콘셉트로 제작할지 명확하게 해야 한다. 어떤 상품을 어떤 방법으로 판매할 것인지 구체적으로 정의해야 한다.

콘셉트는 목적을 달성하기 위한 방향타가 된다. 콘셉트를 어떻게 잡느냐에 따라 전단지의 디자인과 사용하는 단어나 사진, 문장이 달라진다. 콘셉트가 명확하지 않다면 전단지 내용도 부실하게 될 수밖에 없다.

2 타깃이 명확하고 타깃으로부터 공감을 얻어야 한다

타깃은 특정 연령대가 되기도 하고 지역이 되기도 하고 직업이 되기도 한다. 전단지는 불특정 다수를 대상으로 배포하는 경우도 있지만 특정 대상을 상대로 배포하기도 한다. 배달 음식점의 전단지는 일정 지역 내에서 불특정 다수에게 무작위로 배포한다. 반면, 특정 연령층이나 직업군을 대상으로 배포하는 경우도 있다. 예를 들어, 대학가의 미용실은 주로 여대생이며 입시학원 홍보 전단지는 중고등학생이 해당된다. 또, 직장인 상대의 헬스장 홍보지, 중장년 상대의 아파트 분양 홍보지 등 배포 대상(타깃)이 좁혀진다.

　타깃이 정해지면 타깃에게 공감을 얻을 수 있어야 한다. 공감이라는 것은 친근감이며 나와 주변에서 접할 수 있는 내용이어야 한다. 예를 들어, 헬스클럽 전단지의 경우, '시도는 많이 했는데 요요현상으로 고민하신 분!'과 같은 식으로 다이어트를 시도하다가 실패한 사람들로부터 공감을 살 수 있는 내용이라면 귀가 솔깃할 것이다.

　입시학원의 전단지에서는 '열심히 하는데도 좀처럼 오르지 않는 점수로 고민하시는 학부모 여러분!'이라고 하면 입시생을 둔 부모들이 솔깃할 수밖에 없다. 이는 아이의 성적이 좋고 나쁨을 떠나 입시생을 둔 학부모는 누구나 공감할 수 있는 내용일 것이다.

3 헤드라인을 잘 뽑아라

　지금은 신문 구독자가 줄어들어 많이 볼 수 없어졌지만 거리나 지하철 역의 신문 가판대에서 신문 판매량은 1면 타이틀에 의해 좌우되었다. 지금은 인터넷 뉴스 기사에서 제목을 어떻게 정하느냐에 의해 클릭 수가 좌우된다. 제목을 어떻게 정하느냐에 의해 독자의 클릭 여부가 결정된다. 독자 여러분들도 인터넷 뉴스를 볼 때 실감할 것이다. 이런 이유로 자극적인 제목의 낚시성 기사가 끊이지 않아 사회문제가 되기도 한다.

　전단지도 마찬가지다. 전단지를 받아든 사람이 읽어볼 것인지, 쓰레기통에 버릴 것인지 결정하는 판단 요소의 첫 번째가 헤드라인이다. 일단 받아든 사람의 눈길을 멈추게 하기 위해서 헤드라인의 중요성은 아무리 강조해도 지나치지 않는다. 예를 들어, 입시학원의 경우는 '최고의 강사진을 자랑하는 OO학원!' 보다는 '서울대 OO명 합격생을 배출한 OO학원!'이 훨씬 눈에 들어온다. 식당이라면 고객들이 배달 시간에 신경을 많이 쓴다. 이때는 배달 시간에 초점을 맞춰 '주문 후 30분 이내 배달되지 않으면 무료!'와 같이 인상적인 헤드라인이어야 눈길을 멈추게 한다.

4 문장은 짧고 간결하게 쓰고 숫자로 표현하라

　문장이 길어지거나 많으면 식상하게 된다. 전달하고자 하는 내용을 짧게 압축하고 간결하게 정리해야 한다. 강조하고자 하는 단어에는 별도의 색상이나 크기 및 굵기에 변화를 주어 돋보이도록 해야 한다. 여러 문장이 있거나 예시가 있을 때는 서술식이 아닌 개조식으로 끊어서 표현해야 한다. 두 줄 이상이 되면 지루해 하고 읽지 않게 되기 때문이다. 가능한 간결하게 압축하여 표현하는 것이 중요하다.

두루뭉실한 표현보다는 숫자로 표현하면 알기 쉽다. 단순히 '실적이 많습니다.'라는 두루뭉실한 표현보다는 '1개월 실적 건수 5,000건'과 같이 구체적인 숫자로 표현하는 것이 효과적이다. 같은 숫자라 할지라도 할인율(%)만 표시하는 것보다 구체적인 판매 가격이 제시하는 것이 효과적이다. '50% 할인'이라는 문구보다도 구체적인 판매 가격을 제시하는 것이 좋으며, 판매 가격도 기존에 판매하던 가격(예: 100,000원)과 이번에 실시하는 이벤트에서의 가격(예: 50,000원)을 같이 표시해주면 보다 효과적이다.

5 눈에 띄는 사진 또는 이미지를 활용한다

상품이나 서비스에 대한 사진이나 이미지를 적절하게 활용해야 한다. 누구나 알고 있는 사물이라 하더라도 사진이나 이미지를 사용하면 눈에 쉽게 들어오고 뇌리에 잔상이 남게 된다. 성형외과의 성형 전과 후의 사진, 헬스장에서의 다이어트 전과 후의 사진, 인테리어 업체의 리모델링 전과 후의 사진, 마트 광고에서의 각종 채소나 상품 이미지, 도시락 가게의 사진 등이 대표적이다. 배달 음식점에서는 배달 메뉴에 대한 이미지도 필요하지만 청결한 주방 사진을 보여주는 것도 효과가 있다. 배달 음식의 위생에 대해 신경을 쓰는 고객이 의외로 많기 때문이다.

상품을 설명하는데 사진이나 이미지만큼 확실한 표현도 없을 것이다. 예를 들어, 도시락 가게에서 도시락 종류(메뉴)를 단순히 문자만으로 나열하면 구미가 당기지 않는데 메뉴에 어울리는 이미지(사진)를 보여주면 쉽게 연상할 수 있고 구미가 당겨 구매충동을 느끼게 된다. 이처럼 상품이나 서비스를 사진이나 이미지로 표현함으로써 고객들에게 상품에 대한 이해를 돕고 구매로 이어지는 유인 효과를 얻을 수 있다.

6 고객의 입장에서 미래를 상상하도록 하라

어떤 제품의 구입이나 서비스를 받고 난 이후에 어떤 결과가 되는지 이미지화 할 수 있도록 한다. 입시학원의 경우는 명문대학교 마크와 함께 대학생이 되는 모습, 헬스클럽이나 다이어트 식품의 전단지는 before & After의 이미지를 싣는다. 개보수 전문 업체의 전단지에서는 과거의 실적과 함께 개보수 전과 후의 사진을 보여준다. 리모델링 공사를 한 후의 이미지를 보여줌으로써 공사를 의뢰하겠다는 결정을 촉진시킨다. 여기에서도 고객의 체험담이나 경험자들의 목소리를 들려주는 것도 좋은 방법의 하나다.

상품이나 서비스의 특징보다도 구입하거나 서비스를 받는 사람에게 어떠한 메리트가 있는지를 강조하는 것이다. 고객이 얻을 수 있는 이익을 강조하여 그 이익을 통한 이미지를 상상하도록 하는 것이다.

그림 Before & After의 예

이를 위해서는 판매자(전단지 제작자)의 입장이 아니라 구매자(읽는 사람)의 입장에서 작성해야 한다. 예를 들어, 다이어트 식품을 판매하는 전단지의 경우, 재료가 무엇이고, 어떤 공법으로 만들었다는 것보다는 이 식품을 섭취했을 때 얼마 동안에 몇 kg의 감량 효과를 발휘하며 건강에는 지장이 없다는 점을 강조해야 한다는 것이다.

7 생산자와 사용자의 목소리를 전달하라

고객들에게 신뢰감을 주기 위해서 생산자의 신원이나 생산 과정을 보여주는 것도 좋은 방법이다. 생산자의 사진을 게재하거나 생산자의 연락처를 명기함으로써 국산임을 강조한다거나 품질을 보증한다는 것을 간접적으로 어필한다. 과일이나 채소 등 농산물이나 수산물과 같은 먹거리는 더욱 효과적이다. 또, 생산 과정을 설명하고 이미지로 보여줌으로써 신뢰감을 심어줄 수 있다. 배달 요리(치킨, 족발 등)의 경우 깨끗한 주방 사진이나 요리하는 장면을 보여줌으로써 고객에게 위생 관리를 철저히 한다는 것을 어필한다.

다음으로 고객의 목소리를 전달하는 것이다. 고객이 가게로 방문하는 경우에 점원이 직접 설명할 수 있지만 전단지는 이미지와 문장으로 설명하는 방법밖에 없다. 가장 설득력 있는 방법이 고객이 실제 상품을 사용하고 있는 장면이나 사용 후의 행복해하는 모습을 보여준다. 또는 사용자의 사용 후기와 같이 고객의 목소리를 전달하는 방식으로 제안한다.

8 효과를 알 수 있는 장치를 마련한다

아무리 많은 양의 전단지를 배포했다 하더라도 효과가 미미하면 의미가 없는 것이다. 따라서 정확하지는 않더라도 효과를 측정할 수 있는 장치를 마련해야 한다. 가능한눈에 드러나는 측정 장치를 마련하는 것이 좋다. 막연히 배포 전후의 매출액을 비교하는 것이 아니라 구체적으로 수치화할 수 있는 방법을 연구해야 한다. 예를 들어, 배포 전후에 걸려오는 주문 전화의 횟수를 측정한다든가 전단지 한쪽에 할인 쿠폰을 붙여 할인 쿠폰의 회수량을 측정하는 방법이다. 효과를 측정하는 목적은 광고비용 대비 효과를 분석할 수도 있고, 차후에 실시할 광고 계획에 활용하기 위함이다.

그림 쿠폰

9 찾아오는 길, 상담 전화번호는 알기 쉽게 표시한다

고객과의 접점이 많을수록 좋다. 따라서, 다양한 접촉 요소를 제공하는 것이 좋다. 찾아오는 약도는 보기 쉽게 표시해야 한다. 지하철역이 있다면 가장 좋은 이정표가 되지만 역이 없는 경우에 주변에서 눈에 띄는 건물이나 상점을 중심으로 설명하도록 한다. 특정 장소에서부터 찾아가는 방

그림 상세 지도의 예

법을 화살표로 설명해주는 것이 바람직하다. 대중교통으로 찾아오는 방법도 안내해주어야 한다.

그리고 반드시 전화번호를 기재하여 궁금증이 생기면 언제든지 연락할 수 있도록 해야 한다. 필요하다면 홈페이지 주소와 이메일 주소를 기재하여 다양한 방법으로 접근할 수 있도록 해야 한다. 대면을 선호하는 사람, 전화를 선호하는 사람, 이메일을 선호하는 사람 등 사람마다 성향이 달라서 다양한 방법을 제공하는 것이 좋다.

10 허위 내용으로 현혹해서는 안 된다

거짓말은 금세 들통나게 된다. 아무리 고객을 유치하고자 하는 광고라 하더라도 허위 사실을 기재하거나 조작된 사진 등으로 현혹시켜서는 안 된다. 처음에는 통할지 몰라도 결과적으로 고객으로부터 외면을 받고 비난의 대상이 된다. 70% 세일 이벤트라 해놓고 정작 구입할만한 것을 고르면 이벤트 대상이 아니라고 하면 고객은 허탈감을 맛볼 것이다. 그래서 다시 비슷한 종류의 이벤트를 하더라도 반응이 없게 된다. 오히려 역효과가 나게 된다. 허위 내용을 기재하여 잘못되면 법적인 책임이 따를 수도 있으므로 거짓 내용을 기재해서는 안 된다는 점을 명심해야 한다.

Section 04 용지의 선택

전단지에서 용지의 크기는 중요한 요소 중 하나다. 배포 방법에 따라 선택해야 한다. 손으로 전달할 것인지, 문 앞에 붙여놓을 것인지, 차량에 꽂아놓을 것인지, 비치해놓을 것인지에 따라 결정해야 한다. 인쇄 비용과도 밀접한 관계가 있다. 종이의 크기와 질, 매수에 따라 달라지기 때문이다. 용지의 선택을 위한 크기 및 질에 대해 알아보자.

1 용지의 크기

종이는 크게 A판과 B판으로 나누어진다. A판형은 독일, B판형은 일본에서 만들어진 크기다. 가장 많이 사용하고 있는 크기는 A4 용지다. 일반적으로 프린터 용지에서 사용하는 크기는 A4 용지다. 다음으로 A3 용지다. 책자에서는 B5용지도 많이 사용되고 있다. 일반적으로 A계열을 '국전지', B계열을 '46전지'라 부른다. 우리가 많이 사용하는 A4 용지의 크기는 210mm x 297mm다. A3는 이 크기의 배인 297mm x 420mm가 된다. A5는 A4의 절반인 148mm x 210mm가 된다. B판형도 A판형과 마찬가지로 배율이 적용된다. 가장 많이 사용하는 B5 크기는 182mm x 257mm다. B4는 257mm x 364mm가 된다.

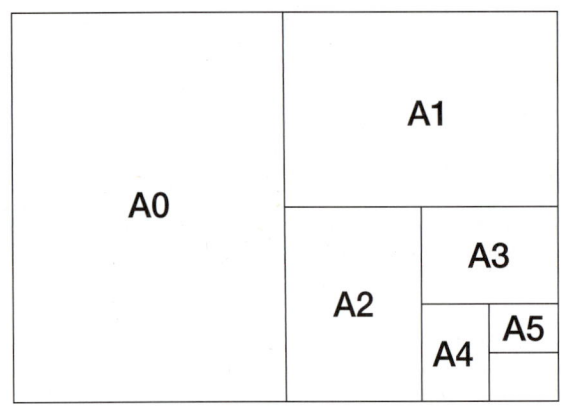

그림 용지 크기 배율 이미지

다음은 A판형과 B판형의 각 사이즈다.

구분	A판형	B판형
0	A0 : 841mm×1189mm	B0 : 1030mm×1456mm
1	A1 : 594mm×841mm	B1 : 728mm×1030mm
2	A2 : 420mm×594mm	B2 : 515mm×728mm
3	A3 : 297mm×420mm	B3 : 364mm×515mm
4	A4 : 210mm×297mm	B4 : 257mm×364mm
5	A5 : 148mm×210mm	B5 : 182mm×257mm
6	A6 : 105mm×148mm	B6 : 128mm×182mm
7	A7 : 74mm×105mm	B7 : 91mm×128mm
8	A8 : 52mm×74mm	B8 : 64mm×91mm
9	A9 : 37mm×52mm	B9 : 45mm×64mm
10	A10 : 26mm×37mm	B10 : 32mm×45mm

여기에서 A판형이나 B판형 외에 다양한 크기를 사용한다. 일반적으로 사용하는 호칭과 크기를 살펴보면,

호칭	전지 1매당 면수	크기
국배판(A4)	8절(16페이지)	210mm × 297mm
국판(A5)	16절(32페이지)	148mm × 210mm
국반판(A6)	32절(64페이지)	105mm × 148mm
타블로이드(B4)	8절(16페이지)	254mm × 374mm
46배판(B5)	16절(32페이지)	188mm × 257mm
46판(B6)	32절(64페이지)	128mm × 188mm
신국판	16절(32페이지)	153mm × 225mm
30절판	30절(60페이지)	125mm × 205mm
문고판(36판)	40절(80페이지)	103mm × 182mm

2 용지의 두께

다음으로 고려해야 할 것이 용지의 두께다. 두께는 일반적으로 밀리미터(mm)가 아닌 무게의 단위인 '그램(g)'으로 표현한다. 원래 무게의 단위는 '평량'이라 하여 '가로 x 세로'의 크기가 1m x 1m의 무게를 말한다. A0용지의 넓이에 해당된다.

일반적으로 많이 사용하는 복사용지의 경우 70g, 75g, 80g인데, A4용지 포장지를 보면 'A4 500Sheets 75g/㎡'라고 적힌 것을 볼 수 있다. 이 용지는 평량(1m x 1m)의 무게가 75g이라는 의미다. 대표적인 인쇄 용지의 무게를 보면,

종류	무게(단위 : g)	비고
복사용지	70, 75, 80	A4 크기의 용지
신문용지	46, 48, 54	일간 신문용지는 46g
모조지	45~260	표면이 매끄럽고 광택이 있다. 출판 잡지나 고급 인쇄물에 사용된다.
중절지	60, 70, 80	만화, 노트, 서적용으로 표면이 거칠고 두껍다. 모조지보다 질이 낮다.
서적용지	60, 70, 80	단행본이나 교과서. 불투명도가 모조지보다 좋다.
스노우지	80~300	감촉이 부드럽고 두껍다. 카탈로그, 달력 등에 많이 사용된다.
아트지	80~300	높은 광택과 평활성이 뛰어나 포스터, 카탈로그, 고급 전단지에 쓰인다.

기타 특수용지가 있는데 이는 초대장이나 안내장, 책 표지, 백화점 카탈로그 등에 사용되며 80g에서 300g에 이르기까지 다양하다.

같은 종류의 용지라면 당연히 무거울수록 두꺼운 용지다. A4용지는 80g 용지가 70g 용지보다 무겁다. 하지만 반드시 무게가 많이 나간다고 두께가 두껍다는 상관관계가 성립되는 것은 아니다. 같은 80g 무게의 아트지와 중절지를 비교하면 아트지가 중절지에 비해 얇다. 표면이 매끄러

운 아트지는 제조과정에서 두 개의 롤러 사이를 통과하면서 종이 조직이 밀착되어 보다 얇게 가공되기 때문이다.

어떤 용지를 사용할 것인지는 인쇄소와 상의하는 것이 가장 빠를 것이다. 직접 찾아가서 샘플 용지를 만져보고 인쇄 상태를 보고 결정하는 것이 확실한 방법이다. 책을 기준으로 보면 다음과 같다.

이름	용도	일반적으로 사용하는 용지
표지	두꺼운 표지(양장)	여러 장을 겹쳐 만든 합지
	얇은 표지	아트지, 스노우지(250g)
면지	본문 보호용	매직칼라(120g) 등
본문용지	본문 인쇄용	미색 모조(60, 70, 80g) 등 다양

3 용지의 수량

인쇄를 의뢰해본 경험이 있는 사람이라면 인쇄소에서 "300부나 500부의 가격 차이는 크게 나지 않습니다"라는 이야기를 들어본 적이 있을 것이다. 펄프에서 가공된 종이는 두루마리 형식으로 나오는데 납품할 때는 이를 전지 크기로 재단하게 된다. 보통 '국전지'와 '46전지'로 나눈다. 국전지는 939mm x 636mm로 A판형 크기로 정할 때 많이 사용하고, 46전지는 788mm x 1901mm로 B판형 크기로 정할 때 주로 사용하게 된다. 이 전지를 500장을 묶어 '1연(Ream)'이라고 표현한다. 종이를 거래할 때는 이 연단위로 취급하기 때문에 연 단위(1연) 내에서는 가격 차이가 많이 나지 않는다는 것이다.

다음은 용지 크기별 연 단위 매수를 나타낸 것이다. A4용지의 경우 1연당 4,000매를 인쇄할 수 있다.

크기	1연당 매수	크기	1연당 매수
전지(A1)	500	4x6 2절	1,000
2절지(A2)	1,000	4x6 4절	2,000
4절지(A3)	2,000	4x6 8절	4,000
8절지(A4)	4,000	4x6 16절	8,000
16절지(A5)	8,000	4x6 24절	12,000

32전지(A6)	16,000	4x6 32절	16,000
		4x6 48절	24,000
		4x6 64절	32,000

　종이 매체인 전단지를 제작할 때는 종이의 크기나 기본적인 내용을 알고 계획을 세우는 것이 필요하다. 전문 업체에 의뢰하여 맡기더라도 나름대로 이해를 하고 주문하는 것이 보다 효과적인 전단지 광고를 위한 포인트의 하나라 할 수 있다.

Section 05 전단지 디자인의 주요 포인트

전단지는 우리 주변에 귀찮을 정도로 많이 널려있다. 사람에 따라서는 필요한 정보가 되기도 하지만 한편으로는 거리를 더럽히는 쓰레기에 불과하기도 하다. 같은 상품이나 서비스의 전단지라도 "한 번 읽어볼까?"하는 마음을 끄는 전단지가 있다. 가장 큰 요소가 디자인일 것이다. 이번에는 전단지 디자인을 위한 주요 포인트에 대해 알아보자.

1 헤드라인(메인 타이틀)

첫 눈에 고객의 시선을 끌기 위해서는 무엇보다도 헤드라인이 중요한 요소다. 헤드라인의 내용도 중요하지만 문자 크기, 폰트, 색상과 함께 어느 위치에, 어느 정도의 면적으로 할 것인지에 대해서는 많은 고민을 해야 한다. 문자 수에 비해 가장 많은 면적을 차지하는 것이 헤드라인이다. 그렇지만 헤드라인에 너무 치중하다 보면 다른 요소가 생략되거나 존재감이 사라질 수 있다. 용지의 크기에 따라 차이가 있을 수 있으나 지면의 1/4 ~ 1/5 정도를 넘지 않도록 해야 한다. 폰트의 사용도 중요한데 일반적으로 본문과는 다른 폰트를 사용하는 것이 일반적이다. 특히, 손글씨나 손글씨 풍의 폰트가 사람의 시선을 끄는데 효과가 있다. 헤드라인 디자인의 가장 중요한 포인트는 읽기 수월하게 하여 다음을 읽게 하도록 해야 한다.

2 문자의 색상과 배경

일반적으로 문자는 검정색이 기본이다. 눈에 띄게 표현하고자 하는 단어나 문장에 대해서는 다른 색상으로 표현하거나 굵은 문자, 밑줄, 다른 폰트를 이용한다. 강조하고자 하는 내용이 많더라도 최대한 압축하여 표현한다. 이것 저것 강조하다가는 오히려 어지러운 전단지가 되어 독자들을 피로하게 만든다. 또, 흰색 글씨에 검정색 테두리의 문자는 가능한 피하도록 한다. 특별히 강조하기 위한 곳이라면 한 두 곳 정도로 자제하는 것이 좋다. 문자의 색상과 배경에 대한 구체적인 내용은 '색체와 배색'을 참조한다.

3 시선의 흐름

사람의 시선을 유도하는 흐름을 말한다. '아이 플로우(Eye Flow)'라고 말한다. 자연스러운 흐름은 가로 방향의 문장인 경우는 Z 방향, 세로 방향인 경우는 N 방향이 일반적이다. 특별한 경우가 아니라면 이 흐름에 따라 배치하는 것이 좋다. 그렇지 않으면 시선이 흐트러져 효과가 반감된다.

4 사진과 이미지의 배치

전단지는 제약된 지면으로 인해 문장으로 설명하는 것은 한계가 있다. 따라서, 문장보다도 몇 장의 사진이나 이미지를 이용하여 효과적으로 설명해야 한다. 또, 문자만으로 구성된 전단지는 보는 사람으로 하여금 피로하게 만든다. 문자 중심의 전단지보다는 사진이나 이미지가 들어간 전단지가 시선을 끄는데 유리하다. 사진이나 이미지가 그만큼 많은 비중을 차지하게 된다. 따라서, 사진이나 이미지를 선택할 때는 보다 신중하게 골라야 하며 배치도 중요한 요소가 된다.

사진은 인물이 들어가면 더욱 효과적이다. 일반적으로 여러 이미지가 있을 때 인물이 들어간 이미지에 눈이 더 머물기 때문이다. 그 인물이 유명세를 타는 사람이면 더욱 효과적일 것이다. 그래서 유명 연예인을 활용하는 것이다. 사진이나 이미지에는 이를 설명하는 캡션을 넣어주는 것이 좋다. 예를 들어, 다이어트 시작 전과 3개월 후의 사진을 배치할 때 각각 캡션을 넣어 알기 쉽게 설명해준다. 주방 리모델링 전단지라면 리모델링 전과 후의 사진에 간단한 캡션으로 설명해주는 것이 좋다.

5 단락의 구분과 강조

내용이 바뀌거나 문맥이 다른 경우에 구분을 지어주는 것이 좋다. 구분짓는 방법으로 선을 긋는다든가 배경색을 바꾸는 방법, 이미지로 구분하는 방법이 있다. 예를 들어, 야식 배달 음식점 전단지의 경우에 한식과 분식, 중식을 구분해서 표현하면 고객이 선택하기 쉬울 것이다. 전혀 다른 분위기로 구분하는 것보다는 자연스럽게 구분되도록 하는 것이 좋다. 특별히 강조하고자 할 때는 도형을 이용하여 도형 안에 문자를 넣거나 문장에 테두리를 그어서 강조할 수도 있다. 문장에 테두리로 감싸는 것을 존슨 박스(jhonson box)라 하는데 보통 3행 이내에서 처리하도록 한다. 강조할 곳이 많다고 해도 여러 곳에 두게 되면 산만해지고 정말 강조해야 할 곳이 옅어지기 때문에 최소화 해야 한다. 한 장의 전단지에 두 곳 이상 두어서는 안 된다.

Section 06 레이아웃 패턴

전단지는 사람과 사람의 대면과 다를 바 없다. 우리들이 첫 대면에서 두 가지에 신경을 써서 교류를 하게 된다. 첫 번째는 상대에게 좋은 인상을 심어주는 것이고, 두 번째는 흥미를 갖게 하는 것이다. 만나자마자 이런 저런 사정을 모두 이야기하면 "이 사람 시끄럽다"는 인상을 줄 수 있다. 그렇다고 너무 말이 없으면 흥미를 잃게 된다. 전단지도 이와 마찬가지다. 처음 접했을 때 좋은 인상을 심어주고 흥미를 갖게 하는 것이 중요하다. 디자인 레이아웃은 흥미를 갖게 하는데 중요한 요소 중 하나다.

레이아웃은 그림이나 글씨의 배치를 말한다. 용지를 가로 방향으로 할 것인지, 세로 방향으로 할 것인지에 따라 다르다. 기본적으로 몇 가지 패턴이 있다. 동일한 레이아웃이라 하더라도 테크닉에 따라 다양하게 응용할 수 있다. 이번에는 기본적인 레이아웃 패턴을 알아보자.

1 가장자리 활용 패턴

중앙에 큰 스페이스와 상하좌우의 일부를 사용하는 레이아웃이다. 필요에 따라서는 좌우를 함께 사용할 수도 있다. 중앙에 큰 스페이스에는 헤드라인과 이미지를 배치하고 주변에는 연락처, 찾아오는 방법, 주지 사항을 기입한다. 이 패턴은 감각에 호소하는 전단지를 만들 때 유용하다.

2 가로 분할 패턴

가로 방향으로 분할한 레이아웃이다. 이 패턴은 많은 양의 정보를 전달하는데 유용하다. 상단에는 강렬한 헤드라인(메인 카피) 또는 상호를 넣어 시선을 끈다. 하단 부분은 할인 쿠폰과 같은 특전을 알리거나 연락처, 지도와 같은 접근 방법을 배치한다. 다음의 정육점 전단지에서는 상단에 상호와 약도 및 전화번호를 표기하고 가로로 분할하여 차례로 정보를 제공한다. 각 정보와 정보가 구분되어 읽기 쉽게 눈에 들어온다.

다음의 전단지에는 상단에는 상호, 중간에는 음식에 대한 정보를 제공하고 있다. 하단에는 영업시간과 주문할 전화번호, 주문 방법을 배치한다. 여러 메뉴를 표시하고자 한다면 중간 부분을 분할하여 메뉴를 표시한다.

3 세로 분할 패턴

　세로 방향으로 분할함으로써 서로 비교하기가 쉬운 패턴이다. 판매하고자 하는 제품이나 서비스를 카테고리로 나누어 배치하기 용이하다. 구매력을 강하게 유도할 수 있다. 고객이 한눈에 파악하기 쉬우나 시선이 집중되지 않을 수 있으므로 주의해야 한다.

　다음 예과 같이 각 음식 종류별로 카테고리를 나누어 메뉴를 나열하는 것도 세로 방향 패턴의 대표적인 예다.

4 시선의 흐름 및 새로운 느낌을 주는 방법

전단지는 책이나 매뉴얼과 달리 처음부터 끝까지 읽지 않는다. 눈에 들어오는 것을 대충 훑어보다가 관심이 가는 부분만 집중적으로 읽게 된다. 읽을 때의 시선도 책을 읽듯이 왼쪽에서 오른쪽 방향으로 읽는다는 보장도 없고 위에서 아래 방향으로 읽는다는 보장도 없다. 따라서 일정한 순서를 정하기 보다는 시선이 이동하기 쉽도록 디자인해야 한다. 일반적으로 다음 그림과 같이 Z자 방향이나 V자 방향으로 배치되도록 하는 방법이다. 특히, 고객의 시선을 끌고자 하는 부분에는 굵은 선으로 테두리를 두르는 것이 좋고 색의 변화나 글자의 서체의 변화를 통해 시선의 이동을 유도해야 한다.

항상 일정한 패턴은 식상하기 마련이고 받아든 사람들의 시선으로부터 외면당한다. 새로운 느낌을 주기 위해서는 레이아웃의 변화를 꾀한다. 가로 분할 패턴과 세로 분할 패턴에 연연해 할 필요가 없다. 가로와 세로 분할을 혼합한 형태로 활용하기도 한다. 특정 내용을 강조하고자 할 때는 동그라미나 번개 표시와 같은 도형을 추가하면 색다른 느낌을 줄 수 있다.
강조하고자 하는 메뉴에 눈이 가도록 동그라미로 강조한 것이다. 특별히 강조하고자 하는 내용이 있으면 이런 형식으로 눈에 드러나도록 디자인하여 시선을 끌 수 있다.

5 정보의 양

전단지의 목적은 광고주의 정보를 타깃에게 전달하는 도구다. 광고주 입장에서는 많은 정보를 전달하고 싶지만 지면의 제한 등으로 충분한 정보를 전달하는 데는 한계가 있다. 그래서 전단지의 첫 번째 임무는 정보의 전달보다도 사람들의 시선을 끄는 것이다. 즉, 받아든 사람이 흥미를 갖게 하는 것이다. 따라서 흥미의 요소에 임팩트를 주어야 한다. 사람의 시선이 멈추게 하기 위해서는 감정에 호소하는 이미지가 중요하다. 사진과 같은 이미지를 사용해 내용을 읽어보지 않더라도 순간적으로 느낄 수 있도록 연구해야 한다.

이와 함께 전달하고자 하는 정보의 양의 조절도 필요하다. 전단지의 레이아웃 중에 '가장자리 활용 패턴'이 정보의 양에 따른 밸런스를 갖추기 용이한 구조다. '가장자리 활용 패턴'으로 전단지를 구성하면 이미지와 정보 양의 균형(밸런스)을 잡기 쉽다. 가끔씩 신문과 같이 문장 중심의 전단지를 볼 수가 있다. 광고주가 고객들에게 전하고자 하는 정보가 많아 문장을 많이 넣는 경우다. 많은 정보를 전달하고자 할 때는 전단지보다는 홈페이지를 이용하면 좋다. 전단지에는 홈페이지 주소를 명기하거나 QR코드 등으로 연동되게 하는 것이 좋다. 그렇게 함으로써 조금 더 자세한 정보를 알고자 하는 사람에게는 홈페이지를 방문하여 열람하게 하는 것이다. 전단지에 전달하고자 하는 정보를 모두 싣는 것은 욕심이며 도리어 효과가 떨어지게 된다.

 전달하고자 하는 내용을 잘 정리해서 강조하고자 하는 부분과 일반 정보를 구분하여 배치하여 정보를 전달해야 한다. 추가로 필요한 정보가 있다면 홈페이지로 유도하여 자세한 정보를 열람할 수 있게 하는 것이 효과적이다. 전단지가 효과적인 홍보수단이 되게 하기 위해서는 밸런스를 유지하기 쉬운 가장자리 활용 패턴을 추천한다.

Section 07 색채와 배색

 전단지에서 색상은 매우 중요한 요소다. 흑백으로 인쇄한 종이를 그대로 배포하는 경우도 있지만 대부분의 전단지는 컬러로 제작된다. 색상에 따라 사람들의 눈길을 모을 수 있고 전달하고자 하는 메시지를 강조할 수 있다. 그렇다고 너무 많은 색상을 사용하면 혼란스러울 수 있기 때문에 주의해야 한다. 이번에는 전단지의 생명을 좌우하는 요소 중 하나인 색채와 배색에 대해 알아보자.

1 색상의 기초

색상을 표현하는 방법은 몇 가지가 있다. 일반적으로 HSB 또는 HSV 컬러 모델이라고 한다. H는 Hue의 머리 글자로 색상을 말한다.

S는 Saturation의 머리 글자로 채도를 말한다.

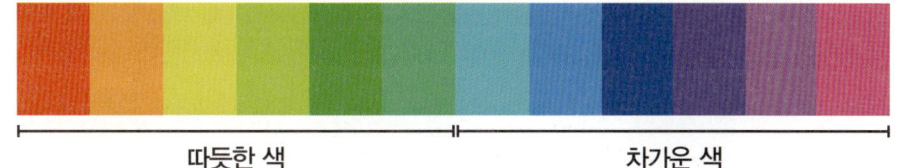

B는 Brightness 또는 V는 Value로 명도를 말한다.

이 세 가지 요소로 색을 표현한다.

　기본 색상 3원색은 빨강, 파랑, 노랑을 말한다. 3원색을 서로 혼합하면 어떠한 색상도 표현할 수 있게 된다. 컴퓨터에서 RBG로 표현하는 색상은 빛의 3원색으로 빨강(Red), 파랑(Blue), 녹색(Green)이다. 여기에 흰색을 이용하여 자연스러운 원색을 표현한다. 이 색상을 잘게 쪼개면 수 없이 많은 색상이 나온다. 컴퓨터에서 색상을 표현할 때 숫자로 표현하는데 이는 색상을 잘게 쪼개어 그에 해당하는 숫자를 표현하는 것이다. 다음은 교과부에서 지정한 20색상환이다.

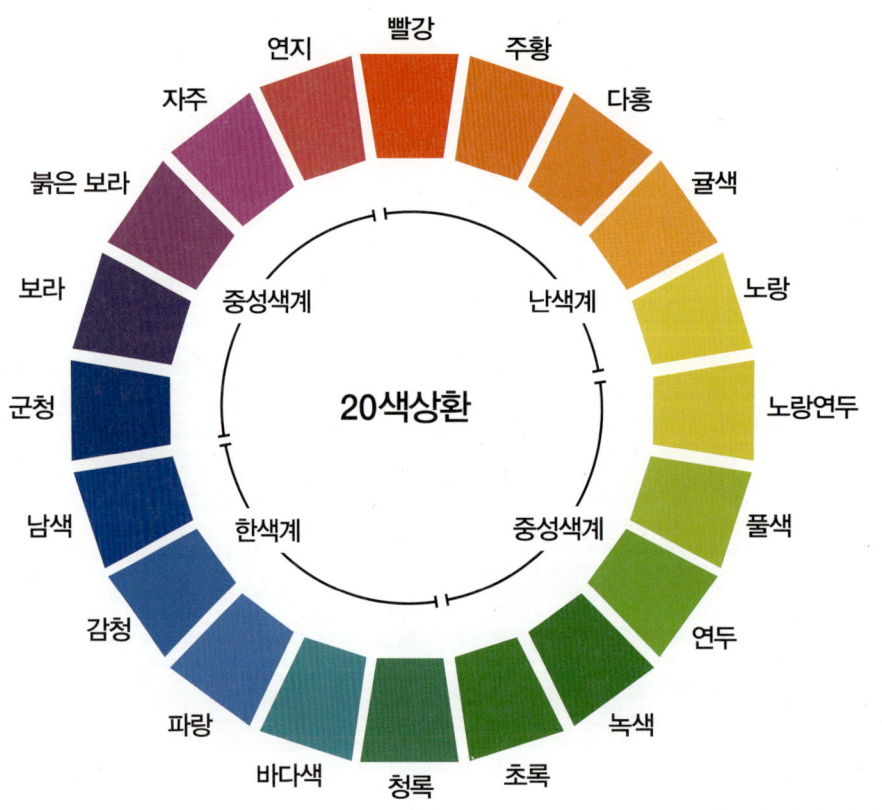

그림 교과부 지정 20색상환

색상을 차가운 색, 따뜻한 색과 같이 느낌으로 표현하기도 한다. 앞의 색상 띠에서 중심을 기준으로 왼쪽 방향이 따뜻한 색, 오른쪽 방향이 차가운 색에 속한다. 수도꼭지의 회전 방향을 보면 빨강색 방향으로 돌리면 따뜻한 물이 나오고 파란색 방향으로 돌리면 차가운 물이 나오는 것은 이러한 느낌을 반영한 것이다. 여름의 시원한 느낌을 주기 위해서는 오른쪽의 파란색 또는 하늘색을 많이 사용하고 겨울에는 따뜻한 느낌을 주기 위해서는 빨강색을 주로 사용한다. 각 색상에 따라서 사람이 느끼는 감정이 있는데 대표적인 색상은 다음과 같다.

색상	느낌
빨강(Red)	정열, 힘, 사랑, 애정, 야망, 혁명
주황(Orange)	온화, 흥분, 활동, 성취, 젊음
노랑(Yellow)	영광, 행복, 병약, 신성
초록(Green)	청춘, 평화, 휴식, 활기, 공평, 신선
파랑(Blue)	침착, 고요, 정직, 신비, 총명
보라(Purple)	고귀, 우아, 신비, 고독, 장엄,
흰색(White)	냉정, 순결, 희망, 고상
검정(Black)	적막, 엄격, 죽음, 불길, 예식, 의례
갈색(Brown)	우연, 자연스러움, 친근, 겸양

다음으로 채도는 색의 선명함을 표현하는 요소다. 같은 색이라 하더라도 채도가 높을수록 선명하고 낮을수록 회색에 가까워진다. 채도가 0인 색상은 무채색이 된다. 즉, 흑백이 된다.

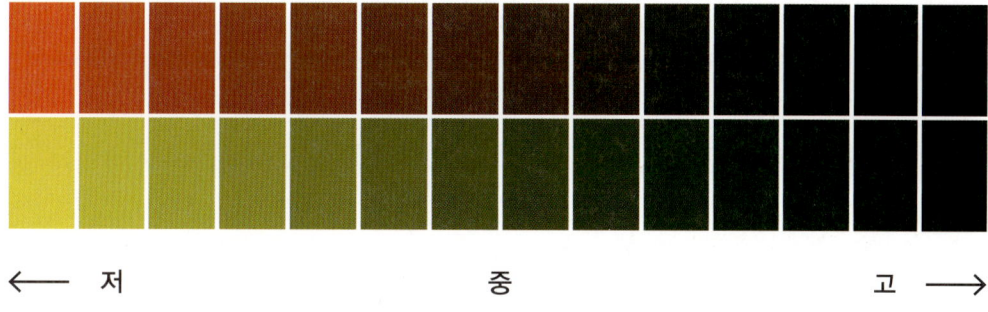

← 저　　　　　　　　　중　　　　　　　　　고 →

명도는 색의 밝기를 말한다. 색상이나 채도가 같더라도 명도가 높을수록 밝은 색상이 되고 명도가 낮을수록 검정색에 가까워진다.

2 색상의 느낌에 따른 전단지 색상

개인차는 있지만 일반적으로 색상에 따라 사람이 느끼는 감정이 있다. 이러한 색상에 의한 사람의 심리효과는 마케팅에서도 적극 활용되고 있다. 전단지의 제작에 있어서도 이 색상의 심리효과를 디자인에 활용한다. 백화점이나 대형 슈퍼마켓에서 실시하는 세일 전단지에 가장 많이 사용하는 색상이 어떤 것인지 생각해보기 바란다. 어떤 색을 많이 사용하는가?

아마도 빨강색일 것이다. 빨강색은 사람에게 흥분작용을 일으키고 사람의 시선을 끄는 효과가 있기 때문이다. 또 정열적이며 활동적인 느낌을 받기 때문에 고객들의 구매욕구를 자극한다. 그런 이유에서 일반 전단지에도 가장 많이 사용하는 색상이 빨강색이다. 냉면이나 팥빙수, 에어컨이나 냉장고, 선풍기와 같이 여름에 무더위를 위한 음식이나 가전 제품은 차가운 이미지의 파란색이 많이 사용된다. 당연히 겨울의 난방제품은 따뜻한 느낌의 빨강색 계통이 많이 사용된다.

밝은 색은 팽창하는 느낌을 주고 어두운 색은 축소되는 느낌이 든다. 또, 같은 색이라도 주변의 색상에 따라 느낌이 달라진다. 주변의 색과 대비되어 느낌이 달라지는 현상이다. 예를 들어, 같은 회색이라 하더라도 배경이 검정색인 경우는 밝은 느낌의 색상으로 보이는데 반해 배경이 흰색인 경우는 같은 회색이라 하더라도 어두운 느낌의 색상으로 보여진다.

3 배경과 문자 색은 콘트라스트(대비, contrast)를 부여하자

콘트라스트는 어두운 부분과 밝은 부분의 차이를 말한다. 콘트라스트가 강하다는 것은 어두운 부분은 더욱 어두워지고 밝은 부분은 더욱 밝아진다. 전단지를 보기 쉽게 하기 위해서는 콘트라스트가 중요한 요소다. 문자도 읽기 쉽게 하기 위해서 콘트라스트를 조정해야 한다.

다음의 예를 보자. 왼쪽과 오른쪽 그림을 비교해보면 어느 쪽이 읽기 쉬운 디자인인지 알 수 있다. 왼쪽은 배경색과 문자의 명도에 콘트라스트를 부여하지 않은 예다. 배경이 어두운 색이라면 문자는 가능한 밝은 색을 사용할 필요가 있다.

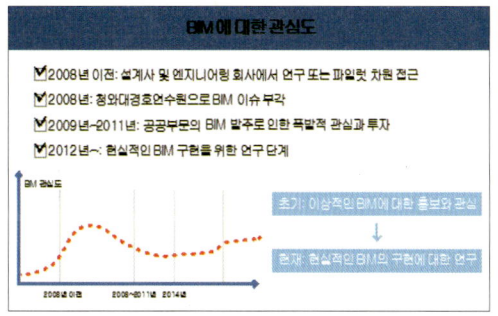 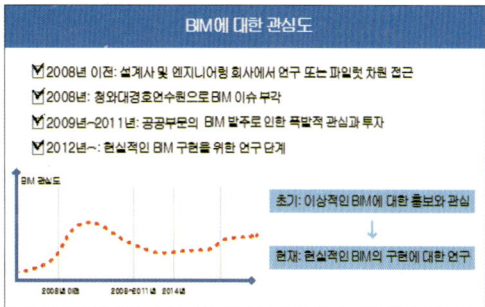

당연히 배경이 밝은 색상일수록 진하거나 어두운 색을 사용하여 명도에 콘트라스트를 부여해야 한다.

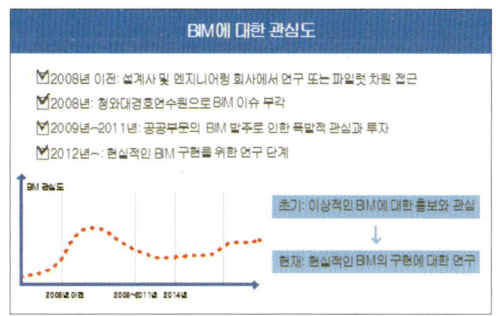 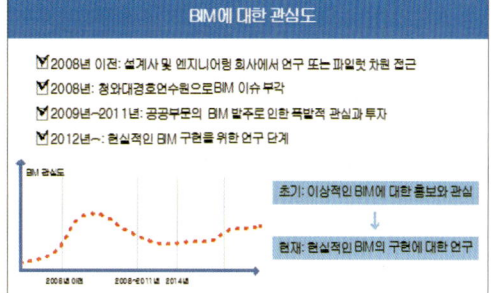

4 명도가 유사한 색상은 피하자

배경과 문자의 색상이 전혀 다른 색이라고 읽기 쉬운 것만은 아니다. 색상이 전혀 다르다고 하더라도 명도가 비슷하고 채도가 높은 경우 반짝거려서 읽기 어렵다. 배경색과 문자색의 관계를 주의하여 색상을 정해야 한다. 문자의 채도를 낮추고 명도를 높이면(흰색) 읽기 쉽게 된다.

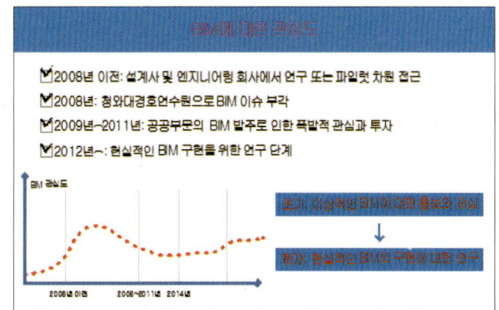 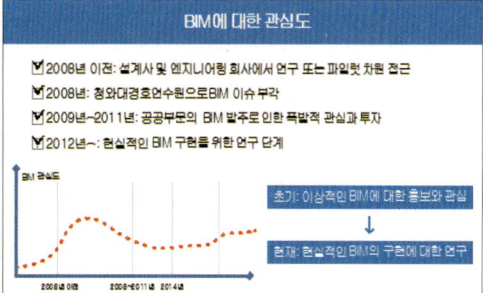

어떠한 배경색이라도 궁합이 맞는 문자 색상이 있다. 반대로 어떤 문자 색상이라도 궁합이 좋은 배경색이 있다. 항상 보는 사람의 입장에서 시행착오를 거치면서 궁합이 좋은 색상을 찾는 것이 중요하다. 이때도 반드시 콘트라스트를 의식해야 한다.

5 필요 이상의 많은 색의 사용은 피하자

불필요하게 많은 색상을 사용하면 시선을 분산시켜 오히려 읽기 어렵게 된다. 즉, 색상이 화려하다고 좋은 것이 아니라는 것이다. 많은 색을 사용하게 되면 오히려 번잡스러워 읽는 사람으로부터 외면 당하게 된다. 많은 색상을 사용하는 것보다 적은 수의 색상을 사용하는 것이 차분한 느낌을 주고 눈의 피로를 덜어주어 읽기 편하다. 다음의 예를 보면 왼쪽은 색상을 많이 사용한 예이고 오른쪽은 색상을 적게 사용한 예이다.

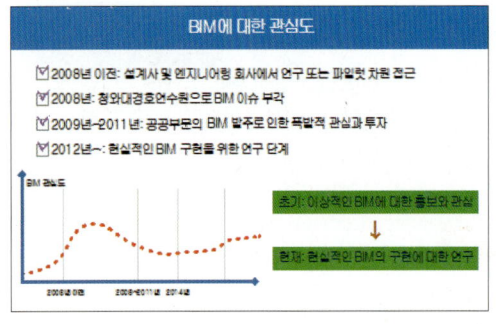 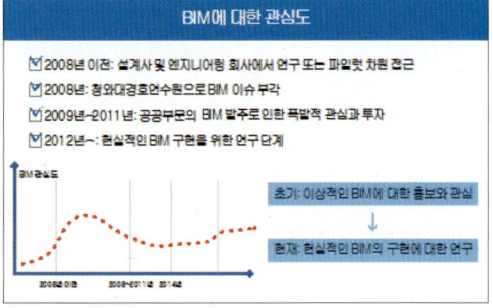

따라서 색상 수를 제한하여 디자인할 필요하다. 색상의 수를 제한하는 방법은 이미 사용했던 색상을 다시 사용하거나 같은 계통의 색을 사용하는 것이 좋다. 하지만 배경색을 주고 싶은데 색상이 너무 번잡스럽다고 느껴질 때는 무채색인 회색을 사용하는 것이 좋다. 무채색이기 때문에 색상의 수가 늘어났다는 느낌을 주지 않아 번잡스러운 인상도 받지 않는다.

Section 08 인상을 좋게 하는 사진과 레이아웃

전단지의 인상은 헤드라인, 폰트, 색상, 디자인 등 다양한 요소에 의해 결정된다. 같은 이미지, 같은 헤드라인과 바디 카피라 하더라도 레이아웃(배치)에 따라 전혀 다른 느낌으로 받아들여진다. 레이아웃의 심리적 효과로 인해 받아들이는 느낌이 다르게 작용한다. 이번에는 느낌을 좌우하는 레이아웃에 대해 알아보자.

1 안정감과 불안정감

안정감을 주는 디자인이 있는가 하면 왠지 모르게 불안정한 느낌의 디자인이 있다. 안정감과 불안정감을 주는 레이아웃은 어떤 것이 있는지 알아보자. 어느 것이 좋고 나쁘고의 문제가 아니고 전달하고자 하는 메시지에 따라 적절히 배치해야 한다.

● 삼각형 레이아웃과 역삼각 레이아웃

도형으로 표현하면 삼각형은 안정감을 주고 역삼각형은 불안정한 느낌을 준다. 일반적으로 위쪽은 밝은 계통, 아래쪽은 어두운 계통으로 배치하면 삼각형 구도가 되어 안정감을 주게 되며, 그 반대인 역삼각의 구도는 불안정한 느낌을 준다.

그림 삼각형 구도   그림 역삼각 구도

그렇다고 안정감을 주는 삼각 구도가 반드시 좋은 것만은 아니다. 안정감을 주는 디자인은 신뢰성을 높여주지만 역동성이 떨어지며 지루할 수 있다. 역동성이 필요한 경우는 역삼각 구도가 효과적이다. 따라서 전달하고자 하는 메시지에 따라 레이아웃의 구도를 생각해야 한다.

● 대칭형 레이아웃과 비대칭 레이아웃

일반적으로 오래된 건축물은 대칭형이 많다. 우리나라의 사찰 건물이나 고대 이집트의 피라미드, 신전 등을 보면 대체적으로 대칭형이 많다. 좌우 대칭 레이아웃은 좌우의 균형이 맞아 안정감을 느낄 수 있다. 대칭형은 정적이며 차분한 느낌이 들지만 단조로우며 역동성은 떨어진다. 최근에 건설되는 건물은 비대칭이며 비정형화된 건물이 많다. 비대칭 레이아웃은 균형이 맞지 않아 불안정한 느낌을 주고 부자연스러운 느낌이 들기는 하지만 역동적인 느낌을 준다.

안정감이나 신뢰성을 중시하는 전단지는 대칭형을, 역동성을 강조하고자 할 때는 비대칭 레이아웃을 채용하는 것이 좋다.

그림 대칭형 구도

그림 비대칭형 구도

2 정렬

읽는 사람이 읽기 쉽게 하기 위해서는 시선을 흐트러트리지 말고 가지런한 느낌이 들도록 배치해야 한다. 조금이라도 흐트러져 있으면 시선이 분산되어 읽는데 장애요인이 된다. 큰 노력을 들이지 많고 효과를 발휘할 수 있다. 다음의 예는 처음에는 문자나 그림이 따로따로 배치한 것이다. 거기에 빨간색 점선에 맞춰 문자와 그림을 맞춰서 배치하면 정리된 느낌을 받는다.

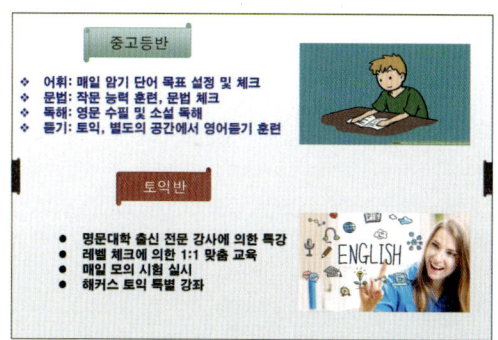

그림 문자와 그림이 정렬되지 않은 예

다음은 위쪽(중고등반)과 아래쪽(토익반)의 글자와 그림을 정렬한 것이다.

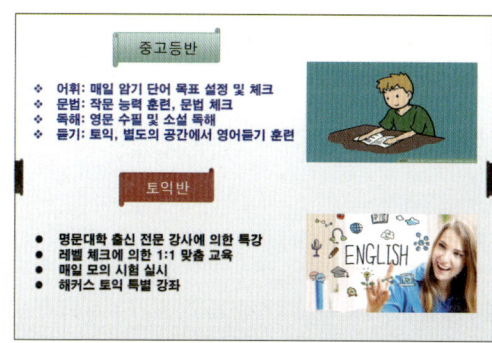

그림 문자와 그림이 정렬된 예

다음의 예도 마찬가지다. 문장의 길이는 글자 수에 따라 길이가 차이가 있더라도 그림과 문자의 위치를 맞춰야 한다. 그림의 크기가 차이가 있으면 시선이 흩어지기 쉽기 때문에 가능한 동일한 크기로 조정해주는 것이 좋다. 그리고 가장 긴 문장과 그림의 배치를 맞춰주는 것이 읽기 쉬운 배치가 된다.

그림 문자와 그림이 정렬되지 않은 예

그림 문자와 그림이 정렬된 예

그리고 가운데 맞춤은 가능한 피하는 것이 좋다. 메인 카피문이나 대표 이미지와 같이 특별히 강조를 하거나 한 줄의 문장이나 이미지는 가운데 맞춤이 필요하지만 복수의 문장이나 사진(이미지)은 가운데 맞춤을 하게 되면 시선이 분산된다. 기본적으로 왼쪽 맞춤을 해줌으로써 시선을 집중시킬 수 있다.

그림 문자가 가운데 정렬되어 산만한 예

3 그룹화

관련된 항목끼리 모아서 배치한다. 그룹으로 묶어서 배치하게 되면 내용을 읽어보지 않더라도 한눈에 들어온다. 당연히 관련이 없는 항목은 약간 간격을 두어 배치한다. 가지 수가 많은 경우는 대분류, 중분류, 소분류로 나누어 배치하는 것이 좋다. 이렇게 그룹화하여 배치하면 전단지를 보는 사람이 직관적으로 파악하기 쉽다. 가장 쉬운 예를 들면, 식당 전단지에서 식사류, 안주류를 구분하고 식사류에서도 탕류와 밥류로 구분하여 배치하면 고객들이 주문을 할 때 쉽게 찾을 수 있다. 슈퍼마켓 전단지에서도 마찬가지다. 공산품, 채소류, 식품류 등으로 구분하여 배치하면 누구나 손쉽게 파악할 수 있을 것이다.

그림 그룹화되지 않은 경우

그림 그룹화된 경우

● **사진과 캡션은 가까이에 배치**

다음과 같이 사진과 사진의 캡션, 문장으로 구성되어 있다. 위쪽의 예와 같이 캡션이 사진 자체보다 문장에 가까이 있으면 사진의 캡션이라는 것을 알기 어렵다. 따라서 캡션은 사진과 가까이 배치하는 것이 좋다. 가운데 맞춤보다는 왼쪽 맞춤으로 배치하면 그룹화된 느낌이 강해진다.

그림 사진과 캡션이 떨어진 배치

그림 사진과 캡션이 가까운 배치

● **색상으로 그룹화**

앞에서 유사한 부류끼리 가까이에 배치하여 그룹화한다고 했는데 그룹을 구분하는 방법으로 스페이스를 활용하는 방법과 색상으로 구분하는 방법이 있다. 색상으로 구분하면 각 그룹을 한눈에 알아볼 수 있다. 특히, 같은 그룹 안에서 다시 그룹화할 때는 색으로 구분해 그룹화 하는 것이 좋다. 다음의 예는 그림의 테두리 색상과 문장의 색상을 일치시킴으로써 그림을 설명하는 문장이라는 것을 쉽게 알 수 있다. 문장 전체 색상이 아니더라도 타이틀만 색상을 일치시켜도 읽기 쉬운 자료가 된다.

그림 색상으로 구분한 예

4 여백의 활용

여백은 레이아웃에서 매우 중요한 요소다. 전단지의 면을 꽉 채운다고 해서 많은 메시지를 전달하는 것이 아니다. 전단지는 메시지를 전달하는 기능이 있기는 하지만 모든 메시지를 전달하기 위한 도구가 아니다. 메시지가 있다는 것을 소개하고 포인트가 되는 주요 메시지만 전달하면 된다. 이를 위해서는 모든 지면을 사용하고자 하는 욕심보다는 여백을 충분히 활용하여 읽기 쉬운 전단지가 되도록 해야 한다.

● **전단지 주변이나 그림 주변의 여백**

여백이 너무 좁으면 답답한 느낌이 들어 읽기 불편하다. 그렇다고 터무니없이 여백을 두면 산만하여 집중력이 떨어진다. 문자와 용지의 끝, 문자와 문자, 문자와 그림 사이에 적절한 여백을 두어야 한다. 스페이스를 둠으로써 보기 쉬운 전단지가 되도록 해야 한다. 여백은 최소 문장 하나 정도의 너비로 한다.

● **테두리의 여백**

그룹화를 위해 테두리를 그린 후 테두리 안에 단어나 문장을 넣을 경우가 있다. 이때 테두리와 너무 붙지 않도록 해야 한다. 문자와 테두리가 너무 붙으면 테두리 근처에 있는 문자를 읽기 불편해진다. 무조건 테두리 안에 문자를 채우는 데만 신경쓰지 말고 테두리와 문자 사이의 여백을 고려하여 배치해야 한다.

다음의 예를 보면 위쪽은 테두리와 문자가 너무 붙어서 답답해 보인다. 아래쪽은 테두리와 문자가 적당한 여백을 두고 있어 읽기 쉽다.

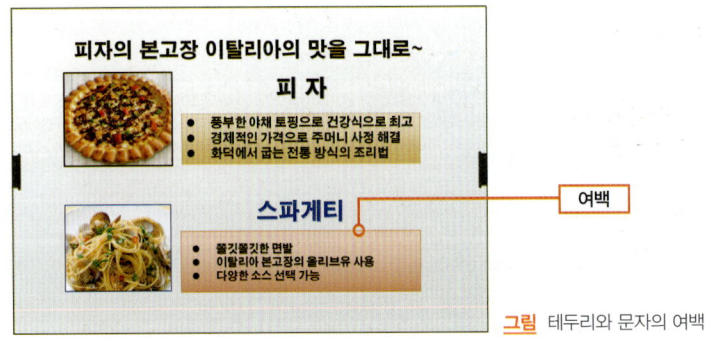

그림 테두리와 문자의 여백

긴 문장뿐 아니라 짧은 문장도 마찬가지다. 다음의 예를 보자. 짧은 문장이지만 위쪽은 바탕색이 문자 크기와 거의 비슷한 크기로 어딘지 모르게 답답한 느낌이 든다. 반면, 아래쪽은 문자와 테두리 사이에 여백을 두어 좀더 읽기 쉬운 문장이 된다.

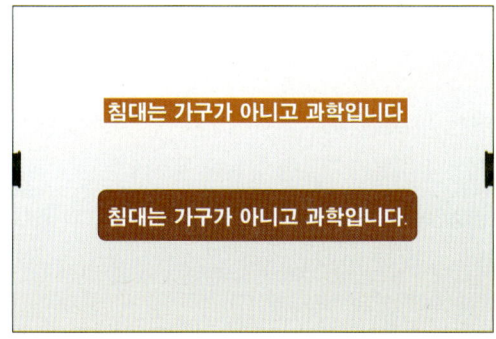

그림 짧은 문장의 여백

Section 09 이미지(사진) 고르는 방법

전단지를 받았을 때 가장 먼저 눈길을 주는 곳이 어디인가? 가장 먼저 눈에 들어오는 것은 무엇인가? 아마도 사진일 것이다. 큰 글자로 쓰여진 헤드라인도 눈에 들어오겠지만 사진의 비중이 높을 것이다. 따라서, 고객들의 시선을 전단지에 머물게 하는 가장 첫 번째 요소가 사진이다.

다음의 사진 중 어느 쪽 사진이 더 먹고 싶은 요리(스파게티)의 사진인가? 같은 요리라도 이렇게 사진에 따라 느낌이 다르다. 필자의 개인적 취향으로는 왼쪽을 선택하겠다. 스파게티의 종류나 맛보다도 오른쪽 사진은 양이 너무 많다는 느낌이 든다. 몇 장의 사진과 문장만으로 사람의 관심을 끌어야 하는 전단지는 사진의 중요성은 두말할 나위가 없을 것이다.

이번에는 전단지에 들어가는 사진을 고르는 방법에 대해 알아보자.

1 메인 이미지의 중요성을 인식하자

사람을 만날 때 첫 인상이 매우 중요하듯 전단지도 받아들었을 때 인상이 중요한 요소다. 그 첫인상은 전단지에 삽입된 이미지라 할 수 있다. 전단지를 건네 받은 사람이 가장 처음 눈길을 주는 곳이 이미지(사진)이다. 그래서 이미지는 전단지의 첫인상을 좌우하는 중요한 역할을 하게 된다. 전단지를 받아든 사람들이 이미지를 보고 그 전단지의 내용에 관심을 가질 것인지, 말 것인지 결정하는 경우가 많기 때문이다. 두말할 것 없이 메인 이미지(사진)가 가장 중요하다. 메인 이미지는 가장 먼저 눈에 들어오는 이미지를 말한다. 메시지를 전달하는데 있어 메인 이미지가 차지하는 비중이 높기 때문에 신중하게 선택해야 한다.

메인 이미지를 고를 때는 전달하고자 하는 메시지를 한눈에 알 수 있는 이미지이어야 한다. 상품이나 서비스의 키(Key)가 되는 이미지를 말한다. 예를 들어, 음식점 전단지의 경우는 해당 음식점에서 가장 자신이 있는 메인 요리나 추천하고자 하는 요리 사진을 메인 이미지로 해야 한다. 학원의 경우는 학원 건물이나 강의실의 사진보다는 한눈에 알 수 있는 명문대학의 상징물이나 얼굴이 알려진 유명 강사의 사진을 메인 이미지로 사용하여 전달하고자 하는 메시지를 쉽게 알 수 있도록 한다. 그래서인지 요즘에 학원 사이트에 여성 강사들의 섹시한 사진을 실어 사회적 이슈를 일으킨 적도 있다. 이런 경우는 강의의 질이나 내용보다 어떻게 하든 학생들을 끌어 모으겠다고 하는 상술의 결과라 할 수 있다. 이 정도로 메인 이미지가 중요하다.

다음으로 메인 이미지도 중요하지만 헤드라인과도 어울리는 이미지이어야 한다. 헤드라인은 A를 가리키는데 사진은 B를 싣는다면 메시지가 충분히 전달되지 못한다. 예를 들어, 중국 요리를 배달하는 가게를 소개하는 전단지에서 한식이나 양식 요리 사진이 나오는 것과 마찬가지다. 헤드라인과 메인 이미지가 조화를 이뤄 고객들에게 확실한 의사전달이 될 수 있도록 헤드라인을 조정하든지, 헤드라인을 보고 메인 이미지를 선택해야 한다.

메인 이미지가 결정되었다면 이미지의 배치도 중요한 요소다. 메인 이미지가 부각될 수 있도록 다른 사진에 비해 크게 조정하거나 테두리 또는 색상으로 두드

그림 피자집의 대표적인 피자 이미지를 메인으로

러지게 표현하도록 한다. 메인 이미지를 중심으로 다른 이미지나 문장을 배치해야 한다. 이미지의 배치가 어지럽지 않도록 균형 있게 배치하는 것도 중요한 요소라 할 수 있다.

2 상품의 메리트를 설명하는 이미지를 선택하자

이미지를 선택할 때는 상품 그 자체보다도 그 상품으로 인해 얻을 수 있는 메리트에 초점을 맞춰야 한다. 예를 들어, 머리카락 염색 약을 홍보하는 전단지의 경우에는 염색 약이 담겨있는 용기보다도 염색 약을 사용하여 염색된 머리카락의 모델 이미지를 선택해야 한다. 학원을 홍보할 때 학원에서 공부하는 풍경보다는 그 학원을 다녀서 얻을 수 있는 메리트 즉, 좋은 성적으로 원하는 대학에 입학할 수 있다는 점을 강조해야 한다. 학원 건물의 현수막에 대학교 입학자 명단을 싣는 것도 이 학원에 다니면 명문대학에 입학할 수 있다는 점을 강조한 것이다. 해당 상품이나 서비스 이미지보다는 해당 상품이나 서비스를 통해 얻을 수 있는 것이 무엇인지를 생각하여 이미지를 선택하는 것이 좋다. 이 밖에도 음식점 전단지에는 가장 맛있어 보이는 사진, 라면은 라면 봉지보다는 끓인 후 김이 모락모락 피어올라 먹고 싶어할 정도로 맛있어 보이는 사진, 맥주는 맥주병만이 아니라 거품과 함께 물방울이 맺혀 있는 맥주 컵 사진으로 보기만 해도 마시고 싶은 느낌이 드는 사진이 좋다.

상품이나 서비스에 복합적인 메리트가 있을 수 있다. 예를 들어, 다이어트 제품으로 몸무게도 빠지면서 건강에 도움이 된다든가, 염색 약의 기능과 함께 용기에 특별한 기술이 가미되어 사용이 편리하여 염색을 손쉽게 할 수 있는 기능이 있을 수 있다. 이렇게 복합적인 메리트가 있는 경우는 메리트의 우선순위를 부여하여 결정해야 한다. 당연히 우선순위가 높은 요소가 전면에 나오도록 메인 이미지를 선택해야 한다. 이처럼 이미지를 보고 상품이나 서비스에 매력을 느껴 구매하고 싶어할만한 이미지를 선택해야 한다.

그림 상품의 메리트를 알기 쉽게 설명하는 이미지 사용

3 정보 전달이 용이한 이미지를 선택하자

사용하고자 하는 이미지를 모아 놓고 전달하고자 하는 메시지(정보)에 가장 적합한 이미지를 선택해야 한다. 전단지가 정보 전달을 목적으로 하기 때문에 이미지도 이 정보 전달을 기준으로 선택해야 한다. 이미지의 배치도 정보 전달의 기준에 따라 디자인한다. 일반적으로 메인 이미지는 다른 이미지에 비해 크게 설정하여 가장 눈에 띄기 쉬운 위치에 배치한 후 이를 중심으로 다른 이미지를 배치해야 한다.

단계적인 설명이 필요한 경우는 수평이든 수직이든 흐름에 따라 차례로 배치한다. 설명문 없이 이미지만 보고도 내용을 이해할 수 있어야 한다. 예를 들어, 피부미용 서비스의 경우, 가게에 들어서서 제공하는 서비스 순서대로 이미지를 배열하고 마지막에 아름답고 깨끗한 피부의 모델을 부각함으로써 자연스럽게 서비스의 내용을 설명한다. 이러한 서비스를 받으면 아름답고 깨끗한 피부를 얻을 수 있다는 점을 암묵적으로 보여주는 것이다. 아름답고 깨끗한 피부를 원하는 고객들을 유인할 수 있도록 해야 이미지의 선택과 배치를 해야 한다.

그림 정보 전달이 용이한 사진이나 이미지 사용

4 우선순위를 부여하여 배치하자

정보를 전달하는 어떤 매체든 마찬가지겠지만 전단지의 이미지도 중요도에 따라 우선순위를 부여할 수 있다. 상품이나 서비스를 홍보하기 위해 많은 사진을 촬영하게 되는데 이때 사용하고자 하는 사진을 선택한 후 중요도에 따라 우선순위를 부여해야 한다. 우선순위를 부여할 때는 판매자 입장이 아니라 고객의 입장에서 우선순위를 결정하게 해야 한다. 가능하다면 전단지 제작자가 아닌 제3자의 의견을 반영하는 것이 좋다. 이 우선순위에 따라 메인 이미지를 정하고 이미지의 크기나 위치를 결정해야 한다. 이미지는 전단지의 크기에도 관계가 있기 때문에 배치도 전단지의 전체 구도를 고려하여 우선순위에 따라 배치 위치를 결정해야 한다.

5 사진의 질을 고려하자

여기에서 말하는 사진의 질은 예술적인 의미에서 사진의 질을 말하는 것이 아니다. 기왕이면 좋은 구도에 적절한 조명으로 전문가가 찍은 사진이면 최상이겠지만 현실적으로 전문가에게 의뢰할 수 없는 상황일 것이다. 직접 사진을 찍는 경우나 외부에서 가져온 이미지를 사용하는 경우 사진의 질은 해상도를 말한다. 좋은 질의 인쇄를 위해서는 해상도가 높은 사진일수록 좋다. DSLR 카메라와 같이 전문적인 카메라를 활용하면 좋겠지만 그렇지 않더라도 스마트폰의 사진기로도 큰 문제가 되지 않는다. 가능한 많은 사진을 찍어서 고르는 것이 좋다. 고를 때는 본인 외에도 제3자에게 의견을 구하는 것이 좋다. 깔끔한 인쇄를 위해서는 해상도가 300~350dpi[1] 이상이 되어야 한다.

---

[1] dpi(Dots per inch): 1인치당 들어가는 점(도트)의 수를 말한다. 1인치당 표현되는 점의 수가 많을수록 더 많은 점의 수로 표현되기 때문에 더욱 해상도가 뛰어나다(출처: 두산백과).

Section 10 주의해야 할 점

전단지를 직접 제작(디자인)할 때 가장 주의해야 할 점은 저작권과 초상권이다. 전단지를 제작하는 도구인 소프트웨어, 인터넷에 돌아다니는 사진이나 이미지, 문자 폰트 등을 저작권자의 허락을 받지 않고 무단으로 사용하면 안 된다. 특히, 유명 연예인의 사진을 사용하면 초상권 침해가 되어 법적으로 문제가 될 수 있다. 저작권자나 초상권자가 이의를 제기하지 않는다면 그냥 넘어갈 수 있지만 그렇지 않은 경우는 법적으로 문제가 되어 막대한 대가를 지불해야 한다. 또, 특정 업체나 경쟁 업체를 비방하거나 다툼이 발생할 수 있는 요소는 자제해야 한다. 전단지 제작에 있어 주의해야 할 점에 대해 알아보자.

1 소프트웨어 저작권

전단지를 제작할 때 사용하는 소프트웨어의 저작권이다. 가장 많이 사용하는 소프트웨어는 문서 작성용으로 한글, MS 워드나 엑셀, 전문 이미지 처리용으로 포토샵과 일러스트가 있다. 전문적으로 전단지를 제작하는 업체는 이미지 처리 전문 소프트웨어를 사용하지만 일반 자영업자는 전문 소프트웨어가 아닌 파워포인트의 기능을 이용하여 제작한다. 워드, 엑셀, 파워포인트는 마이크로소프트사의 오피스에 포함된 소프트웨어다. 이러한 소프트웨어를 사용하여 작업을 할 때, 불법복제 소프트웨어를 많이 사용한다. 최근에 소프트웨어 저작권 단속이 강화되어 불법복제 소프트웨어를 사용하다가 단속이 되면 법적 책임은 물론 소프트웨어 가격의 수십 배의 비용을 지불해야 한다. "영세 자영업자 사무실까지 단속하지는 않겠지."라는 안이한 생각은 금물이다.

2 사진과 이미지

　타인이 촬영한 사진이나 작성한 그래픽 이미지는 저작권자의 동의를 얻어야 한다. 특히, 인터넷에 있는 사진이나 이미지는 무료로 볼 수 있지만 허락을 받지 않고 사용해서는 안 된다. 사진이나 이미지를 별도로 판매하는 회사가 있어 비교적 저렴한 가격에 구입할 수 있으므로 구입해서 사용하는 것이 좋다. 또, 인터넷 사이트를 검색해보면 양은 많지 않지만 무료로 제공하는 사이트가 있으니 이를 활용하는 것도 좋다. 단, 이때도 반드시 확인을 받아 증빙이 될만한 자료를 갖고 있는 것이 좋다. 예를 들어, 이메일을 이용하여 어떤 사진이나 이미지를 사용해도 된다고 하는 확인을 받아놓으면 나중에 문제가 되었을 때 대처하기 쉬울 것이다. 하지만 허락을 받았다고 하더라도 본래의 목적과는 다른 용도로 사용해서는 안 되며 다른 사람에게 재배포하는 것도 금지되므로 주의해야 한다. 웹에는 많은 자료가 돌아다니지만 결코 공짜가 아니라는 사실을 명심해야 한다.

　사진 중에서도 특정 인물이 부각되는 사진은 주의해야 한다. 어떤 전단지를 보면 유명 연예인 사진을 버젓이 싣는 경우가 있는데 허락을 받지 않고 싣는 경우가 많다. 이런 전단지는 초상권 침해에 해당되어 회수해야 하거나 손해배상을 해야 하는 사태가 올 수도 있다. 유명인이 아닌 일반인이라도 해당 인물이 이의를 제기하면 문제가 되므로 주의해야 한다. 본인 동의를 받은 사진이라면 문제가 되지 않겠지만 그렇지 않는 경우는 문제의 소지가 있다. 예를 들어, 헤어숍의 전단지에서 방문했던 고객의 사진을 그대로 실었을 경우, 해당 고객이 초상권 침해에 대한 이의를 제기하면 문제가 된다. 고객의 사진을 사용하고자 할 때는 반드시 고객의 동의를 얻어 사용하도록 해야 한다.

3 디자인 레이아웃

　디자인 자체를 복사해서 사용하는 것은 저작권 침해가 된다. 하지만 레이아웃은 어느 정도 용인이 된다고 볼 수 있다. 예를 들어, 피부미용 숍의 전단지의 레이아웃이 마음에 들어 레이아웃을 그대로 사용하고 헤드라인이나 내용, 사진이나 이미지를 전혀 다른 소재를 사용한다면 크게 문제되지는 않는다. 전단지의 문자나 사진 위치가 같다고 해서 저작권 침해로 보기는 어렵기 때문이다. 하지만 헤드라인이나 문장을 그대로 복사하고 사진이나 주소를 바꾼다면 문제가 될 수 있으므로 주의해야 한다. 타사의 전단지를 참고는 하되 그대로 복제는 하지 말아야 한다.

4 폰트(글꼴)와 문장

문자의 폰트(글꼴)도 저작권이 있어 문제가 되는 경우가 종종 발생한다. 몇 년 전에 도면을 그리는 CAD[1] 소프트웨어를 사용하는 많은 설계사무소에서 인터넷에서 돌아다니는 H*** 폰트를 사용하다가 저작권 침해로 그 동안 사용했던 비용을 지불한 적이 있는데 상당한 금액이었다. 일반적으로 운영체제(윈도우)나 소프트웨어에서 제공하는 폰트가 아닌 특정 폰트를 내려 받아 사용할 때는 반드시 저작권 여부를 확인해야 한다. 무심코 사용하다가 문제가 될 수 있다. 무상으로 제공되는 글꼴인지 확인한 후 사용하도록 한다. 삽입되는 문구나 문장도 다른 책자나 전단지에 있는 것을 그대로 사용하면 안 된다. 인용을 할 때는 출처를 밝히는 것이 좋다. 전단지에서는 그리 문제되지 않을 수 있지만 만에 하나 문제 발생에 대비하여 주의해야 한다.

5 특정 업체의 비교 및 비방

'업계 최저가'와 같은 문구는 약간 과장이 있더라도 이해하고 넘어갈 수 있지만 'A사에 비해 0000원 저렴한 가격'과 같이 특정 업체나 경쟁 업체와 비교할 때는 세심한 주의가 필요하다. 비교를 할 때는 정확한 근거를 제시해주는 것이 필요하다. 특히, 주의해야 할 것은 단순 비교가 아니라 특정 업체나 경쟁 업체를 비방하는 문구는 삼가는 것이 좋다. 비방을 통해 뜰 수 있을지는 모르겠지만 결과적으로 얻는 것보다 잃는 것이 더 많다는 점을 인식해야 한다. 비교우위를 강조하더라도 상대의 단점을 꼬집는 것보다는 자신의 장점을 부각시키는 방법으로 어필해야 한다.

6 거짓 내용은 금물

아무리 좋은 상품이나 서비스라 하더라도 거짓 내용이 들어가면 언젠가는 밝혀지고 역풍을 맞게 된다. 특히, 고객들에게 가장 민감한 금전적 손해와 직결되는 것이라면 치명적인 결과로 되돌아올 수 있다. 의도적으로 속이려고 만드는 전단지는 없겠지만 조금 과장하여 표현하게 되는 경우가 있는데 이에 대한 세심한 주의가 필요하다. 의도적으로 고객을 속이려고 하지 않았더라

---

1 CAD : Computer Aided Design으로 컴퓨터에 의한 설계 또는 디자인

도 결과적으로 속이는 결과가 있을 수 있으므로 주의해야 한다. 예를 들어, 헤어숍에서 특별 이벤트로 30,000원인 서비스 가격을 10,000원에 제공한다는 전단지를 제작했는데, 이벤트가 끝난 이후에 전단지를 갖고 오는 고객이 있다면 해당 고객을 속이는 결과가 될 수 있다. 따라서, 이런 특별 이벤트의 경우는 반드시 기한을 설정하는 것을 잊지 말아야 한다. 해당 이벤트 기간 내에만 실시한다는 것을 강조해야 한다.

지금까지 나열한 내용은 개인적으로 사용하는 것은 묵인 또는 인정하더라도 회사 차원이나 상업적 차원에서 사용할 때는 문제가 되기 때문에 주의해서 다뤄야 한다. 작은 이미지 하나, 문자의 폰트, 사진 속에 나오는 인물도 반드시 문제가 없는지 확인하도록 한다. 타인의 저작물을 사용할 때는 반드시 저작권자의 허락을 받도록 해야 한다. 특히, 특정인이나 특정 업체를 비난하는 내용은 금물이다. 어떠한 경우든 전단지로 인해 항의나 법적 분쟁 등의 다툼의 여지가 있으면 정신적으로나 물질적으로 손실이 발생한다. 즉, 얻는 것보다 잃는 것이 많기 때문에 제작 단계에서 이러한 다툼의 소지를 최소화하는 노력이 필요하다.

chapter

3 | 전단지 카피 작성법

고객들이 전단지를 받아본 후 광고주가 전달하고자 하는 메시지를 알기 쉽게 이해할 수 있어야 한다. 이를 위해서 이미지(사진), 레이아웃, 글자 크기 및 폰트 등의 다양한 요소가 활용된다. 메시지를 전달하는 가장 중요한 요소가 카피문이다. 카피 중에서 메인이 되는 카피를 '헤드라인', '캐치 플레이즈', '메인 타이틀' 또는 '캐치 카피'라고 한다. 우리나라에서 많이 사용되는 단어가 '캐치 카피'인데 이 단어는 일본에서 만들어진 일본식 영어로 우리나라에 들어와 사용되고 있다. 이번에는 전단지에 들어갈 헤드라인을 중심으로 카피문의 작성 방법에 대해 알아보자. 이 책의 내용은 체계적인 카피라이터를 위한 카피 작성법이 아니고 골목 상가의 자영업자가 개인이 직접 전단지를 만들기 위해 간단히 활용할 수 있는 팁을 중심으로 설명하고자 한다.

Section 01 카피는 누가 만드나?

　카피문은 상품이나 서비스를 간단히 설명해주는 상징적 문구이며 접하는 이들의 뇌리에 상품의 이미지를 각인시켜주는 인상적인 문구를 말한다. 이러한 카피문을 전문적으로 작성하는 사람을 '카피라이터'라고 한다. 거리에서 나눠주는 전단지나 골목에 붙은 전단지의 카피는 대부분 틀에 박힌 내용이다. 남의 카피문을 그대로 사용하거나 흉내를 내기 때문이다. 카피라이터에게 의뢰하면 좋은 카피문이 나오겠지만 영세한 중소기업이나 동네 마트, 작은 음식점을 운영하는 자영업자 입장에서 전문 카피라이터에게 의뢰할 수 있는 상황이 아니다. 가장 큰 이유는 역시 비용의 문제다. 비용을 조금이라도 아끼기 위해 모든 방법을 강구하는 영세 자영업자 입장에서 전문가에게 맡기기에는 부담스러울 수밖에 없다. 그래서 그런지 전단지를 작성해주는 대행 업체나 인쇄소에서 기존 카피문을 베끼거나 응용하여 적당히 만드는 경우가 대부분이다. 대부분의 영세업자들은 카피문이 무엇인지도 모르는 경우가 많고, 왜 중요한지도 인식하지 못하고 있는 경우가 대부분이다. 다음의 카피문을 보자.

'침대는 가구가 아니고 과학입니다'(침대)
'여자라서 행복해요'(냉장고)
'또 다른 세상과 만날 때는 잠시 꺼두셔도 좋습니다'(휴대전화)
'니들이 게 맛을 알아'(햄버거)

　아마도 많은 독자들이 "아~ 그거!"라는 생각이 들 것이다. 이것이 카피문의 효과다. 오랜 시간이 지났지만 우리 귀에 아직도 생생하게 남아있다. 당연히 해당 상품에 대한 이미지도 뇌리에 남아있다. 이것이 바로 카피문의 위력이며 효과라 할 수 있다. 상품의 우수성을 떠나 카피문 하나로 오랜 시간 소비자들의 뇌리에 남아 있을 정도로 강렬한 것이다.
　전단지의 카피문은 이 정도로 강렬하지는 않더라도 적어도 전단지를 받아든 사람의 관심을 유도하고 조금이라도 더 알기 쉽게 하는 역할을 해야 한다. 사진(이미지)은 시선을 잡는다면, 카피문은 마음을 잡는 역할을 한다고 할 수 있다. 사진으로 시선을 끌었다면 카피문으로 마음을 끌게 해야 한다. 따라서, 밋밋하고 평범한 문구가 아니라 자신만의 개성이 넘치는 카피문으로 고객들의 마음을 잡는 노력이 필요하다. 전문 카피라이터가 아니라도 충분히 만들 수 있다. 왜냐하면, 상품이나 서비스에 대해 누구보다 잘 알고 있다는 점과 주변 환경에 대해서도 잘 알고 있기 때문이다.

여러분들이 책을 구입할 때는 무엇을 보고 결정하는가? 서점에 가기 전에 구입할 책이 정해졌다면 그 책을 구입하겠지만 그렇지 않은 경우라면 어떤 기준으로 구입하는가? 누구나 가장 먼저 눈에 들어오는 제목을 볼 것이다. 평대에 놓인 책이든 책꽂이에 꽂혀있는 책이든 제목이 눈에 들어와야 집어 들게 된다. 책을 집어 들고 앞 표지와 뒤 표지에 쓰여진 문장(카피문)을 읽는다. 책의 앞뒤 표지에 간단한 소개와 그림이 있는데 그 소개 내용이 변변치 않으면 그냥 내려놓게 된다. 조금 더 관심이 있으면 머리말과 목차를 보게 된다. 머리말을 보면 작가의 의도를 알 수 있고, 목차를 보면 전체적인 구성과 흐름을 파악할 수 있기 때문이다.

여기에서 제목은 헤드라인에 해당된다. 아무리 좋은 내용의 책이라도 제목이 신통치 않으면 시선을 끌 수 없다. 전단지의 헤드라인도 책의 제목과 다를 바 없다. 그만큼 중요한 역할을 한다. 이렇게 중요한 것을 남에게 맡겨 적당히 작성한다는 것은 남에게 의지하여 적당히 장사하겠다는 것과 다를 바 없다.

한 번쯤 주문해서 먹어보고 싶은 요리, 한 번쯤 사용해보고 싶은 상품, 한 번쯤 서비스를 받아보고 싶은 마사지숍, 한 번쯤 문의라도 해보고 싶은 제품. 작은 카피문 하나가 고객들의 마음을 움직일 수 있다. 같은 종류의 요리를 배달하는 식당이라 하더라도 카피문에 따라 주문하는 전화번호가 달라질 수 있다. 이렇게 중요한 일을 다른 사람에게 맡기지 말고 문구 하나라도 심혈을 기울여 자신만의 카피문을 만들어보자. 문장 하나가 매출에 영향을 줄 수 있기 때문이다. 적당히 작성한 카피문은 그냥 저냥 매출을 올릴 수 있다. 하지만 잘 만든 카피문 하나가 놀라운 매출을 올려줄 수 있다고 생각한다면 적당히 만들 수는 없을 것이다.

카피문은 누가 만들어주는 것이 아니다. 사업주 자신이 만들어야 한다. 판매하고자 하는 상품이나 서비스에 대해 누구보다 잘 알고 있기 때문이다. 상품의 특징이나 마케팅에 대한 방향을 제시한 후 전문가(카피라이터)가 만들 수도 있지만 이런 경우는 자금 여력이 충분한 기업의 이야기다. 골목의 음식점, 미용실, 학원, 피트니스, 소규모 마트 등 대부분의 영세 자영업자들은 전문가에게 의뢰할 환경이 되지 못한다. 적극적인 마케팅을 위해 전단지를 제작하는 만큼 카피문도 자신이 직접 만들어야 한다.

좋은 헤드라인은?

　헤드라인은 짧은 문장으로 임팩트를 주어 사람의 흥미를 유발시키고 관심을 유도할 수 있는 문장을 말한다. 따라서 상품이나 서비스의 판매에 있어 헤드라인의 역할을 매우 중요하게 작용한다. 데이비드 오길비(David Ogilvy)는 '헤드라인에서 뭔가를 팔지 못하면 당신은 광고주의 돈을 80%나 낭비하는 셈'[1] 이라고 했다. 그만큼 헤드라인은 중요한 요소다. 좋은 헤드라인을 만듦으로써 얻을 수 있는 장점을 알아보자.

첫 번째는 상품이나 서비스의 특징을 명확하게 전달한다.

　헤드라인은 상품이나 서비스의 특징을 짧은 문장으로 설명한다. 지금은 많은 정보가 넘쳐나는 정보 홍수의 시대다. 수많은 정보 중에서 소비자들의 눈길을 끄는 정보로 표현하는 것은 마케팅에서 매우 중요한 요소다. 텔레비전 광고에서 모 제약회사의 피로회복제 광고에서 음악에 맞춰 "간 때문이야~ 간 때문이야~"를 반복한다. 짧은 문장이지만 소비자들의 뇌리에 쏙 들어오는 헤드라인이라 할 수 있다. 그래서 피곤하면 "간 때문이야~"라는 광고가 생각이 나서 해당 상품이나 서비스를 구입할 확률이 높아질 것이다. 이처럼 잘 만들어진 카피 하나가 소비자에게 상품이나 서비스의 특징을 각인시키는 효과는 매우 크다고 할 수 있다.

두 번째는 상품이나 서비스의 부가가치를 높여준다.

　단순히 상품을 그대로 알리는 것뿐 아니라 소비자가 상품이나 서비스를 선택했을 때 얻을 수 있는 부가가치가 있다면 고객의 눈길이 저절로 향하게 된다. 상품 자체의 질은 같다고 하더라도 헤드라인(카피문)에 의해 부가가치를 높일 수 있다. 예를 들어, "침대는 가구가 아니고 과학입니

---

[1] 강승구, 김병기, 현대광고와 카피전략, 2017, pp. 145.

다"라는 가구 회사의 카피는 품질의 좋고 나쁨을 떠나 소비자들에게는 뭔가 과학적인 연구에 의해 좋은 품질의 제품일 것 같은 느낌을 준다. 시중의 모든 가구를 직접 체험해보지 못한 소비자들 입장에서는 이 카피문으로 인해 다른 제품과는 차별화된 부가가치를 느낀다고 할 수 있다. 비슷한 아파트라 하더라도 건설회사가 브랜드를 만들어 홍보하는 이유도 이러한 부가가치를 창출하기 위한 것이다. 이런 측면에서 보면 같은 상품이나 서비스라 하더라도 카피문에 의해 플러스 알파의 부가가치가 부여되는 것이다.

세 번째는 바로 상품이나 서비스의 구매로 이어진다.

좋은 헤드라인으로 인해 직접 해당 상품이나 서비스의 구매로 이어진다. 즉, 매출로 이어지는 것이다. 전단지를 제작하는 궁극적인 목적이기도 하고 카피문을 작성하는 목적이자 목표이기도 하다. 이를 위해서는 상품 자체가 아닌 해당 상품을 구매함으로써 얻을 수 있는 메리트(이익)를 잘 표현해야 한다.

가장 일반적으로 강조하는 메리트는 가격일 것이다. 세일 이벤트, 창고 정리 이벤트가 이런 가격적인 메리트를 강조하는 것이다. 이 밖에도 '00일간 무료 체험', '선착순 00명 경품 증정', '이벤트 기간 00명 할인' 등 다양한 메리트를 제시할 수 있다. 이러한 메리트는 가능하면 기한을 두어 혜택을 주는 것이 좋다. 그렇게 하면 구매를 망설이던 고객이 해당 상품이나 서비스의 특징보다도 특전(메리트)으로 인해 구매 욕구를 자극하게 될 것이다.

네 번째로 카피문 자체가 오랫동안 기억에 남는다.

헤드라인이 기억에 남아 있다면 상품이나 서비스에 대한 이미지도 남아 있을 것이다. 설령 상품 명칭이나 제조사의 이름을 기억하지 못하더라도 카피문을 기억하고 있다면 향후에 구입할 계기가 마련되면 쉽게 기억을 되살릴 수 있게 된다. 침대 광고의 카피문인 "가구가 아니라 과학입니다", 냉장고 광고의 "여자라서 행복해요"라는 카피문은 아무리 시간이 지나도 우리들 기억 속에 남아있다. 이렇게 잘 만들어진 카피는 오랫동안 잊혀지지 않는다.

이렇게까지 인상적인 헤드라인이 아니더라도 반복적으로 노출함으로써 기억 속에 각인시킬 수 있다. 전단지도 한 두 번 배포해서 효과가 없다고 포기할 것이 아니라 반복해서 배포하여 고객들의 뇌리에 각인시키는 것도 중요하다. 헤드라인이 기억에 남아 있다면 상품의 인지도는 저절로 상승하게 되고 상품에 대한 호감도도 올라가게 된다.

Section 03 헤드라인을 만들기 위한 팁

　전단지 광고에서의 헤드라인이 차지하는 비중은 높을 수밖에 없다 그만큼 중요한 요소다. 일반적으로 골목의 상점을 운영하는 자영업자의 대부분은 전문 카피라이터처럼 체계적인 공부를 통해 광고학이나 홍보학을 공부한 전공자도 아니고 카피문을 만들기 위해 공부한 사람도 아니다. 따라서 헤드라인을 만들기 위해 체계적으로 준비하고 절차를 밟을 수는 없다. 전문가는 아니지만 현실적으로 필요에 의해 카피를 작성해야 하는 입장이다.

　여기에서 소개하는 팁은 헤드라인을 만들어 본 적이 없는 소규모 자영업자들이 헤드라인을 직접 만드는데 도움을 쥐기 위한 힌트다. 자신이 판매하고자 하는 상품이나 서비스를 여기에서 제공하는 팁과 매치시켜 헤드라인을 만들어보자. 전단지의 전면에 큰 글씨로 개업 5주년 기념 파격 행사'라든가 '여름맞이 세일'과 같은 식상한 문구도 통하겠지만 기왕 제작하는 전단지라면 조금이라도 효과를 높이기 위해 문장 하나라도 심혈을 기울여보자. 여기에서 제공한 팁의 일부 내용은 '캐치 카피 만드는 법(キャチコピーの作り方[1])'을 참조하여 자영업자들이 전단지 제작에 필요한 예문을 중심으로 정리한 것이다.

1 이슈가 되는 단어나 유행어를 활용한다

　최근에 스마트폰의 영향으로 줄임말이나 암호 같은 유행어가 일상화되어 있다. 카카오톡과 같은 단문 메시지 서비스를 이용한 소통이 일반화되면서 더욱 가속화되고 있다. 시중에는 많은 단어가 새로 만들어지기도 하고 단어를 압축하여 전혀 알 수 없는 단어가 생겨나기도 한다. 사오정, 오륙도, 3포세대, 4포세대, 취준생, 공시생 등 분야와 세대를 가리지 않고 다양한 유행어가 나온다. 중고생 사이에서 유행하는 단어는 기성 세대가 알아듣지 못하는 현상이 일어나고 있다.

---

[1] 堀内伸浩、キャチコピーの作り方、2014、明日香出版社

또, 뉴스나 예능 프로그램에서 이슈가 되는 단어나 문장이 등장하기도 한다. 유행하는 단어나 문장을 약간 바꿔서 사용하는 것도 좋다.

- 뭣이 중헌디?
  음식에서 맛만큼 중헌 것이 없어야~
- 이러려고 내가 학원에 다녔나? 자괴감이 든다.
- 엄지 척!
  서비스를 받아본 사람들 모두가 인정한 OOOO!
- 욜로족을 위한 특별 이벤트!

첫 번째는 영화의 한 구절이 유행어가 되었는데 이를 패러디한 것이고, 두 번째는 대통령의 기자회견에서 했던 말을 패러디하여 표현한 것이다. 세 번째는 예능 프로그램에서 유행했던 단어 '엄지 척'을 활용한 것이다. 어느 시대든 이런 유행어가 있기 때문에 효과적으로 활용하면 좋다. 이러한 유행어나 이슈가 되는 단어와 문장을 잘 활용하여 흥미를 끌게 하는 방법이다. 또는 고객의 흥미를 끌기 위한 방법으로 알 수 있을 것 같으면서도 알 수 없는 단어를 활용하는 방법이다. 단어에 대해 고객이 궁금하도록 만든 방법이다. 새로운 단어를 만들 수도 있다. 몇 개의 단어를 머리 음만 따서 압축하는 방법이 있을 수 있고 유사한 발음을 이용하는 방법이 있을 수 있다.

- '바비녀'을 위한 특별 프로그램!
  OOO피트니스 센터에서 여름을 맞이하여 특별 프로그램을 운영합니다.

이 단어는 '바캉스', '바다'의 '바'와 '비키니'의 '비'를 조합하여 만든 단어로 '바캉스 때 바닷가에서 비키니를 입은 여자'를 말한다. 이 헤드라인을 접하면 "바비녀? 어떤 사람을 말하지?"라며 흥미를 갖게 된다. 바디 카피에서 '바비녀'에 대한 주석을 달아주는 것도 잊어서는 안 된다.

이렇게 유행어나 이슈가 되는 문장을 패러디 하면 유머스러운 느낌이 들어 임팩트가 있는 헤드라인이 될 수 있다. 특히, 젊은 세대에서 많이 사용하는 단어를 찾아보면 쉽게 활용할 수 있을 것이다. 은어처럼 사용하는 단어를 그대로 사용할 수도 있고 약간 변형하여 사용할 수도 있다.

2 반전 효과를 활용한다

전단지에서 첫 번째 문장은 제품이나 서비스의 설명문을 읽도록 유도하는 것이 목적이다. 그 첫 번째 문장이 헤드라인이다. 헤드라인의 역할은 먼저 흥미를 불러일으켜 눈길을 머물게 하여 리드 카피, 바디 카피(전달하고자 하는 메시지)를 읽게 하기 위한 것이다. 헤드라인의 문구든 이미지든 전단지를 받아든 사람의 흥미를 끌게 하여 눈길이 다음으로 이어지도록 하는 것이 중요하다. 그 방법의 하나가 반전 효과를 노리는 방법이다.

> - 제가 다이어트를 시작한다고 했을 때, 모두가 웃었습니다.
>   하지만, 3개월이 지난 지금은?

모두가 비웃었다는 내용 뒤에 '하지만'이라는 역접과 의문문으로 궁금증을 유발하여 다음을 읽게 하는 패턴이다. 이 카피를 접하게 되면 다이어트에 관심이 있는 사람이든 그렇지 않은 사람이든 3개월이 지난 지금은 어떻게 되었다는 것인지 다음의 내용이 궁금해질 것이다. 특히 다이어트를 생각했던 사람이라면 더욱 읽고 싶어질 것이다. 설령, 그 다음의 내용(메시지)이 식상한 내용이라 할지라도 일단은 읽어보고 싶은 호기심을 자극할 수 있어야 한다. 이처럼 헤드라인은 바디 카피로 유인하는 요소가 되어야 한다. 이와 유사한 패턴의 헤드라인은 얼마든지 만들 수 있다.

> - 수포자인 학생이 다시 수학 공부를 시작한다고 했을 때 모두가 비웃었습니다.
>   그러나, 3개월이 지난 지금은?
> - 음치, 박치였던 OOO씨가 마이크를 잡으면 모두가 눈을 내리깔고 있었습니다.
>   그러나, OOO음악 학원에 다닌 지 1개월이 지난 지금은?

이 헤드라인의 패턴은 먼저 **좋지 않은 상태 + 역접(하지만, 그러나) + 상황 전개(의문문)** 형식이다. 이 패턴을 활용하면 얼마든지 새로운 카피를 만들어낼 수 있다. 나쁜 상태가 아니라 하더라도 앞 문장에서 상황을 기술한 후 반전의 효과를 통해 궁금하게 하거나 기대감을 높이도록 만든다.

❸ 타깃을 좁혀 타깃에게 환기시킨다

'좋은 전단지 제작을 위한 팁'에서 우선 타깃을 명확히 정의하는 것이 중요하다고 했다. 타깃도 가능한 범위를 좁혀서 구체화하는 것이 좋다. 타깃을 좁히면 좁힐수록 반응률이 높아지기 때문이다. 단, 판매하고자 하는 상품이나 서비스가 불특정다수가 아닌 경우에 해당된다. 고객의 입장에서 카피문을 접했을 때 "이건 내 이야기인데…"라는 느낌을 받으면 관심이 높아질 수밖에 없다. 타깃을 좁히는 방법으로는 크게 두 가지를 들 수 있다.

- 정년퇴직 후 노후생활에 불안을 느끼시는 5~60대 은퇴자 여러분께
- 매일 아침, 헤어 스타일로 고민하는 여성분께
- 고3 자녀를 둔 부모님께
- 점심시간에 무엇을 먹을까 고민하는 직장인 여러분께

1. 첫 번째는 보다 세분화한다.

'OOO지역에서 집을 찾는 분들께'보다는 'OOOO 지역의 30평대 아파트를 찾는 분들께'라는 형식이다. 단순히 집을 찾는 사람은 너무 많고 광범위하다. 구체적으로 아파트를 원하고 평수가 30평대라는 조건을 내걸면 30평대가 아니라도 아파트를 구하고자 하는 사람도 관심을 갖게 된다. '다이어트를 생각하고 계신 분께'보다는 '이번 여름에 해변에서 비키니를 입고자 하는 분께'라고 조금 더 구체화한다. 해변에서 비키니를 입고자 하는 여성이라면 당연히 날씬한 몸매를 원하는 여성일 것이다. 설령 바닷가에 가지 않더라도 젊은 여성들이 갖고 있는 로망일 것이다. 4~50대 중년보다는 2~30대의 젊은 여성으로 타깃을 좁힐 수 있으며 그들의 소원을 환기시켜주는 카피가 된다. 단순히 '좋은 몸매를 원하는 여성'이라는 카피보다는 보다 구체적이며 현실감이 있어 사람들의 흥미를 자극할 수 있다.

2. 두 번째는 조건을 부여한다.

전단지의 내용이나 타깃의 상황에 따라 다양하게 설정할 수 있다.
'고등학생 자녀를 둔 어머니께'보다는 'SKY 입학을 지망하는 고등학생 3년생 자녀를 둔 어머니께'라고 구체화한다. 우리나라에서 입시생 부모는 자녀의 진학에 대해 고민하는 것은 당연하다.

SKY를 지망한다든지, 서울에 있는 대학(인 서울)을 원하든지 정도의 차이는 있더라도 모두 같은 마음이다. 이런 부모들을 위해 구체적으로 표현하면 SKY를 지망하지 않더라도 입시생을 둔 부모나 학생들이 관심을 가질 수 밖에 없다. '4~50대 중년 남성에게'에게 보다는 '한 달에 5킬로그램 감량을 목표로 하는 4~50대 중년 남성에게'라고 타깃을 좁히고 한 달에 5킬로그램이라는 구체적인 조건을 내건다. 4~50대 중년이 되면 대부분은 뱃살 때문에 걱정을 하게 된다. 근육질의 몸매를 가꾸고자 하는 의미에서가 아니라 건강을 위해서라도 뱃살을 빼야 한다는 생각을 갖고 있기 때문이다. 이러한 고민을 갖는 사람들에게 환기를 시켜주면 흥미를 가질 수밖에 없다. 자신이 해당되지 않더라도 주변에 그러한 사람이 있으면 관심을 갖게 된다.

사람의 심리는 자신이나 자신이 중요하게 여기는 사람에게 관심이 있는 내용이 있으면 관심을 갖기 마련이다. 특히 구체적인 조건이 자기와 맞아 떨어지게 되면 내 고민, 내 일이라는 생각이 들어 더욱 관심을 가질 수밖에 없다.

4 호기심을 자극한다

타깃이 정해지면 다음 단계로 타깃에게 무엇을 어필할 것인가 생각해야 한다. 어필하는 방법은 여러 가지가 있지만 그 중 하나가 호기심을 자극하는 것이다. 대상이 되는 타깃에게 호기심을 자극하게 되면 흥미를 갖고 그 다음을 읽게 된다. 판매할 물건이나 서비스를 직접 보여주는 오프라인 매장에서는 직접 만져보거나 시연을 해주면 되지만 보이지 않는 상태에서 유인하기 위해서는 "뭐지?"라고 생각할 수 있는 호기심을 자극하는 방법이 효과적이다.

호기심을 자극하는 패턴 하나를 소개하면 '~이 있다는 것에 대해 알고 계십니까?'다. ~에 들어갈 내용은 상품이나 서비스의 세일즈 포인트 또는 타깃의 문제를 해결해주는 요소가 된다. 이런 카피를 접하는 고객은 "그 내용이 뭘까?"라는 호기심이 생기게 된다.

- 지금과 같이 똑같이 먹으면서 3개월에 10킬로그램 감량하는 다이어트법을 알고 계십니까?
- 음치가 한 달 만에 송년회의 스타가 되는 비법을 알고 계십니까?
- 출퇴근 시간에 듣는 것만으로 현지인과 회화가 가능한 학습법 알고 계십니까?

'10킬로그램 빠지는 다이어트법을 알고 계십니까?' 보다는 '똑같이 먹으면서~' 가 포인트다. 몇 킬로그램을 감량한다는 다이어트 방법은 얼마든지 있다. 하지만 지금까지와 똑같이 먹으면서 감량하는 방법이라고 소개하면 호기심이 생기게 되어 관심을 갖게 된다.

음치가 한 달 만에 송년에 스타가 되었다는 것만으로도 흥미롭지만 어떤 비법이기에 그렇게 되었는지 호기심이 생기게 된다. 노래를 못하는 사람은 물론 노래를 잘 하는 사람도 더 잘하고 싶은 욕구가 있기 때문에 호기심이 생길 수밖에 없다.

'3개월이면 현지인과 회화가 가능한 노하우 알고 있습니까?' 보다는 '출퇴근 시간에 듣는 것만으로 현지인과 회화가 가능한 학습법 알고 계십니까?'가 더 호기심을 자극한다. 단순히 회화가 가능한 노하우라고 하면 어느 학원이나 상품에서 제공하는 방법으로 인식되지만 '듣는 것만으로'라는 구체적인 방법을 제시함으로써 조금 더 호기심이 생기게 된다.

5 타깃과 세일즈 포인트를 일치시킨다

타깃이 정해지고 나면 타깃과 판매하고자 하는 상품이나 서비스의 세일즈 포인트가 일치되지 않으면 안 된다. 좁혀진 타깃에 대해 어필하는 내용이 엉뚱한 것이 되어서는 안 된다는 것이다. 그 타깃에 대한 제안이 타깃이 원하는 내용과 일치하지 않는다면 공들여서 어필한 것이 허사가 되어버린다. 예를 들어, 다음과 같은 케이스다. '단기간에 토익 점수 향상을 원하는 분들께~'라고 타깃을 정해놓은 상태에서 '미국인 원어민 강사와의 프리토킹!'이라고 세일즈 포인트를 내세우는 경우다. 미국인 원어민 강사와 프리토킹이 토익 점수 향상에 도움은 되겠지만 단기간에 토익 점수 향상을 위한 것과는 포인트가 맞지 않는다. 이럴 때는 원어민이 아닌 내국인이라도 '토익 만점자가 알려주는 토익 시험 비법!' 또는 원어민인 경우라면 '원어민 강사가 알려주는 리스닝 & 리딩 비법'과 같이 타깃과 타깃이 목적으로 하는 내용을 일치시켜야 한다.

- 신입 여사원을 위한 특별 할인 서비스
  사회 초년생을 위한 헤어 스타일과 화장법 강좌
- 저녁 반찬을 고민하는 주부님을 위한 레시피
  'OO반찬'에서는 주부님들의 저녁 반찬 고민을 해결해드리기 위해 매일 새로운 레시피와 함께 재료를 제공해드리고 있습니다.

첫 번째 카피는 화장품 판매를 목적으로 하는 가게나 헤어숍에서 실시할 수 있는 이벤트 전단지의 카피다. 사회에 첫 진출한 초년생을 대상으로 헤어 스타일 관리나 화장법을 알려주면서 고객을 유치하기 위한 것이다.

두 번째 카피는 매일 어떤 반찬을 준비할까 고민하는 주부들의 고민을 덜어주기 위해 반찬의 종류와 레시피를 제공하고 해당 요리를 조리할 수 있는 재료까지 갖춰서 판매하는 반찬 가게다. 주부들이라면 귀가 솔깃할 것이다. 특히나 직장 생활을 하는 주부라면 메뉴를 정하는 고민과 장보는 시간을 절약할 수 있어 한층 더 흥미를 가질 것이다.

이처럼 타깃을 정한 후 세일즈 포인트가 타깃과 일치시켜야 한다. 일치되는지, 일치되지 않는지 확인하기 위해서는 카피문을 작성한 후 본인은 물론 제3자가 체크하는 것이 바람직하다.

6 희소성, 한정, 기한을 강조한다

유명인의 편지 한 통이 수십억으로 거래되는 것은 희소성의 원리다. 수량에 제한이 있다거나 기간이 정해져 있어 기일이 임박해오면 관심도가 높아진다. 아무렇지도 않은 물건이지만 세계에서 하나뿐인 것이나 한정 생산되는 것이라고 하면 가치가 높아진다. 사람들의 심리가 같은 가격에 구입했다고 하더라도 먼저 구입했다거나 한정품을 구입했다고 생각하면 이득을 본 느낌을 가진다. 이러한 심리를 이용한 카피다.

- 오직 이곳에서만 손에 넣을 수 있는 OOOO
- 한정 수량 300개, 선착순 판매

수량의 한정이나 한정된 기간을 강조하여 고객들로 하여금 "지금 구입하지 않으면 이런 조건에 다시 구입하기 어렵다."는 생각을 갖게 하여 구매욕을 촉진하는 방법이다. 수량이 적은 것은 희소가치가 높아 가격도 오르지만 이를 수집하는 사람들에 있어서는 보유하고 있다는 우월감을 느끼게 된다. 그래서 더욱 갖고 싶어진다. 소유욕을 자극하는 것이다.

상품이나 서비스가 희소성과 무관하다면 '한정성'을 부여하여 고객의 흥미를 끌도록 한다.

- 1년에 한 번만의 재고 처분 세일
- 오늘부터 단 3일간 50% 대방출
- 구입자에게 특전을 주는 것은 2일간뿐입니다.
- 선착순 100명에 한해 제공하는 특별 이벤트입니다.

　1년에 한 번, 몇 일간, 선착순 100명과 같이 한정성을 부여하면 그 기한 또는 제한 인원 안에 들어가기 위해 노력하는 심리를 자극하는 카피다. 주의해야 할 것은 이런 카피를 너무 자주 사용해서는 안 된다는 것이다. 1년에 한 번이라고 해놓고 여러 번 실시한다면 신뢰도는 급감하게 된다. 선착순 100명이라 해놓고 100명 이상의 고객에게 제공하는 경우도 그렇다. 당시에는 통할지 모르겠지만 다음에 유사한 이벤트를 실시하게 되면 신뢰도가 떨어지기 때문이다. 거짓말은 통하지 않는다. 또 하나는 일정 기간 내에 해결한다거나 일정 금액의 한도 내에 해결하는 것도 헤드라인으로 활용할 수 있다. 정해진 시간 내에 배달된다거나 미리 만들어놓은 것을 포장해서 배달하는 것이 아니라 주문 후 요리하여 배달하는 것도 이에 해당된다.

- 주문 후 24시간 이내에 집 앞에 도착합니다.
- 주문받은 이후 조리하는 오더메이드 OOO 햄버거
- 뜨끈뜨끈하게 드실 수 있도록 20분 이내에 배달해드립니다.

　'주문 후 24시간 이내'는 스피드를 강조한 카피고, 주문받은 이후에 튀긴다는 것은 미리 요리해서 데워주는 것이 아니라 즉석에서 요리해서 내놓기 때문에 더욱 맛이 있다는 점을 강조하기 위함이다. '뜨끈뜨끈하게 드실 수 있도록 20분 이내의 배달'은 시간적인 스피드감과 함께 식지 않은 상태에서 먹을 수 있다는 점 두 가지를 어필할 수 있다.
주의해야 할 것은 지키지 못할 것을 무리하게 해서는 안 된다는 점이다. 20분 이내 배달이 어려운데 '20분 이내'라고 표현했다가 오히려 신용을 잃을 수가 있다.

7 의외성을 강조한다

일반적으로 갖고 있는 상식이나 지식과는 다른 의외성을 강조하여 흥미를 유발시키는 방법이다. 카피문을 접하는 고객들이 자신이 가진 생각이나 지식과는 다른 내용의 카피문을 보게 되면 "어? 내가 알고 있는 내용과 다르네!"라는 생각으로 흥미를 갖게 될 수밖에 없기 때문이다.

- 지방 때문에 뚱뚱해진다고 생각하십니까?
- 라면과 콜라를 함께 먹으면 건강에 해롭다는 사실을 아십니까?
- 학원을 다니면 성적이 내려간다는 것 알고 계십니까?

첫 번째는 일반적으로 알려진 잘못된 상식을 내세워 고객들에게 어필하는 것이다. 지방은 그 양에 따라 독이 될 수도 있고 약이 될 수도 있다. 비만인 사람들은 지방 때문이 아니라 초콜릿이나 과자처럼 탄수화물이 지방으로 되어 몸에 축적되기 때문이라고 한다. 일반인들이 갖고 있는 상식인 '지방 = 살'과는 다른 내용으로 고객을 주의를 끈다.

두 번째는 건강 음료를 홍보하는 카피문이다. 실제로 라면은 칼슘과 결합하는 성질이 있어 칼슘 부족을 일으키기 쉽기 때문에 좋지 않다고 한다. 청소년들은 별다른 생각 없이 라면을 먹고 난 후 콜라를 마시게 된다. 이렇게 아무렇지 않게 하는 행동이 건강에 해롭다는 것을 강조하여 주의를 환기시킨 후 건강 음료를 추천하는 방식이다.

세 번째는 약간 돌려서 표현한 것으로 제대로 된 학원을 다녀야 한다는 의미로 역설적으로 표현한 것이다. 학원을 다니면 성적이 내려간다고 하는 의외성 때문에 관심을 끌게 된다.

- 영어 회화, 영국인에게 배우고 계십니까?
- 런닝 시에는 푹신한 운동화가 좋다고 생각하십니까?

이렇게 헤드라인을 작성한 후 바디 카피에서는 의외성에 대한 이유와 근거를 제시해주어야 한다. 그러면서 추천하는 상품이나 서비스를 내세우면 보다 효과를 발휘하게 된다. 이 패턴은 상품이나 서비스의 특징을 직접 설명하는 것보다 잘못된 상식이나 의외성 있는 카피문으로 소비자의 흥미를 끌게 한 후에 상품을 설명하여 효과를 극대화시키기 위한 것이다.

8 편리함과 즉효성을 강조한다

아무리 좋은 방법이라 하더라도 어렵고 힘들다면 일단 거부감을 갖게 된다. 간단하고 편리하며 쉬운 방법에 흥미를 갖는다. 또, 효력이 나타나는데 시간이 소요되면 선호하지 않는다.

- 하루 30분만 걸으면 3개월에 10킬로그램 감량!
- 마시는 것만으로도 2개월에 5킬로그램 감량
- 듣는 것만으로도 현지인과 자유로운 대화가 가능한 신개념 학습법

걷는다거나 마시는 것만으로 살이 빠지고, 듣는 것만으로 어학 공부가 된다면 최상일 것이다. 어려운 식이요법이나 힘든 운동을 하지 않고 살이 빠지는 쉬운 방법이 있다면 누구나 관심을 가질 수밖에 없다. '초등학생도 할 수 있는 OOO'라고 하는 책이 인기 시리즈 중 하나였는데 초등학생이 할 정도로 간단하고 쉽다는 것을 어필한 타이틀의 좋은 예라 할 수 있다. 간단함을 강조할 헤드라인은 크게 두 가지가 있다.

첫 번째는 '처음 해 본 사람도', '누구라도', '초등학생이라도', '어르신도', '음치라도', '공부를 싫어하는 사람이라도'와 같이 어떤 사람이라도 가능하다고 하는 간단함을 어필하는 패턴이다.

- 처음 접하는 사람이라도 간단하게 OOO가능한 심플한 XXX입니다.
- 어르신이라도 바로 사용할 수 있는 편리한 OOO입니다.

두 번째는 '전자레인지로 간단히 데우는 것만으로', '단추 하나만 누르는 것만으로', '한 번 읽어보는 것만으로', '단 세 번의 조작만으로'와 같이 간단한 조작으로 가능하다는 것을 어필하는 패턴이다.

- OOO하는 것만으로 간단히 XXXX가 가능한 OOO입니다.
- 버튼 한 번만 누르면 고급스러운 향기의 원두 커피가 만들어지는 커피 메이커입니다.

'간단하다'는 말만으로는 너무 추상적이기 때문에 어느 정도 간단한지를 구체적으로 표현해줄 필요가 있다. 바디 카피에서는 왜 그렇게 간단한지, 어떤 원리인지 설명해준다면 더욱 효과적이다.

편리함과 함께 즉시 효과를 볼 수 있다는 점은 우리나라 소비자들에게 어필할 수 있는 좋은 소재라 할 수 있다. 성격이 급한 우리나라 소비자들의 특성상 빨리 효과를 볼 수 있다는 점을 어필하는 것만큼 좋은 소재는 없을 것이다. 대표적인 것이 다이어트다. 금세 살이 빠지는 다이어트 식품이나 요법, 헬스클럽이 해당된다. 또, 많은 사람들이 도전하지만 오랜 시간이 필요한 언어도 그 중 하나다. 골프의 경우도 초보자라면 100타를 깨기 위해 노력하는데 이를 2개월 이내에 실현시켜 준다고 어필하면 관심이 갈 것이다. 현실적으로 즉시 효과를 발휘하기는 어렵지만 가능성을 어필함으로써 흥미를 끄는 패턴이다.

- 자녀의 수학 성적, 두 달 만에 한 등급을 올려놓겠습니다.
- 전자레인지에 넣고 3분만 기다리십시오.
- 다이어트 효과! 2개월이면 확인할 수 있습니다.
- 2개월 이내에 100타 이내로 만들어드립니다.

지속하기 어려운 다이어트나 어학 공부의 경우, 편리함과 함께 단기간에 효과를 볼 수 있다는 점을 강조하면 관심을 가질 수밖에 없다. 다이어트 홍보에는 Before & After와 같이 부가적인 사진으로 설명을 보완한다면 훨씬 더 효과적이다.

9 신속성을 강조한다

대부분의 사람은 기다리는 것을 싫어한다. 특히 우리나라는 '빨리 빨리'를 강조하는 국민성으로 인해 보다 어필하기 쉬운 요소라 할 수 있다. 가능하다면 '바로' ○○○을 하고 싶어 한다. 따라서, 상품이나 서비스에 고객의 '바로 ○○○하고 싶다', '기다리지 않고 바로 ○○○하고 싶다'고 하는 욕구에 대응할 수 있는 요소가 있다면 이를 헤드라인에 활용하여 어필하는 것이다.

우리가 주변에서 피부로 느낄 수 있는 것이 배달 음식일 것이다. 중국 음식점에 음식을 주문한 후 배달이 늦어 전화를 하면 "지금 출발했습니다"라는 답이 되돌아오면 이제 요리를 시작했다는 우스개 소리가 있다. 그만큼 많은 사람이 신속성에 대해 관심을 갖고 있다. '3분 카레'와 같은 것이 이러한 욕구를 충족시켜주는 제품이라 할 수 있다. '주문 후 30분 이내 배달' 또는 '30분 이내에 배달되지 않을 경우 음식값을 받지 않습니다'와 같은 카피를 생각할 수 있다. 신속성과 관련된 카피는 다음과 같은 것이 있다.

- 현장에서 바로 할인 혜택을 받으실 수 있습니다.
- 막힌 하수구, 즉시 출동하여 뻥 뚫어드립니다.
- 저희 헤어숍에서는 고객이 30분 이상 기다리지 않습니다.
- 신청과 동시에 바로 사용할 수 있는 OOO입니다.
- 1시간의 수업으로 OOO을 할 수 있는 특강!

순식간에 어떤 일이 이루어진다거나 빨리 사용할 수 있다는 시간의 신속성을 어필하면 효과적이다. 상품이나 서비스에 신속성을 키워드로 카피를 만들 수 없는지 연구해보자.

10 욕구를 자극한다

인간은 다양한 욕구를 갖고 있다. 인간의 기본적인 욕구인 식욕, 성욕, 수면욕을 포함하여 안전에 대한 욕구, 소유 욕구, 소속 욕구 등 다양한 욕구가 있다. 이러한 다양한 욕구를 자극한 카피문을 작성한다. 특히 현대인은 건강과 안전에 대한 관심이 많다.

- 안전한 식재료! 저희 OOO마트에서 현지 직송 상품으로 책임지겠습니다.
  본 식당은 소비자 배상책임보험에 가입되어 있습니다.
  만에 하나 문제가 발생하면 책임지겠습니다.
- 인생의 제2막의 설계, XXX에 맡겨주시면 편안한 노후를 보장합니다.
- 당신의 건강한 백세 시대의 비결! OOO이 책임지겠습니다.
  직접 방문해서 상담해 보십시오.
- OO여행사와 함께 하시면 안전한 해외여행을 위한 여행자 보험을 무료로 가입해드립니다.
- 동네 골목의 치킨집이지만 배상보험에 가입했습니다.
  OOO치킨의 음식을 먹고 탈이나면 OOO배상보험이 책임집니다.

안전, 안심, 건강, 재산, 안정된 생활에 대한 욕구를 충족시킬 수 있는 카피를 만들면 사람들이 흥미를 갖게 된다. 식재료나 사고 예방책과 같이 안전과 직접 연관이 되지 않는 경우라도 배상책임보험과 같이 고객을 안심시킬 수 있는 대책을 카피로 활용한다. 사람은 일반적으로 소속 또는 동참에 대한 욕구가 있다. 특정 집단에 소속되어 있다는데 대한 동료 의식, 소속 의식을 갖는다. 다른 사람과 같은 물건을 갖고 있거나 유행이나 시류에 편승하는 것도 이러한 소속 욕구에 기초한 행동이다. 카피문에 이러한 소속, 동참 욕구를 활용할 수 있다.

- 2~30대 직장인 사이에 조용한 붐을 일으키고 있는 피트니스 OOO! 여러분도 직접 체험해보시기 바랍니다.
- OOO가 많은 사람들로부터 호감을 갖는 비밀을 공개합니다.
- 본 제품은 많은 고객들로부터 꾸준히 사랑을 받고 있는 스테디셀러 상품입니다.
- 이곳에서는 단순히 OOO운동만 하는 곳이 아닙니다. 동호인들과 교류의 장을 만들어 드립니다.

이 소속 욕구는 '유행', '인기', '호평', '친목' 키워드가 영향을 끼치기 때문에 이를 카피문에 활용하면 좋을 것이다.

11 인간적으로 어필한다

인간적으로 가까워지면 일이 수월하게 풀린다. 가격이 조금 비싸더라도 인간적 유대감을 느끼는 것을 선택하게 된다. 인간은 감정의 동물이기 때문이다. 기업의 이미지 광고를 보면 '가족'을 주제로 한 광고가 많은 것도 이러한 심리를 자극하기 위한 것이다. 카피문을 작성할 때도 이러한 심리를 활용한다.

- 여러분이 구입한 금액의 1%를 불우이웃에게 기부하고 있습니다.
- 자식을 가르치는 마음으로 정성껏 지도해드리겠습니다.

- 한번 믿어주십시오!
  믿음에 보답하도록 하겠습니다.
- 손님이 아니라 인생의 선배로서 상담해드리겠습니다.

좋은 일에 쓰이도록 기부를 하면서 이를 마케팅에 활용하면 일석이조의 효과를 거둘 수 있다. 학원의 경우, '자식을 가르치는 마음'이라고 하면 어떤 부모든 공감하게 되어 눈길이 가게 된다. 세 번째 카피는 구매의 결정을 망설이고 있을 때 '한번 믿어보라'는 카피에 마음이 기울어지지 않을까 생각된다. 추상적이기는 하지만 인간적으로 호소하는 듯한 느낌이 있기 때문이다. 하지만 추상적인 것보다는 보다 구체적인 내용이 바람직하다. 인간적으로 한번 가까워지면 특별한 일이 없는 한 관계가 지속된다. 영업하고자 하는 거래처나 관공서 사람들과 식사라도 한 번 하려고 하는 것은 인간관계를 형성하기 위한 것이다. 더구나 좁은 지역 사회를 대상으로 하는 골목 상권의 경우라면 이러한 인간관계가 더욱 중요한 요소다. 인간적으로 어필할 때 주의해야 할 것은 대상이 되는 고객이 공감할 수 있는 내용이어야 한다는 것이다. 예를 들어, 밑도 끝도 없이 개인사를 피력하면서 도와달라는 식의 카피는 역효과를 낳을 수 있다. 타인에게는 관심 밖인 개인사를 꺼내면 특별히 관계가 없는 입장에서는 귀찮게 생각될 뿐이기 때문이다. 인간적으로 어필하더라도 상대가 공감할 수 있는 내용을 찾아보도록 하자.

12 자기실현의 욕구에 호소한다

자기실현의 욕구는 현재보다 높은 수준으로 올라가고자 하는 욕구다. 구체적으로는 다음과 같은 욕구가 있다. 자신의 꿈을 실현하고 싶어하는 욕구, 가능성을 넓히고 싶어하는 욕구, 실력을 향상시키고 싶어하는 욕구, 목표를 달성시키고자 하는 욕구, 보다 성장하고 싶어하는 욕구다. 사람마다 정도의 차이는 있지만 이와 같은 욕구가 강한 사람은 상승지향형인 성격이고 목표달성이나 꿈의 실현에 대한 의식이 높은 적극적인 사람이다. 이런 사람들은 자기실현 욕구에 대한 약간의 정보만으로도 귀를 기울이게 된다.
이런 타입의 사람들에는 다음과 같은 카피문으로 어필하도록 한다.

- 영어 회화는 당신의 성공에 없어서는 안 될 필수조건입니다.
  OO학원과 함께 도전해보시기 바랍니다.
- OOO을 통해 당신의 가능성이 대폭 향상시키시기 바랍니다.
- 당신이 OO분야의 최고의 실력자가 되는데 써포터가 되겠습니다.
- 당신의 OOO의 능력에 만족하십니까?
  OOO 능력 향상에 고민하신다면 저희와 상담하시기 바랍니다.
- 당신의 재테크 목표 달성을 위한 열렬한 지원군이 되겠습니다.
- 5~60대에도 자신의 꿈을 포기하지 않고 노력하는 분께

직접 연관이 없더라도 연결 고리를 만들어 카피를 작성할 수 있다.

- 선조들은 성공의 조건으로 '신언서판(身言書判)'을 들었습니다.
  남자의 외모도 경쟁력입니다. 저희 OOO와 상담하시기 바랍니다.
- 외출 시에 헤어스타일이 고민되십니까? 저희 OOO헤어숍에 잠깐 들르시기 바랍니다.
  간단히 해결해드립니다.

여기에서 OOO에는 외모를 가꾸어주는 뷰티숍이나 성형외과가 될 수 있고 말하는 능력을 키워주는 연설학원이 될 수 있고, 글 쓰는 능력이나 펜글씨 학원이 될 수도 있다. 전혀 관련이 없는 것처럼 보이지만 간단한 연결 고리(예에서는 '신언서판')를 통해 얼마든지 만들 수 있다.

13 걱정거리의 해결을 내세운다

세상에 걱정이 없는 사람은 없을 것이다. 큰 사건사고가 아니더라도 살다 보면 소소한 고민이 많다. 몸매 관리, 건강, 노후 생활, 자녀의 학업, 외모 등 소소하지만 다양하다. 주의를 환기시키는 방법의 하나로 대상 고객이 걱정하고 있거나 신경을 쓰고 있을 만한 부분을 자극하여 관심을 유도하는 방법이다. 누구든 걱정하고 있거나 신경을 쓰고 있을 때 이와 관련된 이야기를 들으면 관심을 가질 수밖에 없다. 자신이 직접 관련되지 않았다고 하더라도 주변에 이와 관련된 사람이

있으면 무시할 수 없게 된다.

> - 회식 자리에서 뱃살 걱정을 하고 계시지 않습니까?
> - 아침에 잠에서 깨어나도 피곤함을 느끼시는 분들께
> - 최근 눈이 침침하여 스마트폰 글씨가 잘 보이지 않는 분들께
> - 은퇴 후 노후 생활이 걱정되신 분들께
> - 또 다시 주식투자로 실패하고 싶지 않으신 분들께
> - 부동산 경매로 실패하고 싶지 않으십니까?
> - 여러분의 보험료가 너무 비싸다고 생각하지 않습니까?
> - 자녀의 대학 입시가 걱정되시는 분께

곰곰이 생각해보면 걱정거리가 의외로 많다. 종류로는 음식이나 취미와 같은 소소한 것에서부터 건강, 시험, 자녀, 결혼, 승진, 회사 생활, 노후 생활 등 다양하다. 이렇게 걱정할만한 내용을 찾아 상품이나 서비스와 연결하여 카피문을 만든다. 해결책을 제시하되 판매하고자 하는 상품이나 서비스와 연관되도록 하여 고객에게 어필한다. 하지만 너무 과장해서 어필하면 안 된다. 걱정거리가 해결되지 못한 결과가 되어 귀책사유를 놓고 분쟁이 발생해서는 안 되기 때문이다. 전단지는 인쇄물이기 때문에 그러한 분쟁이 발생하면 과장 광고에 대한 증거물이 될 수 있다.

14 숫자를 적절하게 활용한다

카피문을 작성하는데 상식 중에 상식이 숫자를 사용해야 한다는 것이다. 어떤 사물에 대해 추상적인 것보다 구체화하는 것이 현실감이 있다. 그 구체화하는 방법 중 가장 일반적인 것이 숫자로 표현하는 것이다. 숫자를 이용하면 고객의 머리 속에 명확하게 각인시킬 수 있기 때문이다. 단순히 '높다', '크다', '많다'와 같이 추상적인 단어를 제시하면 고객의 입장에서 확신이 서지 않는다. 구체적인 숫자를 사용함으로써 고객들에게 신뢰감을 높이고 확신하는 효과를 얻을 수 있다. 설득력을 가진 숫자를 사용하여 신뢰감을 높이고 흥미를 유발하게 하는 것이다.

- 우리 학원의 자랑은 95.0%의 합격률입니다.
- 10일 내에 구입한 고객에게 적립 포인트가 2배
- 3개월에 10킬로그램 감량! 100% 보장!
- 전 품목 5,000원에 제공하는 특별 이벤트!
- OOO이벤트 파격적 50% 할인

'우리 학원의 자랑은 매우 높은 합격률입니다.'라는 문구를 접하게 되면 어느 학원에서나 있는 식상한 문구로 생각하게 된다. 사람에 따라서 높다는 수준이 80%인지, 90%인지 아니며 50%이상인지 정확히 알 수가 없다. 그렇지만 95.0%라는 구체적인 수치로 표현하면 왠지 정확한 통계로 말하는 것 같고 신뢰감이 상승한다. 막연히 '높다'고 하는 추상적인 단어보다는 구체적인 수치로 표현함으로써 확실하다는 느낌이 든다.

할인율도 마찬가지다. 단순히 '파격적 할인'이 아니라 '50% 할인', '전품목 10,000원'과 같이 구체적인 숫자로 표현하면 고객 입장에서는 확신이 서게 된다.

숫자를 활용할 때는 정확히 끊어지는 숫자보다는 어중간한 숫자를 활용하는 것이 보다 신뢰도를 높일 수 있다. '90%'와 같이 딱 떨어지는 숫자는 어딘지 모르게 조작한 느낌이 들며, '100%'라는 표현을 사용하면 있을 수 없는 것이라는 느낌을 갖게 된다. 이때, '94.7%'와 같이 애매한 숫자를 활용하면 정확한 통계에 의해 산출한 것 같은 느낌이 든다. 이와 같이 100%, 90%와 같이 끊어지는 숫자가 아니라 소수점이 들어간 어중간한 숫자가 신뢰성이 높다. 하지만 많은 사람들이 숫자를 제시한다고 해서 그것을 그대로 믿는 사람은 많지 않다. 당연히 숫자에 대해 의구심을 갖는 사람이 있다. 그래서 그러한 사람들을 설득하기 위해서는 작은 글씨라도 좋으니 숫자의 근거를 제시해주는 것이 좋다. 예를 들어 다음과 같은 문장이다.

※ 본 제품을 이용하신 고객 1000명에게 앙케이트를 실시하여 '대만족' 696명, '만족'이 251명이었습니다.

헤드라인의 숫자를 그대로 받아들이는 고객은 별로 없기 때문에 고객이 납득할 수 있도록 이러한 근거를 제공할 필요가 있다.[2]

---

2 堀内伸浩、キャチコピーの作り方、明日香出版社, 2014, pp68-69

크다, 작다, 무겁다, 가볍다, 빠르다, 느리다, 넓다, 좁다, 높다, 낮다와 같은 추상적인 단어보다는 숫자로 표현하는 것이 현실감이 있으며 신뢰도도 높아진다. 가능하면 소수점을 이용한 어중간한 숫자가 신빙성을 높일 수 있다. 여기에 숫자에 대한 근거를 제공하는 것이 좋다.

15 설문 조사의 문구를 활용한다

설문 조사에 나오는 문구나 설문조사에 나올만한 문구를 그대로 카피문으로 활용하는 예다. 문장은 질문의 형식이 된다. 이 질문에 대한 응답은 바디 카피에서 언급한다. 이렇게 설문 조사를 해서 공표하는 형식이라면 설문 조사의 내용이 긍정적 평가일 것이다. 가능하면 응답에 대한 숫자를 그래프와 같이 시각적으로 표현해주는 것이 좋다.

- OO병원을 다른 사람에게 추천하겠습니까?
  OO병원에서 진료를 받은 환자들로부터 설문 조사한 결과 92.5%가 다른 사람에게 추천하겠다는 답을 받았습니다.
- OOO강사의 강의를 친구나 후배에 추천하겠습니까?
  95% 이상의 수강생들이 친구나 후배에게 추천한 수학 OOO선생의 여름방학 맞이 특강!
- OO헤어숍에서 다음 중 가장 마음에 드는 서비스는 무엇입니까?

헤어숍에서의 설문에서는 헤어숍에서 내세우는 서비스 종류를 나열한다. 설문 조사의 내용을 그대로 홍보의 도구로 활용하는 것이다. 설문 조사를 홍보 도구로 활용하고 카피문으로도 활용하는 일석이조의 효과를 얻을 수 있다. 조사 내용에 대한 신빙성을 부여하기 조사 기간, 조사 방법과 조사 결과에 대해 다음과 같은 형식으로 명기한다. 조사 결과는 전단지에 모두 기입하기 어렵기 때문에 홈페이지를 이용해 공지하는 것도 하나의 방법이다.

※ 본 설문 조사는 20XX년 2월 1일부터 3월 31일까지 OO병원에서 진료를 받은 1,000명의 환자로부터 실시한 설문조사입니다. 조사 결과에 대한 구체적인 내용은 www.abcdef.co.kr에서 확인하시기 바랍니다.

16 사회적 증명 또는 전문가의 권위를 빌린다

낯선 곳을 자동차로 여행하다가 식당을 찾을 때, 차량이 많이 주차되어 있는 곳을 들어가면 실패하지 않는다는 말이 있다. 이것이 바로 사회적 증명이다. 이와 같이 다른 사람의 행동을 따라서 하거나 그 영향을 받아 판단하는 것을 '사회적 증명'이라고 한다. 고객이 판단에 필요한 소재가 빈약한 상태에서는 전문가의 한마디, 매스컴에서의 노출도, 품평이나 인지도가 판단에 도움이 된다. 사용후기를 싣는 것도 사회적으로 증명하기 위한 방법의 하나라 할 수 있다. 이러한 사회적 증명을 활용한 카피문의 예는 다음과 같은 것이 있다.

- 맛 칼럼니스트 OOO가 추천하는 맛집입니다.
- 탤런트 OOO도 애용하고 있는 상품입니다.
- 2016년 '올해의 와인'으로 선정된 와인입니다.
- 미슐랭 가이드에서 선정된 맛집입니다.
- 명문대 학생들이 읽은 XXXX입니다.
- OO건설이 시공하고 XXX사가 분양하고 있는 상가!

전문가가 추천하거나 인정한 제품이라고 하면 신뢰감이 높아지고 어떤 기관으로부터 상을 받거나 추천을 받았다면 이 또한 신뢰도가 올라간다. 고객이 선택에 대한 정보가 많지 않을 때 이런 사회적 증명이나 전문가의 권위를 내세우면 더욱 효과를 발휘한다.

17 단어를 나열하거나 반복한다

카피문의 운율과 리듬감을 말한다. 이런 카피들은 한 번 들으면 오랫동안 기억에 남는다. 대중매체를 통해 접한 광고 중에 이러한 패턴의 카피가 많이 있다. 다음은 텔레비전 광고에서 단어의 운율과 리듬감으로 잘 알려진 카피문이다.

- 하태핫태(오션월드)
- 미소 듬뿍 - 오리온 고소미(동양제과)

- 손이 가요, 손이 가, 새우깡에 손이 가(농심)
- 매일 아침, 매일 우유(매일 우유)
- 랄랄라~ 라거 주세요(OB라거 맥주)

상품과 서비스와 관련된 단어만을 나열하는 것만으로도 카피가 된다. 간결하면서 기억하기 쉽고 임팩트가 있는 것이 특징이다. 당연히 단어는 긍정적인 단어가 되어야 한다.

- 편리, 친절, 만족, 감동(백화점)
- 시각, 청각, 미각(음식, 식당)
- 가벼움, 포금함, 따스함(침구)
- 사람에게, 사회에, 지구에(환경 관련 or 이미지 광고)
- 삶, 쾌적, 어울림(부동산 개발)
- 안정, 건강, 행복(실버산업)
- 수익, 안정, 만족(금융)
- 사람과 함께, 자연과 함께(이미지 광고)
- 하늘, 바람, 새소리, 물소리(팬션, 휴식, 휴양)

유사한 단어를 반복적으로 사용함으로써 기억하기 쉽게 한다. 가요의 가사를 보면 단어가 반복되는 경우가 많다. "쏘리~쏘리~쏘리~", "미쳐~미쳐~미쳐~"와 같은 가사다. 단어를 반복할 수도 있고, 상품 명칭을 반복적으로 사용할 수도 있으며 상품과 관련된 특정 단어를 반복할 수도 있다. KT의 '유쾌, 상쾌, 통쾌'나 빙그레 아이스크림의 '그래, 빙그래'도 좋은 예다.

- 파닥~ 파닥~ 파닭!
- 바람이 살랑살랑~ 향기가 솔솔~ 자연과 사람이 어우러진 OOOO
- 모락모락, 쫄깃쫄깃, 아삭아삭
  OOO 야식먹는 소리입니다.

첫 번째 예는 '파닭'의 경우는 철자는 다르지만 소리가 같은 단어를 반복하여 상품을 부각시킨다. 같은 음절이나 단어를 반복함으로써 접하는 사람들에게 인상적인 느낌을 남기게 된다. 두 번째, 세 번째 예는 의성어, 의태어를 나열하는 방법이다. 의성어, 의태어는 쉽게 찾을 수 있다. 상품이나 서비스와 연관된 의성어, 의태어를 활용하는 것도 좋은 방법이다.

의성어 : 딸랑딸랑, 쩝쩝, 냠냠, 후루룩 후루룩, 따르릉 따르릉, 딩동, 칙칙폭폭, 부릉부릉, 꼬르륵, 꿀꿀, 멍멍, 뽀글뽀글, 아삭아삭, 옹알옹알, 터벅터벅, 퐁당퐁당

의태어 : 반짝반짝, 탱탱, 뜨끈뜨끈, 끈적끈적, 살랑살랑, 사각사각, 부글부글, 모락모락, 부들부들, 쭝긋쭝긋, 우물쭈물, 휘청휘청, 꾸벅꾸벅, 쿨쿨, 때굴때굴, 매끈매끈

이러한 카피를 만들 때는 상품이나 서비스와 관련된 단어들을 총동원하여 이리 저리 조합해가면서 어감을 체크해보며 만드는 것이 좋다. 같은 발음이 아니더라도 유사한 발음이 없는지 찾아보는 것도 좋은 방법이다.

18 마이너스 측면을 활용한다

상품이나 서비스에 있어서 모든 것이 플러스 요인만 있는 것은 아니다. 품질이 좋으면 가격이 비싸고, 크기가 크거나 양이 많으면 면적을 많이 차지한다. 긍정적 측면과 부정적 측면의 양면성이 존재한다. 상품이나 서비스가 갖고 있는 마이너스 측면을 활용하여 카피문으로 만드는 방법이다. 첫 번째는 일부러 마이너스 면을 표현함으로써 흥미를 유발하는 방법이 있다. 다음과 같은 예가 있다.

- 가격은 약간 비쌀 수 있습니다. 하지만, 오늘 주문하면 당신은 내일 아침에 최고급 OOOO을 받아볼 수 있습니다.
- 저희 제품은 고가입니다. 하지만 품질은 100% 보증합니다.
- 저희 식당에서는 음식이 약간 늦게 나올 수 있습니다.
  그러나, 늦은 만큼 정성스러운 맛과 깔끔함으로 귀하를 만족시킬 수 있습니다.

가격이 높다는 것은 구매 촉진 면에서는 마이너스 측면이 될 수 있다. 하지만 가격적인 면에서 약간 마이너스이지만 품질과 배송에 있어서는 자신이 있다는 점을 강조한 카피문이다. 음식이 늦게 나오지만 그만큼 맛은 보장한다는 것을 강조한다. 이 카피문의 패턴은 '마이너스 하지만, 플러스'다. 이때 플러스 요인이 마이너스 요인을 충분히 커버할 수 있을 정도가 되어야 한다.

- 저희 학원은 학생들이 싫어합니다.
  그러나, 부모님은 좋아합니다.
- 저희 피트니스 센터에서는 얼굴을 찡그립니다.
  그러나, 3개월 뒤에는 활짝 웃을 수 있습니다.

학생들은 싫어하지만 부모님은 좋아한다는 것은 조금 힘들기는 하지만 만족할만한 성적을 보장한다는 표현이다. 먼저 고객이 마이너스로 생각하고 있는 것을 내세운 후 흥미를 끌게 한 후 마이너스를 상쇄할 수 있는 플러스 요인을 강조하는 방법이다. 일반적으로 판매자 입장에서 마이너스 측면은 감추려 하기 때문에 이런 카피를 본 고객은 "어?"하고 관심을 갖게 된다. 그 다음에 내세우는 것은 마이너스 면을 압도할 수 있는 요소가 되어야 한다. 여기에서도 주의해야 하는 것은 마이너스 면이 고객이 용인 가능한 범위가 되어야 한다는 것이다.

두 번째는 마이너스라고 생각되는 부분을 플러스 쪽으로 유도하는 것이다. 예를 들어, 전자제품의 많은 기능이 있으면 좋아 보여 플러스 요인이지만 고령자나 복잡한 것을 싫어하는 소비자는 어렵게 느껴진다. 그래서 간단한 것을 선호하는 사람도 의외로 많다. 또, 지명도가 낮은 브랜드는 그만큼 광고 비용이 적게 들어 상품가격을 낮출 수 있다는 장점이 있다. 이와 같이 마이너스 요인을 반대로 플러스 요인으로 만들어 카피를 만들 수 있다.

- 다른 헤어숍에 비해 많은 시간이 소요됩니다.
  하지만, 정성스러운 서비스로 귀하의 아름다움을 배가시켜 드리겠습니다.
- 저희 OO치킨은 유명하지 않습니다.
  하지만, 절약한 광고비만큼 저렴하게 공급해드리겠습니다.

판매하고자 하는 상품과 서비스에 강력한 무기가 있는 경우, 마이너스 면을 내세워 플러스 측면을 강조하는 방법이다. 앞의 예에서는 시간이 조금 더 소요되고, 인지도가 떨어지지만 서비스의 우수성, 가격의 우월성을 강조하여 어필하는 것이다.

세 번째는 부정적인 측면을 회피하는 방법을 알려주는 형식이다. 일반적으로 사람들은 이익을 많이 얻는 것보다 손실을 회피하는데 더 관심을 갖게 된다. 손해라는 것은 반드시 금전적인 것만은 아니다. 시간의 손실, 기회를 잡지 못하는 것도 손실의 하나다.

- 당신이 토익 시험에 좋은 점수를 받지 못하는 것은 좋은 학원을 만나지 못했기 때문일지 모릅니다.
- 당신의 자녀가 성과없는 공부를 하고 있다고 생각하지 않습니까?
- 저녁 회식 자리에서 살 때문에 고민한 적 있지 않습니까?
- 당신은 옷을 고를 때 뱃살(체중 또는 몸매) 때문에 난감한 적이 있지 않으십니까?

이러한 카피문을 뒤에 상품이나 서비스를 내세워 해법을 제시해준다. 즉, 회피하는 방법을 제시한다. 이때, 협박이라고 생각이 들 정도로 과하게 표현하면 오히려 역효과가 날 수 있다.

19 플러스 측면을 활용한다

플러스 측면은 '희망', '합격', '성공', '목표달성', '만족' 과 같은 단어가 연상된다. 누구나 바라는 것이다. 헤어숍이나 마사지숍에서 '예뻐져 보이는 비법을 공개합니다'라든가 자격 또는 입시 학원의 '합격으로 인도합니다'라는 카피가 대표적이다. 어떻게 보면 가장 상투적이지만 가장 효과적인 방법이다. 미용에 관심이 있는 사람이 '예뻐진다'는 단어를 접하거나 입시나 자격 시험을 준비중인 사람이 '합격'이라는 단어를 접하면 귀가 솔깃하게 되어 있다. 사람들 심리는 희망적인 메시지를 접하면 '속는 셈치고…'라는 심정으로 흥미를 갖게 된다. 그래서 말기 암환자가 실낱같은 희망이 있는 민간 치료법을 접하면 의사의 충고도 무시하는 현상이 발생한다. 이러한 심리를 이용한 카피다.

- 3개월 이내에 100타 아래의 골퍼로 만들어드리겠습니다.
- 1개월에 5킬로그램 감량!
  OOO피트니스에서 도전해보시기 바랍니다.
- 자녀의 성적, 수직 상승으로 증명해드리겠습니다.
- 주름 개선효과를 확인해보시기 바랍니다.

첫 번째는 골프연습장 전단지 카피다. 골프를 즐기는 직장인들은 대부분 한 달에 한 두 번 정도 필드에 나가기 때문에 타수를 100타 아래로 줄이는데 상당한 시간이 필요하다. 3개월 이내에 100타 아래로 만들어준다는 메시지에 귀가 솔깃해진다. 다이어트를 생각하는 사람이 '1개월에 5킬로그램 감량'이나 '자녀의 성적 수직 상승'이라는 희망적인 단어 역시 마찬가지다. 설령, 3개월이 지나서도 100타가 안 된다거나 1개월에 5킬로그램 감량에 실패하거나 자녀의 성적이 수직상승이 되지 않았다 하더라도 크게 크레임을 걸지 못할 것이다. 지도법이나 학습법의 문제보다는 수강자 자신의 문제라는 인식이 강하기 때문이다. 그렇다고 너무 과장하여 표현하는 것은 절대 금물이다. 과장된 내용에 대해서는 '뻥이다'라고 생각하고 아예 거들떠보지도 않기 때문이다. 판매하는 상품이나 서비스에는 플러스 요인이 있을 수밖에 없다. 이를 어떻게 어필하느냐가 관건이 된다. 플러스 요인을 모두 열거한 후 가장 강력한 요소를 찾아 카피문에 활용한다.

20 궁금증을 자극한다

대부분의 사람은 한 가지 궁금한 점이 있으면 이를 해소하고자 하는 욕구가 있다. 이 궁금증을 카피에 활용하여 흥미를 유도한다. 미스터리 영화나 수사물을 흥미진진하게 보는 이유는 "범인이 누구일까?"라는 궁금증 때문에 눈을 떼지 못한다. 전단지에서도 궁금증을 불러일으켜 카피문에 사용하면 상당한 효과를 볼 수 있다.

- 왜? 저희 마트의 카운터에는 항상 줄이 서있는지 궁금하지 않습니까?
- 왜? OO식당은 30분 이상 기다리는 것일까?

- 매년 다수의 명문대 합격자를 배출하는 OO학원!
  OO학원에서 어떤 학습법으로 성적을 향상시키는지 궁금하지 않습니까?
- 정말 주문 후 20분 이내에 배달되는지 궁금하지 않으십니까?

고객에게 상품이나 서비스에 대해 왜 그런지에 대한 궁금증을 불러일으켜 그 답을 찾을 수 있도록 유도한다. 질문하는 방식이지만 답을 바라는 것은 아니며 정답도 명확한 것이 아니다. 답을 찾는 방법이 상품이나 서비스를 구입하거나 문의를 하게 만드는 것이다. 직접 매출로 나타나지 않더라도 문의를 하는 것만으로도 그 카피는 소기의 목적을 달성했다고 할 수 있다.

무작정 '당신은 왜 OOOO을 구입하지 않습니까?'라고 묻는 것보다 왜 기다리는지, 왜 줄을 서는지, 왜 인기가 있는지 궁금증을 유발시켜 문의를 하거나 방문하게 만드는 방법이다. 왜 구입하지 않는지 묻는다면 오히려 불쾌감을 가질 수도 있다. 궁금증을 유발한다기 보다는 반감을 살 수가 있다. 직접적으로 구입하지 않는 것에 대해 자극을 주기 보다는 궁금증을 유발하여 자연스럽게 접근하도록 한다.

21 질문을 활용한다

'질문의 기술'이라는 책이 있듯이 질문을 얼마나 잘 하느냐에 따라 인간관계의 성패, 비즈니스의 성패가 좌우되기도 한다. 꼭 질문의 답을 알고 싶어서가 아니라 이야기를 풀어가기 위해서, 상대의 심리나 의도를 파악하기 위해서, 관심을 갖게 하기 위해서 질문을 활용한다. 광고에서도 "~의 차이를 아십니까?"라는 카피를 자주 접할 수 있다.

사람은 누군가로부터 질문을 받으면 그에 대한 답을 생각하게 된다. 이러한 인간의 심리를 이용하여 카피문에 사용하는 것이다.

- 맛있는 식당과 맛없는 식당의 차이를 아십니까?
- 연예인들이 왜 청담동 헤어숍을 찾는지 아십니까?
- 중고차 선택에서 성공하는 사람과 실패하는 사람의 차이를 아십니까?
- 맛있는 수박을 판별하는 방법, 여러분은 알고 계십니까?

정작 질문을 던지지만 상대에게 답을 바라는 것이 아니라 이쪽에서 답을 정해놓고 상대에게 물어보는 형식이 된다. 질문은 가능한 고객이 답을 알고 싶어하는 질문이어야 한다.

다음은 고객의 입장에서 질문을 던지는 형식이다. 고객이 궁금해 할 내용을 질문 형식으로 카피문을 작성한다. 이런 카피를 본 고객은 자신이 궁금한 내용을 대신 질문해주면 흥미를 갖고 들여다볼 수밖에 없다.

- 정말 30분 이내에 OO되나요?
- 설치 비용은 얼마나 드나요?
- 정말 국내산 재료인가요?

첫 번째의 OO에 들어갈 내용은 '배달'이 될 수도 있고, '완성', '수리'가 될 수도 있다. 주문이나 의뢰를 한 후 얼마 정도 소요되는지 궁금해하는 고객의 심리(궁금증)를 대신 질문하는 형식이다.

두 번째는 에어컨과 같이 설치가 필요한 제품의 경우 소비자들이 가장 관심을 갖는 것이 설치 또는 수리에 소요되는 비용이다. 이런 질문의 경우는 설치 또는 수리 비용이 무료이거나 일반적인 가격에 비해 저렴한 경우에 보다 효과가 있다. 소비자가 궁금해 하는 내용을 질문 형식으로 표현하고 이에 대한 해법으로 판매하고자 하는 상품이나 서비스를 소개하는 것이다.

세 번째의 경우는 고객이 꼬투리를 잡는 식의 질문이다. 요즘 요리의 식재료가 외국에서 수입되는 시대인지라 '국내산'이라고 해도 믿지 않는 경우가 많다. 이런 심리를 활용하여 질문으로 활용하면 효과적이다. 고객의 불만 요소를 미리 대응할 수 있는 효과도 있다. 질문을 할 때는 개인적인 취향에 따라 달라지는 질문은 삼가는 것이 좋다. 예를 들어, "당신이 좋아하는 색상은 무엇입니까?", "좋아하는 음식은 무엇입니까?"와 같은 질문이다. 이런 질문은 옷 가게나 식당에서 방문한 손님에게 던지는 질문이지 전단지의 카피문에 넣을 질문이 아니다. 상품이나 제품에서 고객이 그 답을 알고 싶어하는 질문이 있는지 고객의 입장에서 생각해보기 바란다.

22 명령조로 표현한다

텔레비전 광고를 보면 'OOO하라!', 'OOO하지 마라!'라는 명령형의 카피를 많이 볼 수 있다. 제목이 명령형으로 되어 있는 책이 있다. 다음과 같은 책 제목을 접하면 "뭐지?"라는 생각으로 집어 들게 된다.

- 회사어로 말하라.
- 비전을 발견하고 디자인하라.
- 프로그래머처럼 생각하라.
- 토익 꽃 길만 걷자.

이러한 명령조의 카피는 받아들이는 사람에 따라 차이는 있겠지만 강압적으로 받아들일 수도 있지만 확신을 갖고 단정적으로 말하는 느낌을 받기 때문에 믿음을 심어줄 수도 있다. 다음과 같은 명령조의 카피를 생각할 수 있다.

- "뭘 먹지?" 고민될 때, 망설이지 말고 0000·0000으로 전화하시라!
- 맛의 비법이 정말 궁금하다면 한 번 방문해보라!
- "우리 동네에 명품 헤어숍이 있을까?"라고 의심하지 말고 OOO헤어숍에 방문하라.
- 화제의 인테리어! 직접 모델하우스에 방문해보시라.

위의 카피를 접하면 "그래, 얼마나 자신이 있기에 전화하라는 거야?"라는 생각으로 전화기를 들 수 있다. 두 번째는 "어떤 맛이지?", "얼마나 맛이 있기에?"라는 생각으로 방문할 수 있을 것이다. 세 번째, 네 번째는 "명품 헤어숍? 뭐지?", "화제의 인테리어? 어떤 인테리어지?"라는 궁금증을 유발하는 것이다. 앞에서는 '~을 하라'고 하는 긍정형의 명령이었다면 이번에는 반대로 '~하지마라!'고 하는 부정의 명령형을 사용한다. 긍정의 명령형보다 강한 임팩트를 줄 수 있다.

- 다이어트를 하지 마라!
- 영어회화 학원에 다니지 마라!
- 미용실에 가지 마라!

이 부정의 명령에는 강한 긍정을 표현하고 있다. 즉, 제대로 된 다이어트, 제대로 된 학원, 제대로 된 미용실을 가라는 의미다. 잘못된 다이어트를 하게 되면 요요 현상이나 영양 불균형 등의 부작용이 발생할 수 있으니 제대로 된 다이어트를 하라는 것을 강조하기 위한 것이다. 회화학원을 다니지 마라는 의미가 아니고 제대로 된 학원을 다니라는 의미다. 일반적으로 부정 명령형은 역설적인 표현이다. 바디 카피에서는 왜 하지 말고, 다니지 말라 했는지 구체적인 이유를 설명해준다. 명령형에는 강한 임팩트가 있지만 지나치면 역효과가 있을 수 있으니 너무 과하지 않도록 주의해야 한다.

23 속마음을 털어놓듯 표현한다

가까운 친구와는 본심을 이야기하며 소통하듯 고객의 눈높이에서 본심을 말하고 고객의 언어로 표현하면 보다 친근감을 느낄 수 있다. 주변 사람이 속삭이듯 "너한테만 이야기하는 것인데…", "여기에서만의 이야기이지만…" 라고 말을 걸어오면 이야기의 내용을 떠나서 "뭘까?"라는 생각과 함께 내용이 궁금했던 경험이 있을 것이다. 이런 비밀스러운 어투는 흥미를 불러일으키는 효과를 얻을 수 있다. 이렇게 전단지에서 고백하듯 표현하는 것도 좋은 방법이다. '사실은~', '속사정을 말하자면~'과 같이 진실을 밝히는 뉘앙스의 표현이다. 이런 표현은 흥미를 불러일으키는 것과 함께 고객에게 신뢰감을 심어주는데 좋은 역할을 한다. 다음과 같은 표현이 있을 수 있다.

- 이제야 이야기 하지만 제 별명이 '깜상'이었습니다.
  하지만, OOO 뷰티숍을 다니면서 별명이 사라졌습니다.
- 사실은 저도 100킬로그램에 육박한 체중이었습니다.
  하지만, OOO 클럽을 접한 이후 80킬로그램 대를 유지하고 있습니다.
- 사실은 저는 음치, 박치였습니다.
  하지만, OO노래 교실을 다닌 후로 이렇게 마이크 잡는데 자신이 붙었습니다.
- 사실은 저는 5등급으로 거의 수포자 직전까지 갔습니다.
  하지만, OOO학원을 다닌 후로 자신감이 생겼습니다.

자신의 과거를 고백하는 듯한 표현으로 과거의 부정적인 내용이 현재의 상품이나 서비스를 만난 이후 긍정적으로 바뀌었다는 것을 강조한다. 하지만 아무리 본심을 이야기한다고 하더라도 신용을 잃을 수 있는 내용까지 이야기하게 되면 곤란하다. 예를 들어, 영어회화 학원을 운영하면서 전단지에 '사실은 저는 현지인과 대화 나눌 정도의 실력이 아닙니다'와 같이 표현하는 것은 자살 행위와 같은 것이다.

24 고객이 알기 쉬운 언어로 표현한다

광고의 기본은 타깃의 대상이 되는 고객이 이해하기 쉬운 언어를 사용하는 것이다. 생산자, 판매자의 입장에서 표현한 카피를 접할 때가 있다. 생산자나 판매자는 해당 상품이나 서비스에 대해 잘 알고 있기 때문에 쉽게 생각하지만 생소한 고객은 무슨 말인지 이해하지 못하는 경우가 많다. 특히, 특정 분야의 전문가들이 사용하는 전문 용어를 아무렇지 않게 사용하는 경우다. 예를 들어, '본 제품은 티타늄 소재로 만든 최고급 OOO입니다.'라는 표현을 보자. 티타늄 소재에 대한 지식이 없는 사람은 그 재질이 어떤 특징이 있는지, 무엇이 좋은지 알 수 없다. 전문가들은 자연스러운 용어라 할지라도 일반인은 어렵고 생소한 단어이기 때문이다.

또 하나의 예로 고객이 현실감으로 받아들이기 어려운 표현이 있다. '이 제품은 10헥타르의 면적을 커버할 수 있습니다'라는 표현은 '헥타르'라는 단위를 사용하지 않는 입장에서는 어느 정도 크기의 면적인지 쉽게 감이 오지 않는다. 이 보다는 '이 제품은 축구장 15개의 면적을 커버할 수 있습니다'라는 표현으로 바꾸면 고객 입장에서 쉽게 이해할 수 있을 것이다. 아파트 면적을 이야기할 때도 아직까지 '평방미터(㎡)'보다는 '평(坪)'이 피부에 와 닿는다. 법적으로 사용할 수 없으면 두 가지를 함께 표기하는 것이 좋다.

- 본 제품은 고반발, 고강도의 티타늄 소재로 만들어 비거리를 20m이상 늘릴 수 있는 드라이버입니다.
- 이 드론은 지상 20m에서 축구장 15개의 면적을 커버할 수 있습니다.

단순한 티타늄이라는 소재를 말하는 것이 아니라 고반발, 고강도라는 보충 설명을 곁들였다. 또, 단순히 비거리를 늘린다는 추상적인 표현이 아니라 20m이상이라는 구체적인 숫자를 더해 알기 쉽게 표현한 예다. 드론의 커버 범위를 표현할 때 숫자 단위(제곱미터, 헥타르, 평)보다는 일반적으로 느낄 수 있는 면적에 빗대서 표현하면 이해하기 쉽다.

이와 같이 고객이 쉽게 이해할 수 있는 단어와 문장으로 표현해야 한다. 전문가 집단을 대상으로 한 카피문이라면 어려운 용어라 하더라도 그 전문가 집단에서 통용되는 용어라면 무난하다. 일부러 쉬운 용어로 바꾸는 것보다 그 집단에서 사용하는 전문 용어를 사용하는 것이 오히려 유리할 수 있다. 외국어 소프트웨어를 한글로 번역한 경우, 억지로 번역하여 어색한 경우도 많다. 오히려 영어 단어를 그대로 사용하는 것이 더 쉽게 다가오는 경우가 있다. 타깃이 누구냐에 따라 타깃에 맞는 용어를 사용해야 한다.

카피를 만들 때는 문장 속의 단어나 표현이 대상 고객(타깃)이 쉽게 이해할 수 있는 표현인지 검토한 후에 사용하도록 하자. 대상 고객이 쉽게 이해할 수 있는 내용인지 체크하는 방법으로는 타깃과 가장 유사한 그룹에게 의견을 들어보는 것이 좋다.

25 비교한다

고객을 이해시키는 방법의 하나로 비교하는 테크닉이 있다. 상품이나 서비스의 우수성을 입증하기 위해 비교하는 방법이다. 타사의 제품이나 기존 제품과의 비교를 통해 우월성을 표현하면 직접 사용해보지 않았다 하더라도 쉽게 이해할 수 있게 된다.

- 송파구 내에서 가장 빠른 배달시간을 자랑하는 OOO반점! 한번 주문해보시기 바랍니다.
- 같은 가격에 양은 두 배!
- 같은 용량에 가격은 10% 저렴하게 드립니다.
- 이번 이벤트 기간에는 종전 가격으로 한 개를 덤으로 드립니다.

이 세상에는 비교 대상이 얼마든지 있다. 경쟁사의 제품, 기존에 출시된 제품, 용량, 가격, 서비스의 질과 같이 비교할 요소가 널려 있다. 이벤트를 기획할 때 비교할 소재를 찾아 기획하고 이를 전단지의 카피로 활용하면 효과적이다. 비교하여 표현할 때는 숫자를 적절하게 활용하는 것도 고객의 이해를 돕는데 유용하다. 2배, 50%, 추가 3개 등 숫자로 표현하는 것이 피부에 와 닿는다. 비교의 대상이 없는 상품이나 서비스가 있을 수 있다. 예를 들어, 제품의 선택, 자격 시험이나 입시, 입사 시험과 같은 것이다. 이런 경우는 다음과 같이 비교한다.

성공과 실패를 비교하는 방법이다. 단순히 다이어트를 성공하는 방법을 아느냐고 묻는 것보다 성공한 사람과 실패한 사람을 비교하는 것이 포인트다. 시험이나 면접도 마찬가지다. 결과적으로는 시험이나 면접의 노하우에 해당되지만 표현에 있어서 합격과 불합격을 비교하는 방법을 사용하는 것이다. 이런 카피를 접하는 사람들은 비교우위에 있는 것을 선택하고 싶어하고, 실패하지 않기 위해서 관심을 갖게 된다.

헤드라인에서 비교하는 카피를 작성한 후 바디 카피에서는 비교우위에 있다는 점에 대한 근거를 제시해주어야 한다. 추상적으로 우리 제품이 좋다, 빠르다, 우수하다고 표현하지만 말고 가능하면 구체적인 근거를 제시해주는 것이 좋다. 다이어트의 성공과 실패에 대한 팁이나 사례를 제공한다든지, 면접이나 시험에 합격한 사람의 체험기를 싣는 방법도 좋은 방법이다. 비교를 카피에 활용할 때 주의해야 할 점은 경쟁 상대나 경쟁 제품을 너무 비하하거나 불분명한 근거로 비교하는 것이다. 이럴 경우, 법적인 문제도 발생할 수 있으므로 주의해야 한다.

26 고민과 불안을 해결하는 키워드를 활용한다

여기에서 말하는 고민은 일상적인 고민이 아니라 판매하고자 하는 상품이나 서비스에 대한 구매여부의 고민을 말한다. 이러한 구매에 대한 고민을 해결해 줄 수 있는 키워드를 활용하는 방법이다.

- 필요하기는 한데 지금 당장 구매하기에는 가격이 부담스러우신가요?
- 유사한 제품이 너무 많아 어떤 제품을 선택할지 고민하시는 분께~
- 새로운 헤어 스타일을 고민하시는 분이라면 저희 OOO헤어숍과 상담해보시기 바랍니다.
- 자꾸만 늘어나는 흰 머리카락으로 고민하시는 분께~

소비자 입장에서 새로운 제품이나 서비스의 선택과 구매여부에 앞서 의구심을 갖는 것은 당연한 것이다. 상품이나 서비스를 구매에 있어 실패하지 않기 위해 의구심을 갖고 불안감을 갖게 된다. 불안감이라는 것이 안절부절 못하는 불안감이 아니라 상품이나 서비스에 대한 확신이 서지 않는 소소한 불안감 또는 고민이라 할 수 있다. 이 불안감을 해소시킬 수 있는 표현으로 관심을 유도해야 한다.

이러한 카피는 고객이 마음 속으로 품고 있는 불안감을 표현해줌으로써 "바로 내가 고민하던 것"이라는 느낌(공감)을 갖게 하여 흥미를 유도한다. 즉, 고객이 고민하고 있는 부분을 헤드라인에서 대변하듯 표현하는 것이다. 당연한 것이겠지만 헤드라인 다음에 나오는 리드 카피나 바디 카피에서는 고객의 고민이나 불안감에 대해 이에 상응하는 대처법 또는 해결책을 제시해주어야 한다.

- 가격 부담으로 고민하시는 분께 저희 OOO에서 해결책을 제시해 드리겠습니다.
- ~으로 불안해 하시는 분들께 폐사에서 제안이 있습니다.
- ~에 대한 고민을 간단히 해결할 수 있는 방법이 있습니다.

이와 같이 고민 해결책이나 불안감 해소책을 제시하는 방법으로 상품이나 서비스를 제안한다. 잠을 자도 개운함이 해소되지 않는 사람에게는 피로회복제나 피로를 풀기 위한 마사지를 제안한다거나, 상품 선택에 고민하는 고객에게는 추천상품을 제안하고, 헤어 스타일을 고민하는 고객에게는 헤어숍의 실적이나 사례를 들어 제안을 하는 방법이다.

- 점심시간 메뉴 선택으로 고민하시는 분들을 위해 '오늘의 추천 요리'를 준비했습니다.
- 산지에 파견된 폐사의 전문 인력이 엄선한 식재료로 고객의 불안감을 해소시켜드리겠습니다.
- 직장인의 피로감, 저희 OOO마사지에 30분만 맡겨주십시오.

이 패턴은 헤드라인으로 고객의 고민과 불안을 대변하듯 거론한 후 바디 카피에서 이를 해결하는 방법을 제안하는 형식이다.

27 고객의 불만을 대변한다

식당을 운영하는 지인은 고객이 식사 후 엘리베이터를 타고 내려가면 식당과 관계없는 사람인 척하며 같이 타고 내려간다고 한다. 대부분은 엘리베이터 안에서 그 식당에 대해 야기를 나누는데 간단한 경우는 "맛있었다!"에서부터 특정 메뉴에 대한 맛이나 양의 평가, 가격에 대한 이야기, 종업원 서비스에 대해 평가를 한다고 한다. 이런 목소리를 듣기 위해 일부러 같이 엘리베이터를 탄다고 한다. 인간의 심리상 특정 사물에 대해 100% 만족하는 것은 없다. 사람마다 개성이 다르기 때문에 정도의 차이는 있어도 불만이 없을 수는 없는 것이다. 일상에서 고객들이 갖고 있는 불만을 해결해주는 상품이나 서비스를 개발하고 이를 판매하는 것이 비즈니스라 할 수 있다. 이러한 고객들의 불만의 키워드를 카피에 활용한다. 새로운 상품이나 서비스에 대해서도 항상 불만은 따르기 마련이다. 만족한 사람이 있을 수 있지만 반드시 만족하지 못하는 사람이 있다. 이러한 불만을 그대로 고객의 목소리 형태로 카피문으로 활용한다. 그래서 고객의 불만을 해소해준다는 뉘앙스의 카피를 만들도록 한다. 다음과 같은 것이다.

- "다이어트 후 요요현상이 일어날까?"
- "왜 이렇게 배달이 늦는 걸까?"
  이러한 고객 여러분들의 불만의 목소리에 대응하기 위해 ○○피자에서는 주문 후 20분 내 배달해드리겠습니다. 20분이 지나면 비용을 받지 않겠습니다.
- "헤어숍에 가면 왜 그리 많이 기다리지?"라는 고객들의 목소리에 대응하고자 시스템을 개선했습니다. 기다리는 시간이 15분이 넘으면 반액에 서비스해드리겠습니다.
- "김영란 법 때문에 식사하기가 겁난다"
  이러한 목소리를 반영하여 드디어 3만원 이하의 메뉴를 내놓게 되었습니다.

불만을 갖고 있던 사람이 이러한 카피를 본다면 무심코 "맞다. 나도 같은 불만이야!"라는 생각을 하게 된다. 그리고 불만에 대한 해결책이 궁금해 계속해서 읽게 된다.

이와 같은 헤드라인을 만들 때는 상품이나 서비스가 이러한 고객들의 불만을 해소시키는 요소를 갖추고 있는지 체크해야 한다. 이를 위해서는 항상 고객의 목소리에 귀를 기울여야 한다. 가게 내에서 무심코 내뱉는 한마디, 앙케이트, SNS 등을 통해 고객의 목소리를 수집할 필요가 있다. 앞에서 예를 든 지인의 경우도 이런 고객의 목소리를 듣기 위해서 일부러 엘리베이터를 같이 타고 내려간다. 홈페이지가 있다면 고객의 목소리를 듣는 공간을 만들어 고객이 의견을 쓸 수 있도록 한다. 고객의 쓴 소리에 대해 불만스럽게 생각하지 말고 상품이나 서비스 개선의 밑거름이라 생각하는 것이 보다 현명한 대처이며 이를 카피에 활용하면 좋다.

28 행복한 미래를 상상할 수 있도록 한다

앞의 '좋은 전단지 제작을 위한 요소' 중 '고객의 입장에서 미래를 상상하도록 하라'고 했다. 즐거운 미래는 여러 가지가 있을 수 있다. 맛있는 것을 먹었을 때의 즐거움, 다이어트 후의 날씬한 몸매, 대학의 합격, 헤어숍이나 네일 숍에서 서비스를 받은 후의 아름다운 모습, 리모델링 후의 깔끔한 인테리어 등 수 없이 많다. 즐거운 미래를 표현한 방법으로는 맛있게 먹는 모습, 피트니스 클럽이나 리모델링 업체에서는 'Before & After'의 이미지, 합격한 후 활짝 웃는 모습, 아름다운 모델의 헤어 스타일 등이다. 표현하는 방법은 문장으로 표현하기도 하지만 사진이나 이미지로 표현하는 것이 고객들의 상상에 도움이 된다. 앞에서 헤어 모델들의 사진이나 Before & After 이미지 등 외견 상 드러나는 것은 바로 표현할 수 있지만 지식 서비스인 입시학원, 자격시험학원 등은 쉽지 않다. 입시학원의 경우라면 명문대학임을 바로 알 수 있는 상징적인 이미지(교문, 학교 마크 등)를 배치하거나 합격증을 배치하는 방법이 있다. 또, 사용자 또는 선배의 경험담과 같이 후기를 이용하여 고객의 기뻐하는 목소리를 간접 체험하게 만든다. 고객의 목소리를 헤드라인으로 활용할 수도 있다. 고객과의 인터뷰나 설문조사에서 나온 의견을 그대로 카피로 활용하는 방법이다. 예를 들면 다음과 같은 것이 있다.

- 맛도 맛이지만 배달이 빨라서 좋았다.(배달 음식점)
- 이렇게 빨리 서비스를 받는 곳은 처음이다.(헤어숍)
- 별도의 학습실이 있어서 언제든지 와서 공부할 수 있어 좋다.(학원)
- 1시간의 서비스로 모든 피로가 풀린 느낌이다.(마사지 숍)
- 바쁜 회사원으로서 24시간 열려 있어 너무 좋다.(동네 마트)

가능하다면 해당 고객의 동의를 얻어 실명을 공개하는 것이 좋다. 실명을 공개하면 신뢰도가 올라간다. '이 가게가 마음에 든다'라든가 '이런 상품을 찾고 있었다'고 하는 식의 추상적인 내용보다는 작은 것이라도 구체적으로 표현한 문구가 좋다. 가게가 마음에 든다면 어떤 점이 마음에 드는지 특징을 표현하는 문구를 찾아야 한다.

29 동의를 구하듯 표현한다

　사람은 자신과 같은 처지에 있거나 같은 생각을 하는 사람을 만나면 반가워하고 관심을 갖게 된다. 특히 우리나라에서는 학연, 지연이 크게 작용한다. 학연이나 지연이 아니더라도 누군가가 자신에게 관심을 가져주거나 신경을 써주는 사람을 만나면 기뻐한다. 상대의 처지를 알고 이해하는 듯이 동의를 구하면 고마워하고 흥미를 갖게 된다.

- 허리의 통증, 정말로 고통스러우시죠?
- 가격 때문에 신경 쓰이지 않습니까?
- 대학입시를 앞둔 고3학생을 자녀로 두신 어머님들, 고민 많으시죠? 저희 학원에서 상담 한 번 받아보시지 않겠습니까?
- OOO의 고민, 저희들이 깨끗이 해소해 드리겠습니다.

　'허리의 통증을 OOO마사지로 완화시켜드리겠습니다.'와 같은 표현보다는 '정말로 고통스러우시죠?'라고 표현하면 자신의 고통을 이해하는 사람으로 생각하게 된다. 고3 학생의 자녀를 둔 어머니들의 심정을 이해하듯 표현하면 왠지 정감이 가서 흥미롭게 다가설 수 있다. 이러한 헤드라인을 본 대상자라면 직접 목소리로 소리내지는 않겠지만 속마음으로 "예! 고통스럽습니다.", "네~ 고민이 많습니다."라고 동의할 것이다. 직접 대상자에 대해 'OOO에 해당되는 분께~'라고 표현하는 것보다 '~하지 않으십니까?'라는 동의를 구하는 어조가 보다 부드럽고 친근감있게 느껴져 관심도가 높아지게 된다.

30 사투리를 사용한다

　텔레비전 드라마에서 구수한 사투리가 화제가 되어 오랜 시간 동안 뇌리에 남아있는 경우가 많다. 예를 들어 '응답하라 1994'에서는 팔도에서 모인 하숙생들의 사투리가 화제가 되기도 했다. 어떤 영화에서는 백제와 신라를 전라도 사투리와 경상도 사투리로 코믹하게 각색한 경우도 있었다. 광고에서도 종종 사투리가 쓰이기도 한다. 사투리를 들으면 표준어보다 왠지 정감이 가고 오래 기억에 남는다.

같은 표현이라 하더라도 표준어보다 사투리가 더 기억에 남는다. 그 이유는 두 가지 측면에서 볼 수 있다. 첫 번째는 유머러스하다는 것이다. 사투리 특유의 코믹한 느낌을 살릴 수 있다는 점이다. 이를 통해 친근감을 느낄 수 있으며 기억에도 오래 남는다. 두 번째는 지역적 특성이 있는 상품이나 서비스의 경우 신뢰감을 심어줄 수 있다. 순창의 고추장이나 안동의 간고등어, 영광의 굴비와 같은 것이다. 이 밖에도 나주 배, 성안 포도, 상주 참외, 강원도 감자나 배추 등 지역 특산물을 들 수 있다. 이러한 제품을 홍보할 때 현지의 구수한 사투리를 구사하면 왠지 신뢰감이 상승하게 된다. 특히 판매하고자 하는 상품이나 서비스가 지역적 특색이 있는 제품으로 타 지역의 고객들에게 어필하고자 한다면 사투리가 효과적이다. 특정 지역 사람들을 대상으로 하는 상품이나 서비스도 친근감을 느끼게 하기 위한 의미에서 해당 지역의 사투리를 사용하면 효과적이다.

- "고마해라~ 마이 묵었다 아이가~ 머하노 안마시고~": 영화 '친구'를 패러디 한 맥주 광고
- 사이소: 일본의 1,000엔숍 '다이소'를 경상도 사투리로 패러디한 것
- 커피 들간거, 커피 안 들간거: 커피 들어간 것, 커피 안 들어간 것의 전라도 사투리
- 묵소: '드세요'의 전라도 사투리
- 타슈: '타세요'의 충청도 사투리
- 와바유, 맛바유, 사바유: '와보세요, 맛보세요, 사보세요'의 충청도 사투리

이와 같이 사투리를 활용하여 전단지의 카피를 작성해도 좋고 가게의 간판이나 POP에 활용할 수 있다. 상품이나 서비스가 지역적 특색이 있다면 사투리가 더욱 효과적이다. 지역적 특색이 없다고 하더라도 코믹하고 임팩트 있는 카피를 위해서 사투리를 적절하게 활용하도록 한다.

31 생산지, 장소, 출신을 어필한다

예전에는 외국산 제품이 인기가 있었지만 국산의 품질이 향상되고 외국에서 많은 물건이 수입되는 상황에서는 국산이 훨씬 더 인기가 있다. 특히 먹거리의 경우는 '신토불이'라 하여 국내산을 더 선호하고 있다. 같은 종류의 과일로 맛이나 영양에서 별 차이가 없더라도 산지에 따라 인기도와 가격이 차이가 있다. 배는 나주, 참외는 성주, 밤은 공주와 같이 지역이 브랜드가 되기도

한다. 이와 같이 생산지가 세일즈 포인트가 되는 상품은 이를 최대한 어필해야 한다.

상품에 따라서 국산을 선호하기도 하고 외국산을 선호하기도 한다. 그렇기 때문에 어느 상품에 어느 장소를 세일즈 포인트로 사용할 것인지 고민해야 한다. 예를 들어, 쇠고기의 경우는 국내산 한우를 선호하는 반면, 시계는 스위스가 상징적인 국가다. 일반적으로 중국산은 선호하지 않지만 한약재나 드론과 같은 제품은 중국산을 인정해주기도 한다.

- 저희 마트에서는 OO에서 재배한 싱싱한 채소를 직송받아 고객 여러분께 제공하고 있습니다.
- 우리나라에서 제일 높은 대관령에서 재배한 배추입니다.
- 수박하면 '고창'입니다.

서비스 장소를 어필할 수 있다.

- OO역에서 5분 거리의 편리한 교통, 누구나 원하는 최상의 입지 조건입니다.
- 역에서 비를 맞지 않고 찾아올 수 있는 식당입니다.
- 도심의 소음으로부터 떨어진 대자연 속에서 OOO의 맛을 즐기시기 바랍니다.

출신의 경우는 일반적으로 명문대를 많이 어필한다. 병원 입구에 명문대 마크를 붙여놓는다든지, 태권도 학원의 경우는 출신대학을 상호로 사용하기도 하고 학원생을 실어 나르는 차량에 표기하기도 한다. 입시학원에서도 명문대 출신 강사의 이력을 활용하기도 한다. 또는 OOO대학 OOO연구소에서 인증한 제품과 같이 대학의 권위를 빌리는 것도 하나의 방법이다.

- OO대학 출신 OOO선생님의 족집게 특강!
- OO대학 XXX연구소에서 인증한 제품입니다.
- 일본 OOO학교 출신으로 애니메이션 분야에서 탁월한 실력을 자랑하는 OOO님을 강사를 초빙하였습니다.

③② 유행을 강조한다

어느 시대나 유행은 있기 마련이다. 패션과 인테리어를 비롯하여 음식, 언어, 학습법, 심지어 삶의 방식도 유행이 있다. 이러한 유행에 민감한 사람도 있고 그렇지 않은 사람도 있다. 유행은 아니라도 흐름(트렌드)이 있다. 카피에 유행이나 트렌드를 반영한다.

- 최근에 유행하는 필라테스, 다이어트와 몸매 관리 일석이조의 효과에 도전해보시기 바랍니다.
- OOO헤어숍에서는 탤런트 OOO의 화장법과 헤어 스타일을….
- 드라마 OOO에서 주인공이 착용한 XXX입니다.
- 요즘 뜨고 있는 먹으면서 즐기는 다이어트, 도전해보세요!
- 요즘 강남의 부촌에서는 OOO 벽지가 인기입니다.
  고급스러운 인테리어에 관심이 있으신 분은 저희와 상담하시기 바랍니다.

유행에 민감하지 않은 사람이라도 이런 카피를 보면 솔깃하게 된다. 실제 유행되고 있는 것이 아니라 하더라도 유행이 될 것 같다는 뉘앙스(트렌드)의 카피도 가능하다. 하지만 전혀 근거가 없는 것을 과장되게 표현해서는 안 된다.

- 앞으로는 OOO지역이 뜨게 될 것입니다.
- 앞으로 OO학습법이 대세가 될 것입니다.
- 매스컴에서도 주목받기 시작한 OOO입니다.

상품이나 서비스 그 자체가 유행이나 트렌드의 대상이 아니라도 트렌드의 소재나 색상을 사용하고 있는 경우도 이 방법으로 어필할 수 있다. 또, 외국의 유행이나 트렌드를 소개하는 방법도 좋다.

- 현재 일본에서는 건강식으로 인기를 얻고 있는 OOO입니다.
- 매스컴에서 화재가 되고 있는 OOO 소재를 사용한 제품을 선보이게 되었습니다.
- 올해 유행하는 색인 보라색을 콘셉트로 만든 건강식입니다.

음식과 색상은 그리 관계없어 보이지만 건강식이라는 것을 강조하기 위해 보라색의 식재료인 고구마나 가지를 식재료로 사용했다는 것을 카피로 만들었다. 이와 같이 '유행'이나 '트렌드'를 활용하여 얼마든지 만들 수 있다.

33 비유적 표현을 사용한다

많은 카피가 직접적인 표현보다 비유적인 표현을 사용하고 있다. 비유는 메시지를 직접 전하지 않고 다른 사물이나 동작에 빗댄 표현을 말한다. 비유법에는 의태, 의인, 의성, 은유 등 여러 기법이 있다. 예를 들어, 어느 아파트 광고에서 '아내의 콧대가 1센티미터 올라갔습니다'라는 형식이다. 이 카피는 주부(아내)의 만족감과 함께 품격, 격조가 올라간다는 의미를 담고 있다. 이렇게 비유법을 사용하면 복합적인 의미를 담을 수 있는 것이 장점이다.

- OO헤어숍에서 나서는 순간, 많은 사람들의 눈길이 쏠리는 것을 느낄 수 있습니다.
- OO학원에 보낸 후로는 엄마의 미소는 늘고 목소리는 부드러워졌습니다.
- 오늘 먹을 치킨을 내일로 미루지 말자(배달의 민족)

첫 번째 카피는 숍을 나서는 순간 많은 사람들이 쳐다본다는 것은 세련되고 아름답게 꾸며준다는 것을 비유적으로 표현한 것이다. 두 번째 학원 카피에서 '미소는 늘고 목소리가 부드러워졌다'는 표현은 그 만큼 만족할만한 성적을 거두고 있다는 비유적인 표현이다. 세 번째 카피는 '배달의 민족'의 카피다. 유머 넘치는 카피로 치킨을 주문하라는 비유의 메시지를 전달하는 카피다.

- 저는 여러분의 입술을 기다리고 있습니다.
- 자연이 키운 생생한 채소로 여러분의 식탁을 책임집니다.
- 상처 난 자동차, 자동차 병원 OO공업사에서 상처를 아물게 해드립니다.

비유 중 의인법을 활용한 카피다. 첫 번째 카피는 립스틱 카피도 되고 음식점 카피도 될 수 있다. 음식이 사람인 것처럼 기다린다는 표현을 사용한 것이다. 두 번째 카피는 사람이 키운다는 표현을 자연으로 바꿔 자연의 싱싱함과 건강함을 강조한 식재료를 의미한다. 세 번째 카피는 자동차를 사람에 빗대 상처를 아물게 한다고 비유적으로 표현한 것이다.

이러한 비유적인 표현은 접하는 사람들에게 임팩트가 있어 이미지화가 쉽고 오랫동안 기억에 남을 수 있는 장점이 있다. 또, 유머 감각을 불어넣기 쉽다는 장점이 있다.

이 책은 '파워포인트 2013', '워드 2013',
'한글 2013' 버전을 기준으로 작성하였습니다.

chapter 4

파워포인트를 활용한 전단지 작성법

전단지의 작성을 전문적으로 수행해주는 전문 외주 업체나 디자이너를 통하지 않고 자영업자가 파워포인트를 이용하여 직접 작성하는 방법에 대해 알아보자. 파워포인트(Powerpoint)의 기본 기능에 대해 알아보고 샘플 예제를 통해 작성하는 방법을 알아보자.

Section 01 왜 파워포인트 인가?

 "왜 파워포인트인가?"라는 물음에 정답부터 말하자면 "배우기 쉽기 때문이다." 전문적인 디자이너나 그래픽 소프트웨어를 다룰 줄 아는 사람은 포토샵이나 일러스트레이터와 같은 이미지 처리 소프트웨어를 이용하여 디자인 작업을 수행하게 된다. 하지만 일반인들이 이러한 소프트웨어를 익혀서 사용하기에는 한계가 있다. 그러한 이미지 처리 소프트웨어를 구입하려면 비용도 소요되고 배울만한 시간적 여유도 없는 것이 현실이다. 따라서 많은 컴퓨터에 설치되어 있고 배워서 사용할 수 있는 프레젠테이션용 소프트웨어인「파워포인트」를 활용하고자 한다.
 「파워포인트」는 '마이크로소프트 오피스(MS-Office)'에 들어있는 여러 소프트웨어 중 하나의 모듈 소프트웨어다. 마이크로소프트 오피스는 문서작성을 위한 'MS-워드', 표 계산을 위한 'MS-엑셀' 등 여러 소프트웨어가 하나의 묶음으로 제공된다. 그 중에 프레젠테이션용으로 특화된 기능을 가진 소프트웨어가 'MS-파워포인트'다. 「파워포인트」를 줄여서 'PPT'라고 표현하기도 한다.
 「파워포인트」는 그림이나 문자를 손쉽게 작성 또는 배치하고 편집할 수 있으며 이미지 효과, 애니메이션 효과 등 다양한 효과를 넣어 발표자의 생각이나 아이디어를 다른 사람에게 전달하기 위한 다양한 기능을 가진 프레젠테이션용 소프트웨어다. 가장 큰 특징은 직관적인 조작으로 배우기 쉽다는 것이다. 일명 '뽀샵'이라고 하는 포토샵(PhotoShop)은 이미지 자체를 편집하는 소프트웨어이지만「파워포인트」는 이미지나 문자를 배치하는 것만으로 문서를 만들 수 있기 때문에 초보자라도 몇 가지 기능만 익히면 손쉽게 전단지를 만들 수 있다. 「파워포인트」를 한 번이라도 사용해본 사람이라면 충분히 디자인할 수 있으며, 사용해 보지 않은 사용자라 할지라도 약간의 시간만 투자하면 금세 배울 수 있다.
 최근에는 초등학교에서도「파워포인트」를 가르치고 있으며 학생들이 발표할 때「파워포인트」를 많이 활용하고 있다. 초등학생들도 쉽게 배워 활용하고 있는 소프트웨어가「파워포인트」다. 그만큼 사용하기 쉬운 소프트웨어라는 것을 증명하고 있다. 별도로 배우지 않았다 하더라도 매뉴얼이나 학습서를 이용하면 쉽게 배울 수 있다. 꼭 한 번 도전해보기 바란다.

"파워포인트로 전단지를 만들 수 있을까?"라는 의심이 든다면 일단 도전해보라고 권하고 싶다. 이 책에서 설명한 몇 가지 기능과 샘플 예제를 그대로 따라 하면서 한 번만 작성해보면 쉽게 만들 수 있다는 것을 알 수 있으며, 사용하기 쉬운 도구라는 것을 느낄 것이다. 처음부터 새로 작성하는 방법이 있지만 기존의 템플릿이나 이미 작성된 파일을 이용하여 문자 및 그림의 추가나 수정을 통해 쉽게 작성할 수 있다.

인쇄소나 전문 외주 업체에게 맡기면 원하는 디자인이나 문구가 나오지 않아 체크와 수정 작업을 반복해야 한다. 또, 기존의 전단지를 수정하고 싶어도 별도의 비용을 지불하며 수정해야 한다. 하지만 자신이 직접 작성하게 되면 필요할 때 언제든 수정할 수 있고, 소량은 가정용 프린터를 이용하여 쉽게 제작할 수 있다. 계절 변화에 따른 이벤트나 특별한 기념일(발렌타인데이, 크리스마스 등)에 맞춰 이벤트 전단지를 제작을 하고자 한다면 직접 제작하는 것이 바람직하다. 배포하는 전단지뿐 아니라 가게의 입구나 상품 진열대 앞에 붙여놓는 안내 문구나 POP 광고지[1] 제작에도 유용하게 활용할 수 있다.

「파워포인트」는 프레젠테이션을 위한 슬라이드를 작성하는데 특화되어 있지만 그 기능이 전단지를 작성하는데 필요한 기능이라 할 수 있다. 문자의 배치와 장식, 도형이나 그림의 배치와 장식 등의 기능을 갖추고 있어 전단지를 작성하는데 필요한 기능은 모두 갖추고 있다고 해도 과언은 아니다.

「파워포인트」를 이용하여 전단지를 만들기 위해서 준비해야 할 것도 그다지 많지 않다. 작성 도구(소프트웨어)인 「파워포인트」와 작성을 위한 소재(이미지, 카피문 등)만 있으면 된다. 제작은 외주 업체에 맡긴다 하더라도 어차피 소재는 준비해야 하기 때문에 추가로 필요한 것은 「파워포인트」뿐이다. 「파워포인트」는 사무용 컴퓨터에는 당연하다 할 정도로 설치되어 있다. 「파워포인트」는 마이크로소프트 오피스(MS-Office)에 포함되어 있는 소프트웨어이기 때문에 오피스가 설치되어 있으면 당연히 「파워포인트」도 설치되어 있을 것이다. 개인용 컴퓨터에도 역시 거의 모든 컴퓨터에 설치되어 있다.

---

[1] POP 광고 : 제품 판매전략의 하나로, 구매(판매)가 실제 발생하는 장소에서의 광고를 말함. 구매시점(point of purchase) 광고 또는 PS 광고(판매시점 광고)라고도 함(출처: 두산백과)

일단, 「파워포인트」가 설치되어 있는지 확인한다. MS-오피스가 설치되어 있는지 확인하면 된다. 윈도우 버튼을 클릭하여 프로그램 목록을 보면 확인할 수 있다.

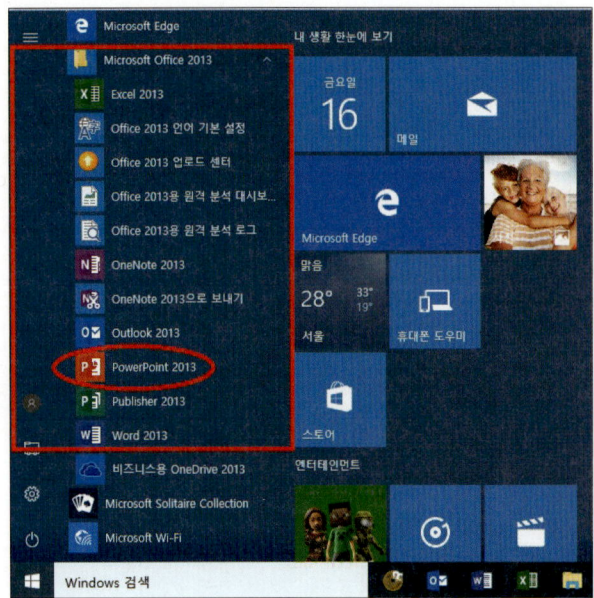

그림
Microsoft Office 구성 중 하나인 'PowerPoint'

'Powerpoint 20XX'을 클릭하여 실행하면 다음과 같이 「파워포인트」 초기 화면이 나타난다.

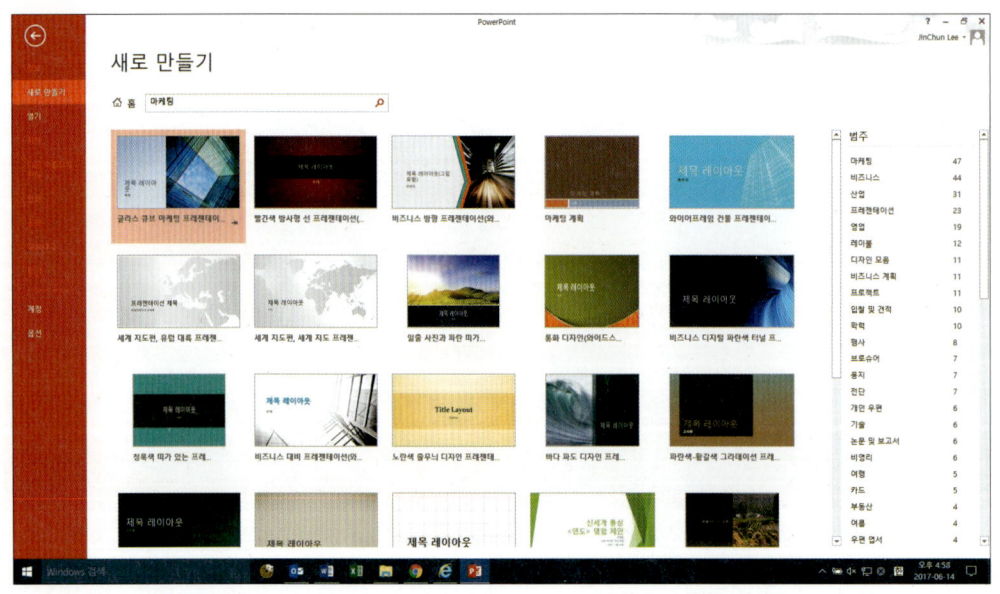

그림 파워포인트 초기 화면

다음으로 준비해야 할 것은 전단지 작성을 위한 소재다.

먼저, 전달하고자 하는 메시지다. 카피문이라고도 한다. 카피문에는 몇 가지 종류가 있다. 메인이 되는 문구로 고객들에게 어필할 수 있는 짧고 임팩트 있는 헤드라인, 이를 보충해주는 리드 카피 또는 서브 카피, 상품이나 서비스를 보다 자세히 설명하는 보디 카피다.

다음으로 제품이나 서비스를 상징적으로 나타내는 사진이나 일러스트 이미지다. 사진이나 이미지도 대표하는 메인 이미지와 상품을 설명하는데 필요한 사진이나 이미지를 모두 준비해야 한다. 제품이나 서비스를 가장 특징적으로 표현할 수 있는 사진이나 이미지를 준비해야 한다.

마지막으로 고객과의 접촉을 위한 자료로 연락처와 찾아가는 방법이나 지도다. 홈페이지 주소가 있다면 홈페이지 주소도 명기해주는 것이 좋다. 별도의 지도가 없다면 구글의 지도 서비스나 포탈 사이트의 지도 서비스를 활용하면 좋다. 아무리 상품이나 서비스를 잘 소개했다고 하더라도 고객이 문의하거나 방문하기 어렵게 되어있다면 효과가 반감된다.

Section 02 파워포인트의 시작 및 화면 구성

「파워포인트」를 이용하여 전단지를 제작하기 위해서 파워포인트를 시작하고 기본 화면 구성에 대해 살펴보도록 한다.

1 파워포인트의 시작

전단지 작업을 위해 「파워포인트」 프로그램을 실행한다.

01 윈도우 바탕 화면 또는 메뉴에서 「파워포인트(Powerpoint)」를 실행한다. 프로그램을 실행하면 다음과 같은 화면이 나타난다.

왼쪽 '최근에 사용한 항목'에는 최근에 작업한 파워포인트 작업 파일 항목이 나열된다. 기존에 작업한 파일을 편집하려면 목록 중에서 선택하면 된다. 오른쪽에는 템플릿 파일 목록이 나열된다. 원하는 배경 템플릿을 선택하면 해당 템플릿의 화면이 펼쳐진다.

그림 파워포인트 초기 화면

02 여기에서는 '새 프레젠테이션'을 선택한다. 다음과 같이 새로운 프레젠테이션 화면이 펼쳐진다.

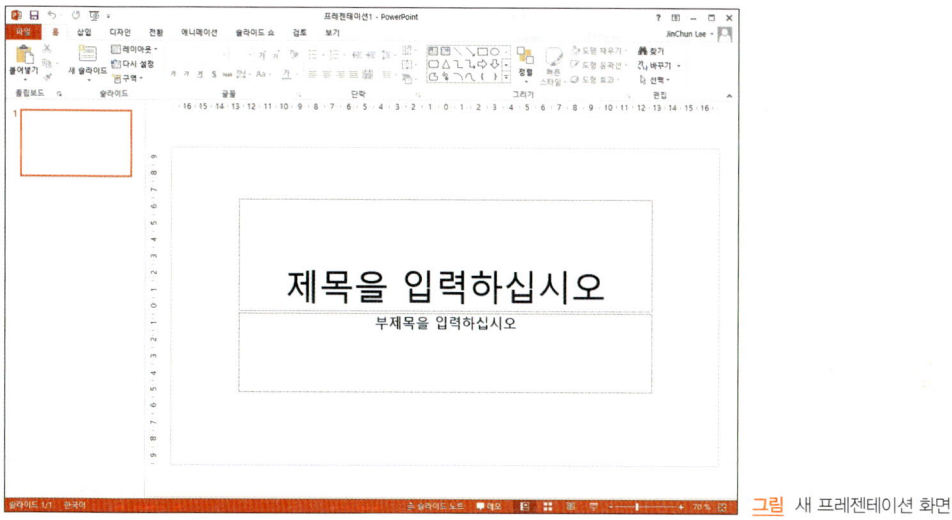

그림 새 프레젠테이션 화면

2 파워포인트의 화면 구성

「파워포인트」의 작업을 위한 화면 구성에 대해 알아본다.

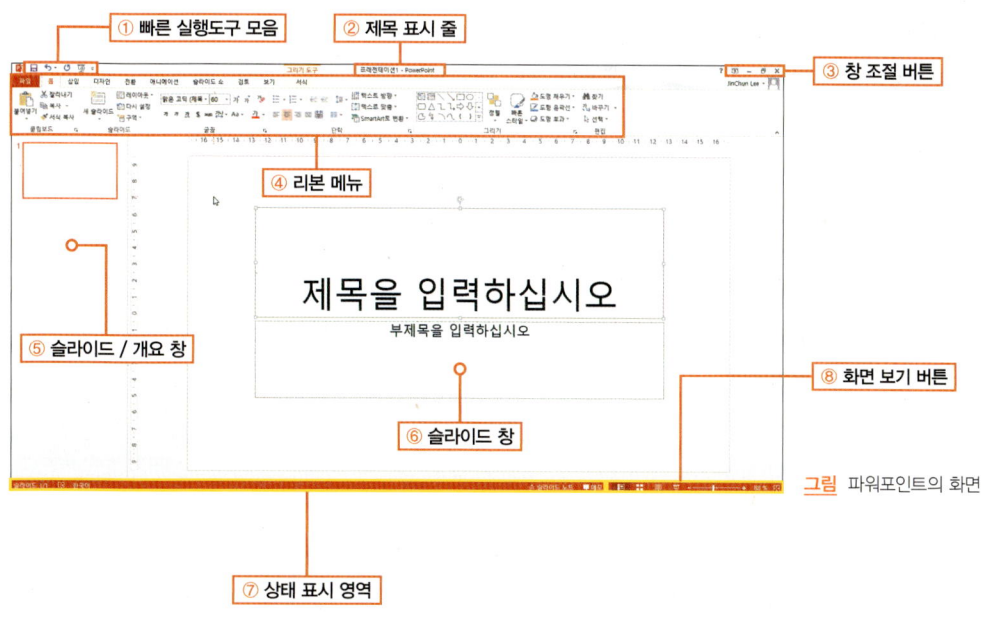

그림 파워포인트의 화면

Section 02. 파워포인트의 시작 및 화면 구성

1. 빠른 실행 도구 모음

자주 사용하는 기능의 아이콘을 모아 놓은 곳이다. 이 기능 아이콘을 클릭하면 메뉴를 찾아가는 번거로움 없이 빠르게 실행할 수 있다. 이곳의 기능 아이콘은 사용자가 추가 및 제외가 가능하다. 도구 모음 오른쪽의 역삼각형(▼)을 클릭하면 다음과 같이 '빠른 실행 도구 모음 사용자 지정' 메뉴가 나타난다. 체크(∨)마크가 있는 항목은 현재 표시되고 있는 기능이다. 추가하고자 할 때는 해당 항목을 클릭하여 체크(∨)하면 도구 모음에 추가된다. 반대로 도구 모음에서 제외하고자 한다면 해당 항목을 클릭하여 체크(∨)를 해제한다.

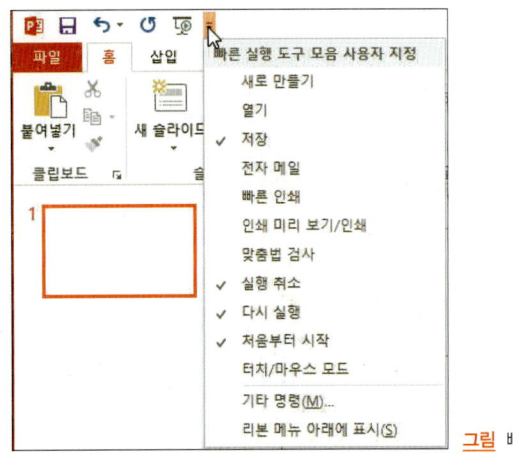

그림 빠른 실행 도구 모음

2. 제목 표시줄

현재 작업 중인 파워포인트의 파일 이름을 표시한다.

3. 창 조절 버튼

윈도우(Windows) 계열의 모든 응용 프로그램에 있는 제어 버튼으로 응용 프로그램의 최소화, 최대화, 화면 복원, 종료를 할 수 있는 버튼이다.

1) 최소화 버튼(▬)

최소화 버튼을 누르면 현재 사용하고 있는 응용 프로그램(파워포인트)이 화면에서 사라지면서 윈도우 하단의 작업 표시줄로 이동한다.

2) 최대화 버튼( )

최대화 버튼이나 최소화 버튼은 화면 복원 버튼으로 줄어든 화면을「파워포인트」화면에 가득히 채워 표시한다. 최대화 버튼 대신 화면 복원 버튼이 나타난다.

3) 화면 복원 버튼( )

화면 복원 버튼을 누르면 이전의 크기로 복원된다. 이 상태에서는 마우스를 이용해 창의 크기를 자유롭게 변경할 수 있다. 다른 응용 프로그램에서 객체를 복사해 오거나 다른 응용 프로그램으로 객체를 복사할 때 유용하게 사용할 수 있다.

4) 닫기 버튼( )

현재 펼쳐진 응용 프로그램(파워포인트)을 종료한다. 작업 내용이 변경된 경우는 저장할 것인지 묻는다. 저장 여부를 결정하여 [예(Y)] 또는 [아니오(N)] 버튼을 클릭한다.「파워포인트」작업을 계속하고자 할 경우는 [취소] 버튼을 클릭한다.

참고 — 도움말

창 조절 버튼 앞에 있는 물음표( )를 클릭하면 다음과 같은 파워포인트의 도움말 창이 표시된다. 키워드를 입력하여 원하는 기능의 도움말을 볼 수 있다.

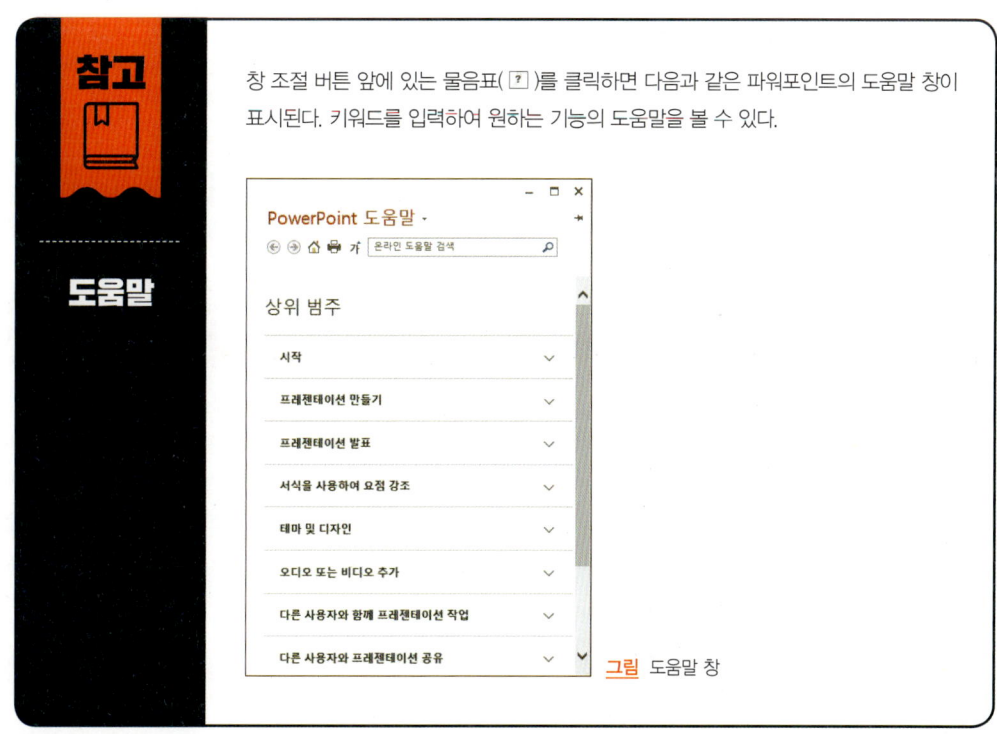

그림 도움말 창

4. 리본 메뉴

각 기능을 분류하여 아이콘(컨트롤)으로 모아 놓은 메뉴다. 리본 메뉴에는 레이블에 해당하는 대분류의 '탭 메뉴'와 소분류에 해당하는 '패널'로 구분하여 구성되어 있다. 즉, 리본 메뉴에는 각각의 기능을 패널로 구분하였으며, 다시 몇 개의 패널을 묶어 레이블인 탭 메뉴로 구성되어 있다.

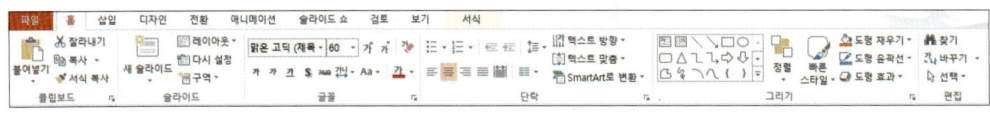

그림 리본 메뉴

5. 슬라이드 표시 창

작성된 슬라이드를 표시하는 창이다. 초기 화면에서는 한 장만 있지만 슬라이드가 추가될 때마다 이곳의 개수도 늘어난다. 슬라이드를 10개 만들면 10개의 슬라이드가 표시되고 작업 또는 표시하고자 하는 슬라이드를 클릭하면 해당 슬라이드로 바로 이동할 수 있다.

6. 슬라이드 작업 창

실제 「파워포인트」의 작업을 수행하는 창이다. 문자의 입력 및 편집, 사진 또는 이미지의 배치와 회전 등 작업을 수행하는 창이다.

7. 상태표시 영역

화면의 가장 하단에 있는 표시 영역이다. 현재의 상태(슬라이드 페이지, 언어 등)를 표시해주는 창이다.

그림 상태표시 영역

8. 화면보기 버튼

슬라이드의 표시 방법을 선택하는 버튼으로 구성된 영역이다. 원하는 표시(보기) 방법을 아이콘으로부터 선택한다. 또한, 화면의 표시 배율을 지정할 수도 있다.

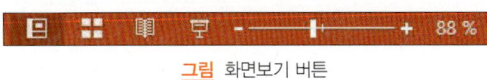

그림 화면보기 버튼

1) 기본( )

슬라이드 보기 창, 슬라이드 작업 창, 슬라이드 노트 등 기본 작업화면을 표시한다.

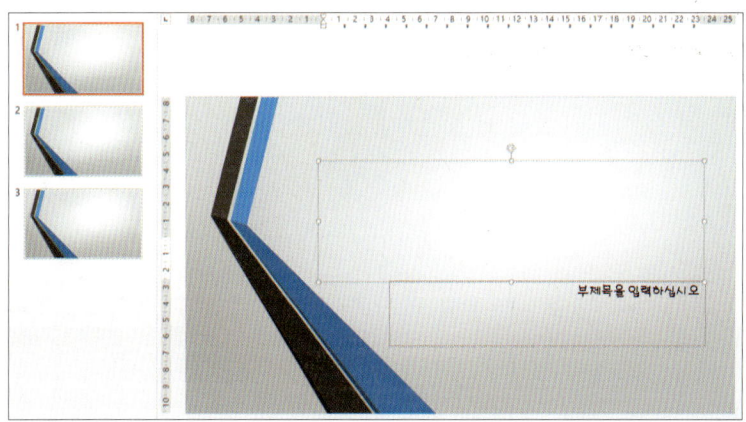

2) 여러 슬라이드( )

프레젠테이션 슬라이드를 작게 축소하여 바둑판처럼 나열하여 표시한다.

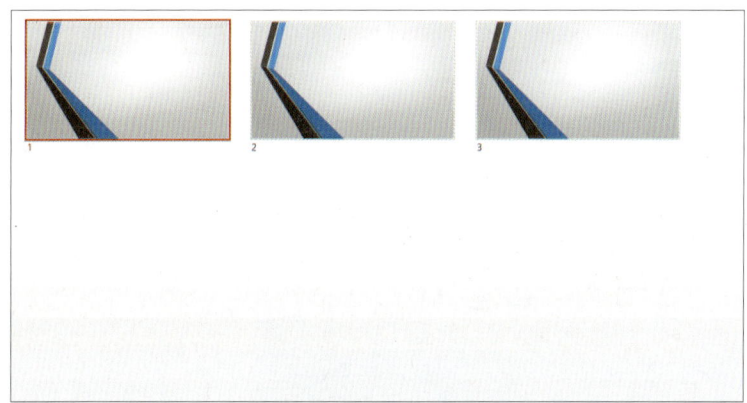

3) 읽기용 보기( )

슬라이드 창에 차도록 표시한다. 원 상태로 되돌리려면 [ESC] 키를 누른다. 오류 발견 시 바로 수정 단계로 넘어갈 수 있기 때문에 슬라이드 쇼에 앞서 검토 단계에서 활용한다.

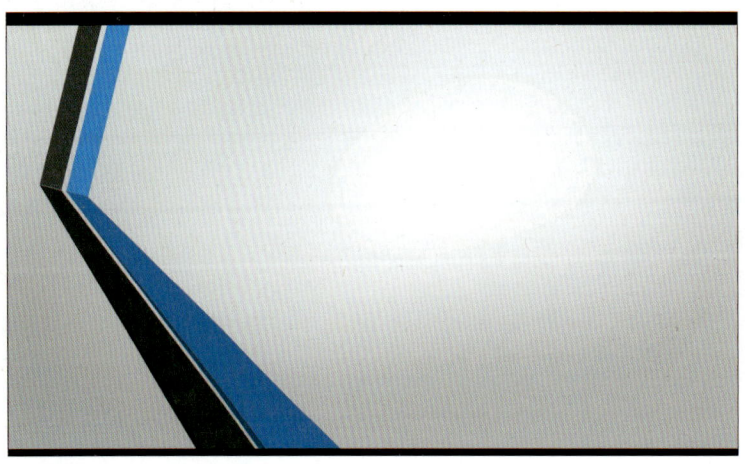

4) 슬라이드 쇼( )

슬라이드를 화면 전체로 표시하여 슬라이드 쇼 보기를 할 수 있다. 프레젠테이션을 위한 화면이다.

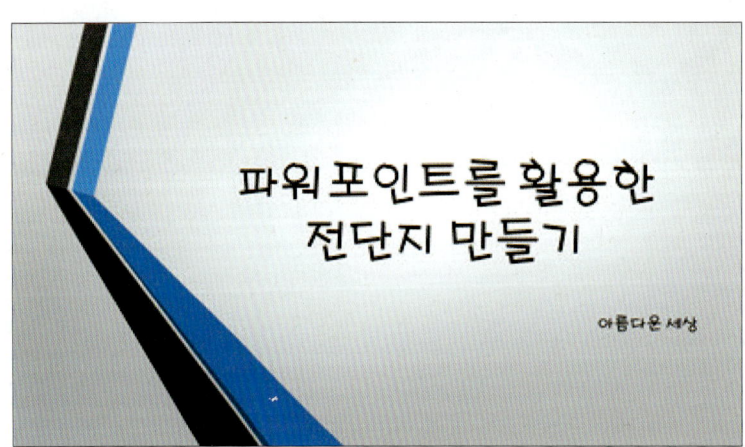

5) 표시 배율 조정 메뉴( )

슬라이드 창의 확대와 축소 비율을 설정한다. [−] 또는 [+]를 클릭하여 배율을 조정하거나 가운데 슬라이드 바를 이용하여 조정할 수 있다. 슬라이드 바 옆에는 배율(%)가 표시된다.

Section 03 파워포인트의 주요 기능

전단지 작성을 위한 파워포인트의 주요 기능에 대해 알아보자.
「한글」이나 「MS 워드」 등 문서 작성 프로그램을 사용해 본 경험이 있는 사용자를 대상으로 설명한다. 따라서 이러한 프로그램에서 공통적으로 갖고 있는 기능(파일 입출력, 복사 및 붙여넣기)에 대한 설명은 생략한다.

1 용지의 설정

전단지 용지의 크기에 따라 슬라이드의 크기가 다르기 때문에 용지 크기에 맞춰야 한다. 「파워포인트」는 독자적인 설정 값으로 되어 있다. 예를 들어, A4 사이즈의 경우, 실제 용지는 21.0cm X 29.7cm 인데 파워포인트에서는 27.517cm X 19.05cm로 설정되어 있다. 종횡비가 다르기 때문에 이를 인쇄하게 되면 예상치 못한 결과가 나올 수 있다.

01 [디자인] 탭 – [사용자 지정] 패널에서 '슬라이드 크기'를 눌러 맨 아래의 '사용자 지정 슬라이드 크기(C)'를 클릭한다.

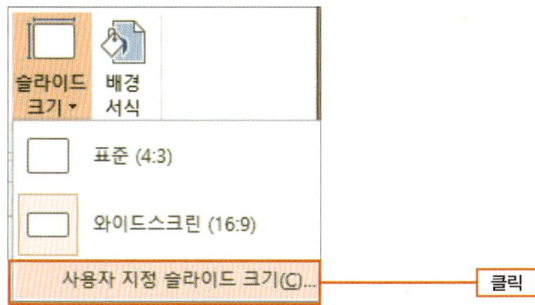

02 다음과 같은 대화상자가 나타난다. '슬라이드 크기(S)'의 목록에서 'A4 용지(210x297mm)'를 선택한다. 그러면 '너비(W)'와 '높이(H)' 값이 표시된다.

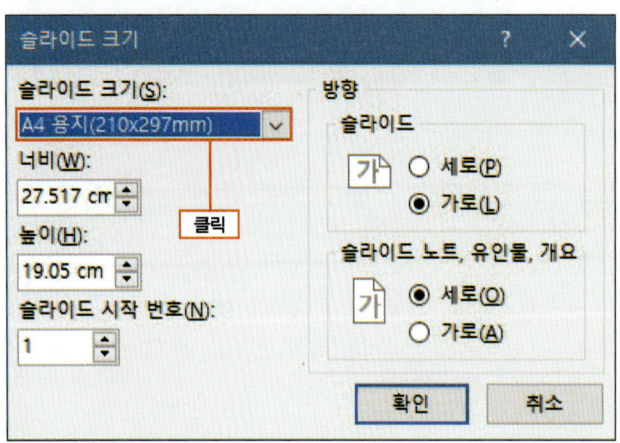

03 여기에서 실제 용지 사이즈(21.0cm X 29.7cm)를 입력한다. 전단지의 방향을 세로 방향으로 할 것인지, 가로 방향으로 할 것인지에 따라 '방향'을 '세로(P)' 또는 '가로(L)' 중 선택한다.

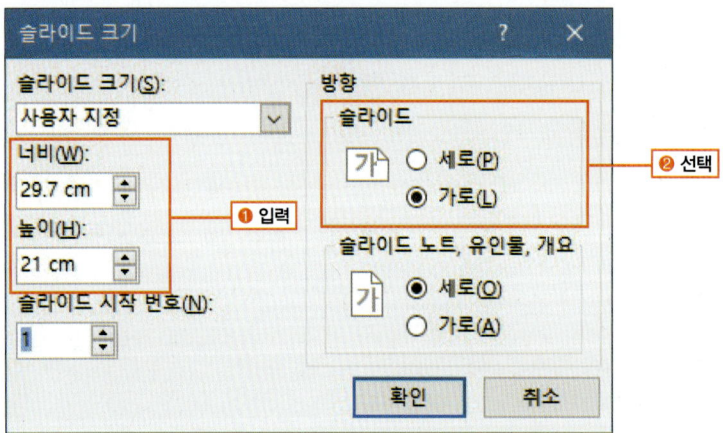

04 여기에서 주의해야 할 것이 있다. 전단지를 정해진 용지 크기에 맞춰 디자인하여 인쇄하게 되면 테두리 부분이 잘리는 현상이 발생한다. 이런 현상을 방지하기 위해서 약간의 마진(재단선)이 필요하다. 일반적으로 용지의 테두리에서 3mm정도 크게 설정한다. 양쪽(상하/좌우)을 고려한다면 6mm정도 크게 설정해야 한다. A4 규격이라면 (21.6cm X 30.3cm)로 설정해야 한다. 정확히 6mm가 아니라 3~6mm범위 내에서 설정하면 된다.

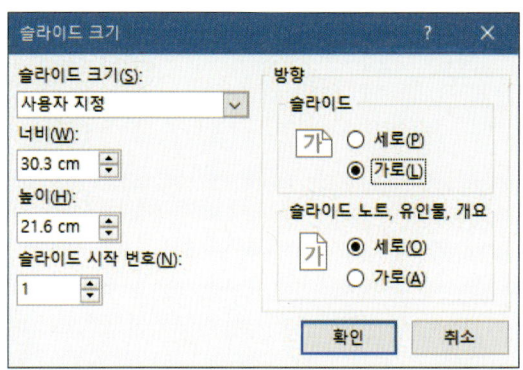

2 문자(텍스트)의 작성 및 장식

메시지를 직접 전달하는 가장 일반적인 방법이 문자(텍스트)의 작성이다. 이번에는 문자의 작성과 편집, 장식하는 방법에 대해 알아본다.

1. 텍스트 상자
텍스트 상자 기능을 이용하여 가로 텍스트, 세로 텍스트를 작성한다. 일반적인 문자를 기입할 때 사용한다.

01 [홈] 탭 - [그리기] 패널에서 '가로 텍스트'를 클릭한다.

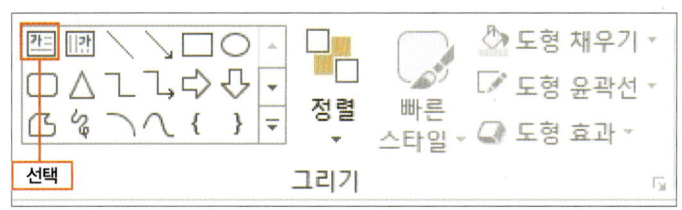

02 문자의 작성 위치를 클릭한다. 그러면 문자를 작성하기 위한 상자가 나타난다. 이때, 문자를 입력한다.

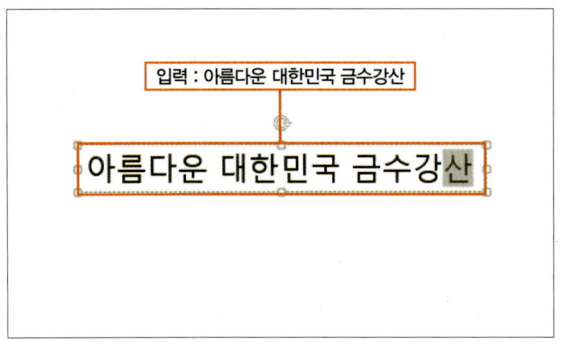

03 문자를 편집(글꼴, 크기, 색상, 장식 등)하기 위해서는 먼저 작성한 문자를 마우스로 드래그하여 선택한다.

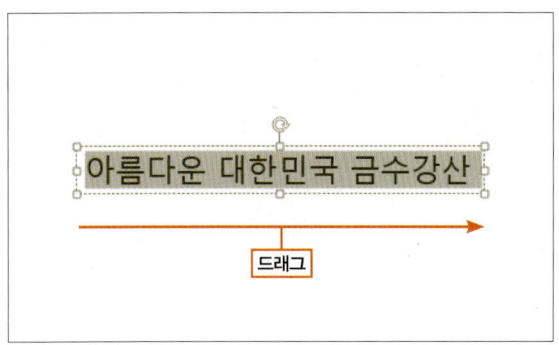

04 [홈] 탭 – [글꼴] 패널에서 편집하고자 하는 항목을 조작한다. 예를 들어, 문자의 크기를 바꾸고자 한다면 [글꼴] 패널의 '크기' 목록에서 원하는 문자 크기를 선택 또는 입력한다.

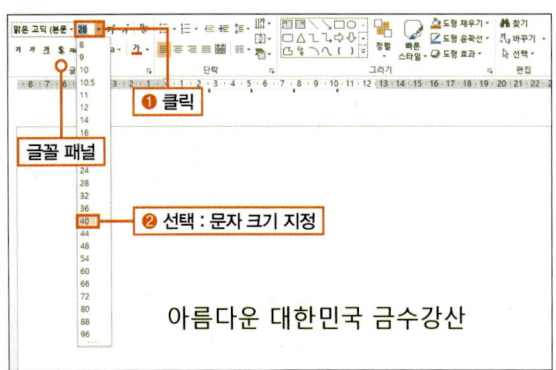

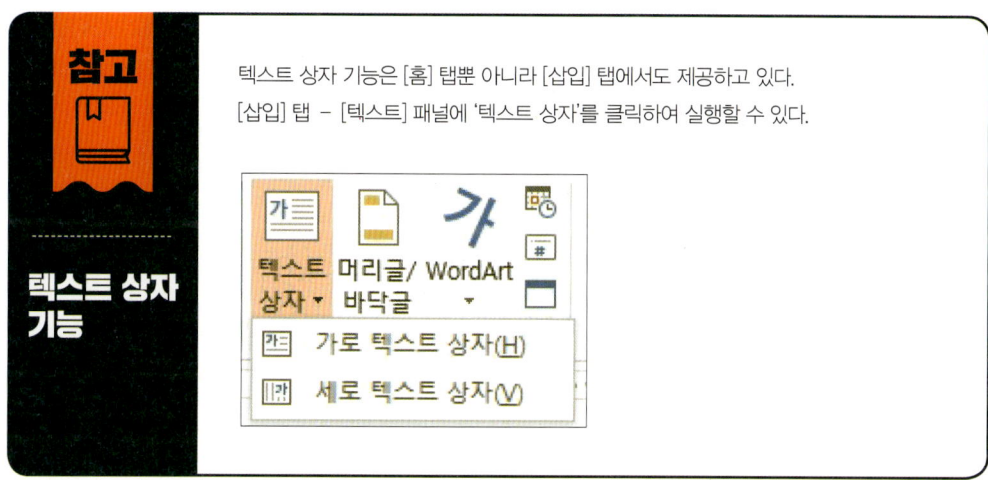

2. 워드아트(WordArt)

텍스트를 화려하게 장식할 때 사용하는 기능이다. 특별히 강조하거나 장식을 하고자 할 때는 이 기능을 사용한다.

01 [삽입] 탭 - [텍스트] 패널에서 'WordArt'를 클릭한다. 다음과 같이 장식 문자 목록이 나타난다. 목록 중에서 장식하고자 하는 패턴을 선택한다.

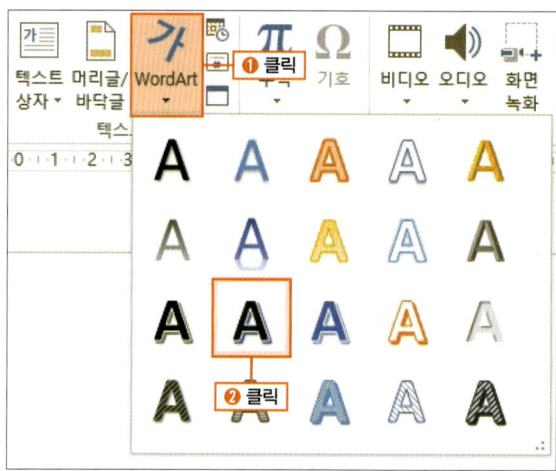

02 문자를 클릭하면 슬라이드 작업 창에는 다음과 같이 '문자를 적으십시오'라는 문자가 나타난다.

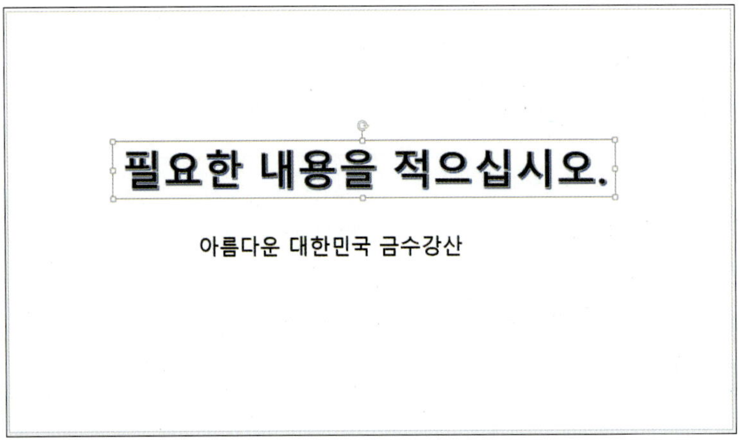

필요한 내용을 적으십시오.

아름다운 대한민국 금수강산

03 이때 이 문자를 지우고 작성하고자 하는 문자(예: 파워포인트로 전단지 만들기)를 입력한다.

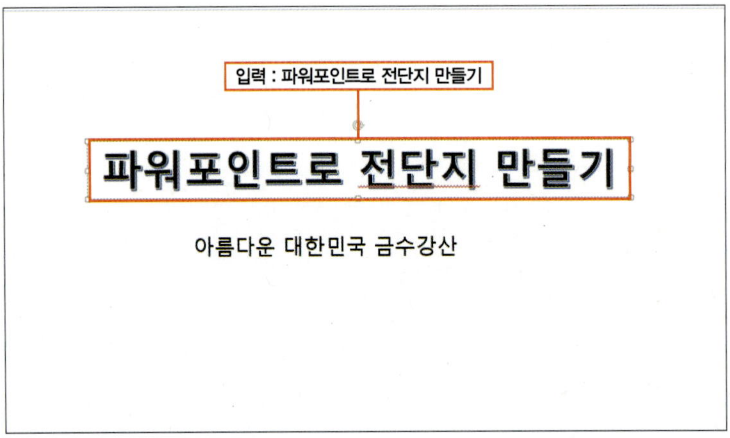

입력 : 파워포인트로 전단지 만들기

파워포인트로 전단지 만들기

아름다운 대한민국 금수강산

04 기본 장식체로 작성된 문자를 추가로 장식하고 싶다면 [서식] 탭에서 다양한 효과를 줄 수 있다.

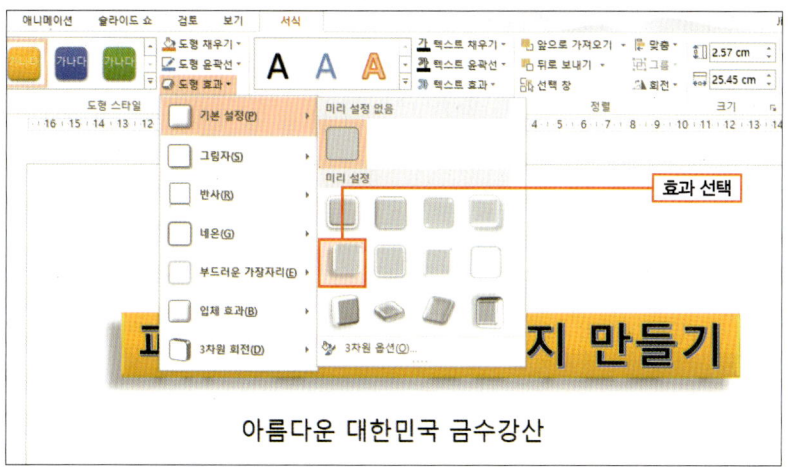

다음과 같이 도형에 효과가 들어간다.

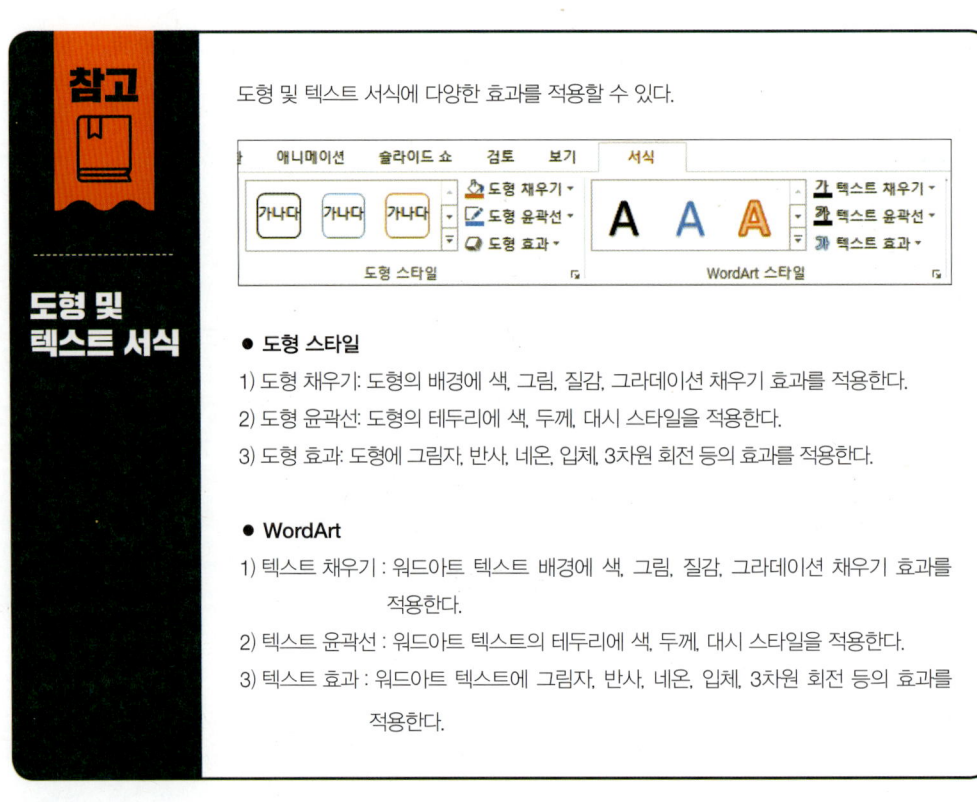

참고 — 도형 및 텍스트 서식

도형 및 텍스트 서식에 다양한 효과를 적용할 수 있다.

● 도형 스타일
1) 도형 채우기: 도형의 배경에 색, 그림, 질감, 그라데이션 채우기 효과를 적용한다.
2) 도형 윤곽선: 도형의 테두리에 색, 두께, 대시 스타일을 적용한다.
3) 도형 효과: 도형에 그림자, 반사, 네온, 입체, 3차원 회전 등의 효과를 적용한다.

● WordArt
1) 텍스트 채우기 : 워드아트 텍스트 배경에 색, 그림, 질감, 그라데이션 채우기 효과를 적용한다.
2) 텍스트 윤곽선 : 워드아트 텍스트의 테두리에 색, 두께, 대시 스타일을 적용한다.
3) 텍스트 효과 : 워드아트 텍스트에 그림자, 반사, 네온, 입체, 3차원 회전 등의 효과를 적용한다.

3 이미지 삽입과 편집

전단지 작성에 있어 문자와 함께 가장 많이 사용하는 기능이 그림이나 사진과 같은 이미지를 삽입하는 편집이다. 전단지 작성에 필수적인 이미지의 삽입과 편집 방법에 대해 알아본다.

1. 그림 삽입

그림이나 사진과 같은 이미지의 삽입에 대해 알아본다.

01 [삽입] 탭 - [이미지] 패널에서 '그림'을 클릭한다.

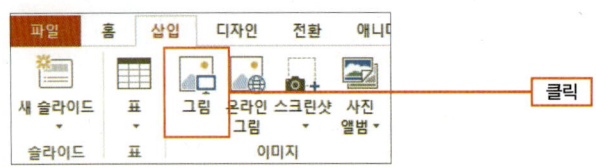

02 삽입하고자 하는 그림을 선택한다.

03 슬라이드 작업 창에 그림이 삽입되면 마우스로 드래그하여 그림의 위치를 지정한다. 그림이 삽입되면서 마우스 커서에 '이동' 마크인 네 방향 화살표( )가 나타난다. 이 마크가 나타나면 드래그한다.

2. 그림 편집

삽입된 그림은 크기의 조정, 배경, 선명도, 테두리, 효과 등 다양한 편집이 가능하다. 대표적인 편집 기능에 대해 알아본다.

1) 크기 조정: 그림의 크기를 조정한다. 삽입된 그림을 클릭하면 테두리에 작은 사각형 모양의 그립(맞물림)이 나타내어 마우스를 모서리에 가져가면 비스듬한 화살표 모양의 크기 조정 컨트롤(양쪽 화살표 마크)이 나타난다.

2) 이 크기 조정 컨트롤을 드래그하면 다음과 같이 그림이 커지거나 작아진다.

Tip 미세한 크기를 조정하려면 Alt 키를 누른 채로 드래그한다. 미세한 이동은 Alt 키 또는 Ctrl 키를 누른 채로 드래그한다.

3) 빛의 밝기, 대비, 선명도: 그림의 빛의 밝기, 대비 및 선명도를 수정한다. [서식] 탭 – [조정] 패널에서 '수정'을 클릭하면 다음과 같이 바둑판 모양(썸네일)의 이미지가 나타난다. 위쪽은 선명도, 아래쪽은 밝기/대비를 지정하는 메뉴다. '밝기: −40% 대비: −40%'를 선택하면 그림이 어둡게 표현된다.

4) 이번에는 '밝기: 0% 대비: +20%'를 선택하면 그림이 밝게 표현된다.

5) 색 보정: 색의 채도, 색조 등 색상을 보정한다. [서식] 탭 - [조정] 패널에서 '색'을 클릭하면 다음과 같이 색 보정을 위한 바둑판 모양(썸네일)의 이미지가 나타난다. '흑백: 75%'를 선택한다. 다음과 같이 흑백으로 표현된다.

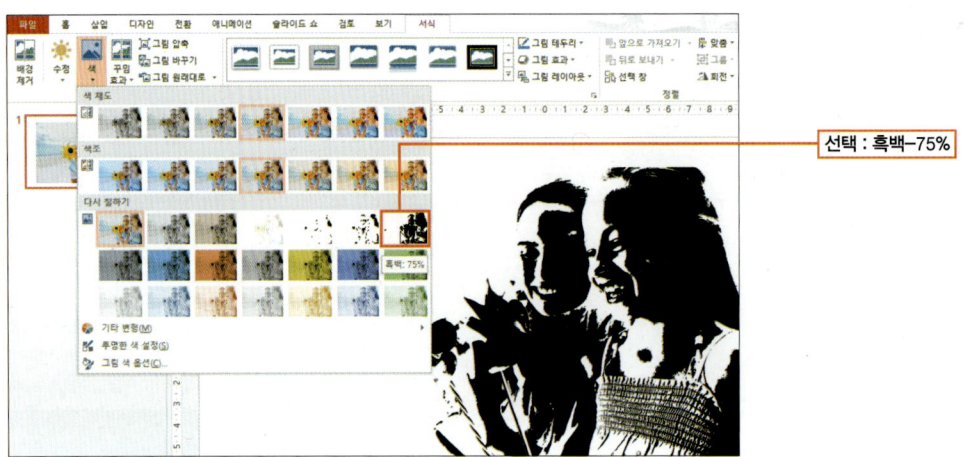

6) '다시 칠하기 없음'을 선택하면 다시 원래의 색상으로 되돌아온다

7) 꾸밈 효과: 그림을 스케치 또는 회화 효과가 나도록 꾸미는 기능이다. [서식] 탭 - [조정] 패널에서 '꾸밈 효과'를 클릭하면 다음과 같이 꾸밈 효과를 위한 바둑판 모양(썸네일)의 이미지가 나타난다. '선 그리기'를 선택한다. 다음과 같이 스케치 느낌으로 표현된다.

8) '모자이크 방울'을 선택한다. 다음과 같이 회화 느낌으로 표현된다.

9) 테두리 장식: 그림의 테두리를 다양한 모양으로 장식한다. [서식] 탭 – [그림 스타일] 패널에서 테두리 이미지 옆의 역삼각형(▼)을 클릭하면 다음과 같이 꾸밈 효과를 위한 바둑판 모양(썸네일)의 이미지가 나타난다. 타원형 테두리를 선택한다. 다음과 같이 그림에 타원형 테두리가 장식된다.

10) 그림 효과: 그림에 그림자, 입체, 네온, 3차원, 반사 등 다양한 효과를 반영한다. [서식] 탭 – [그림 스타일] 패널에서 '그림 효과' 의 역삼각형(▼)을 클릭하면 다음과 같이 그림 효과를 위한 메뉴가 나타난다. 메뉴에서 원하는 효과를 선택한다. 다음과 같이 그림에 선택한 효과로 표현된다.

11) 그림 레이아웃: 그림을 간단히 배열하고 캡션(설명문)을 만들고 크기를 조정하는 SmartArt 기능을 적용한다. [서식] 탭 - [그림 스타일] 패널에서 '그림 레이아웃'의 역삼각형 (▼)을 클릭하면 다음과 같이 레이아웃을 위한 다이아그램 메뉴가 나타난다. '육각형 클러스터형'을 선택한다.

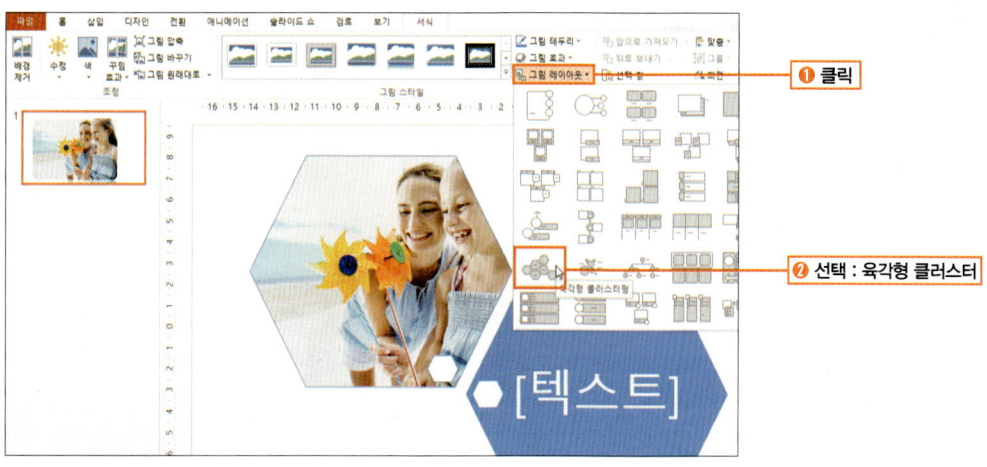

12) [텍스트]에 문자를 기입하면 다음과 같이 그림과 함께 텍스트를 추가할 수 있다.

13) 텍스트를 작성하고 나면 [디자인] 탭이 나타나는데 여기에서 도형에 다양한 효과를 넣을 수 있다. [디자인] 탭 - [SmartArt 스타일] 패널에서 도형 이미지 옆의 역삼각형(▼)을 클릭하면 다음과 같이 도형의 효과를 위한 바둑판 모양(썸네일)의 이미지가 나타난다. '조감도'를 선택한다. 다음과 같이 그림과 텍스트 도형에 효과가 적용된다.

14) 크기: 앞에서는 마우스로 드래그해서 조정했으나 여기에서는 다양한 방법으로 조정해보도록 하자. 먼저, 숫자로 그림의 크기를 조정한다. 여기에서 숫자의 단위는 'cm'다.
[서식] 탭 - [크기] 패널에서 '높이' 및 '너비'의 숫자를 지정한다. '너비'를 '20'으로 설정한다. 그러면 높이는 비율에 맞춰 '14.04'로 설정된다.

15) 불필요한 부분의 자르기를 통해 크기를 조정할 수도 있다. [서식] 탭 – [크기] 패널에서 '자르기' – '자르기'를 클릭한다.

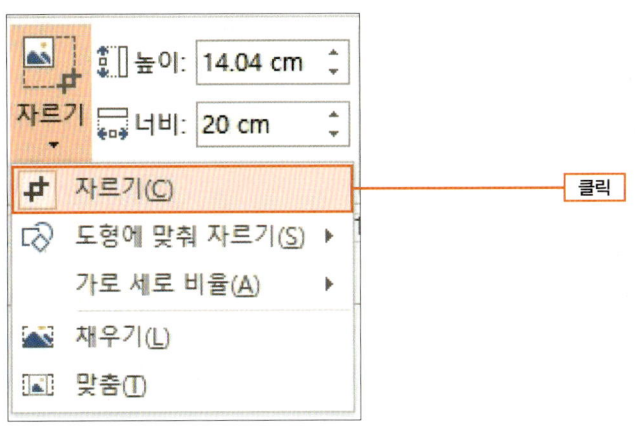

다음과 같이 각 모서리와 테두리 중간에 굵은 표식이 나타난다. 이 표식을 드래그함으로써 그림이 잘라진다.

16) 도형을 이용하여 자를 수도 있다. [서식] 탭 – [크기] 패널에서 '도형에 맞춰 자르기'를 클릭하면 도형 목록이 나타난다. 자르고자 하는 모양의 도형(예: 하트)를 선택하면 다음과 같이 선택한 도형으로 잘린다.

지금까지의 조작을 통해서 알 수 있듯이 그림을 손쉽게 삽입하고 간단한 조작을 통해 크기의 조정, 색과 빛의 조정, 그림자 및 도형을 이용한 다양한 편집이 가능하다. 여기에서 설명하지 않은 기능도 한 번씩 조작해보면 쉽게 조작할 수 있다는 것을 알 수 있다. 각 메뉴의 선택에 따라 서브 메뉴가 나타나거나 이미지로 표현해주기 때문에 눈으로 확인하면서 조작할 수 있어 초보자도 쉽게 이해할 수 있다.

4 도형의 작성과 편집

구분을 위한 선, 지시를 위한 화살표, 비슷한 상품을 하나의 그룹으로 묶거나 특별히 강조해야 할 문자의 배경 도형 등 전단지에는 다양한 도형을 사용하게 된다. 특정 모양(사각, 원, 별, 화살표 등)의 도형을 작성하고 편집하는 방법에 대해 알아본다.

1. 도형 작성
도형을 작성하는 방법에 대해 알아본다.

01 [삽입] 탭 - [일러스트레이션] 패널에서 '도형'을 클릭하면 다음과 같이 작성 가능한 도형 일람이 나타난다. 목록에서 '모서리가 둥근 직사각형'을 선택한다.

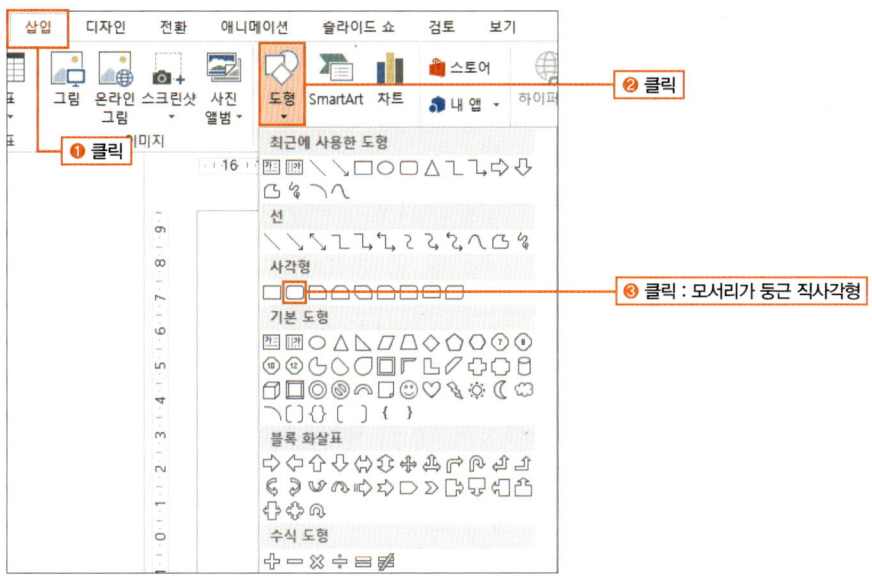

02 슬라이드 작업 창에서 작성하고자 하는 직사각형의 한 점을 지정한 후 드래그하여 반대편 구석 점을 지정한다. 다음과 같이 도형이 작성된다.

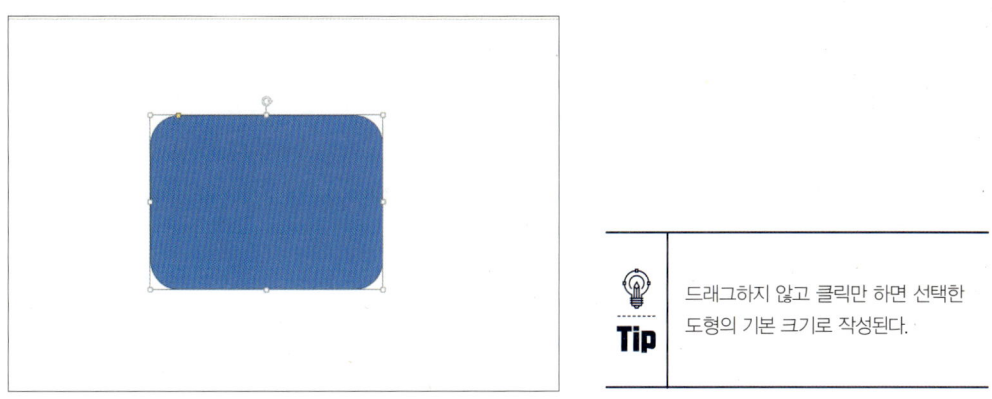

Tip 드래그하지 않고 클릭만 하면 선택한 도형의 기본 크기로 작성된다.

03 이번에는 화살표 도형을 작성해보자. [삽입] 탭 – [일러스트레이션] 패널에서 '오른쪽 화살표'를 클릭한다. 작성하고자 하는 위치를 클릭한 후 화살표 크기만큼 드래그한다. 다음과 같이 화살표가 작성된다.

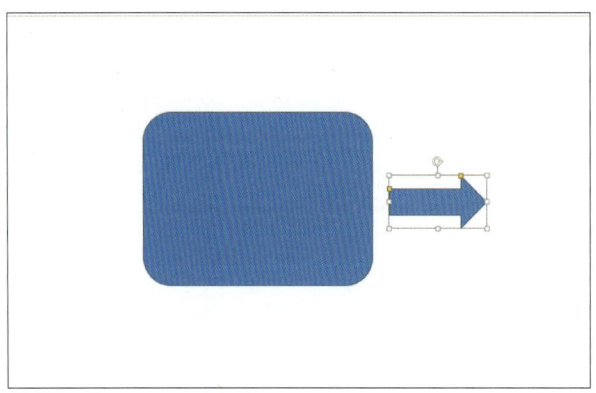

Tip 도형을 작성할 때 중심에서 작성하고자 하려면 Ctrl 키를 누른 채로 드래그한다.

참고 — 같은 도형을 반복으로 작성할 때

같은 도형을 반복해서 그릴려면 도형 아이콘에 마우스를 대고 오른쪽 버튼을 클릭하여 [그리기 잠금 모드] 메뉴를 선택한다. 해제하고자 할 때는 Esc 키를 누른다.

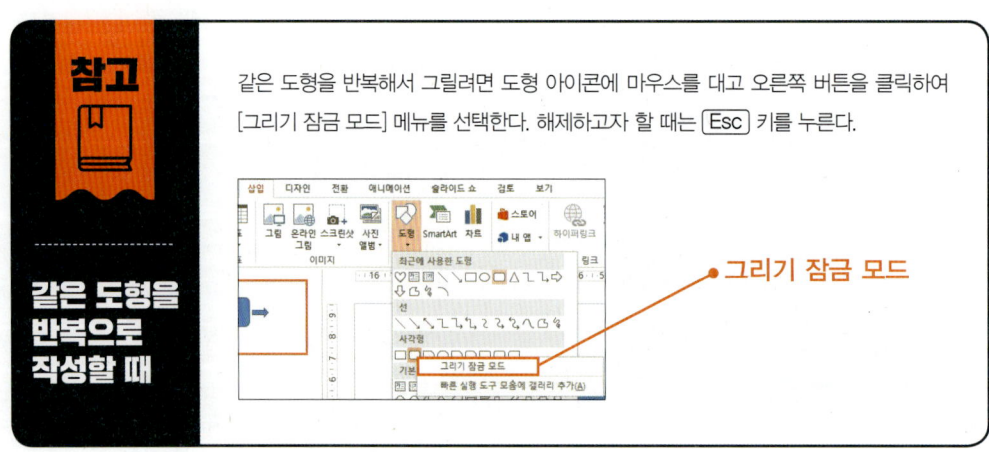

2. 도형 편집

작성된 도형의 크기, 각도, 테두리 효과 등 도형을 편집하는 방법에 대해 알아본다. 그림의 편집과 차이가 없으므로 그림에서 설명하지 않은 편집을 중심으로 알아보자.

1) 문자 작성: 작성된 도형에 문자를 작성한다. 문자를 작성하고자 하는 도형을 클릭한 후 마우스 오른쪽 버튼을 클릭한다. 바로가기 메뉴에서 '텍스트 편집(X)'를 클릭한다.

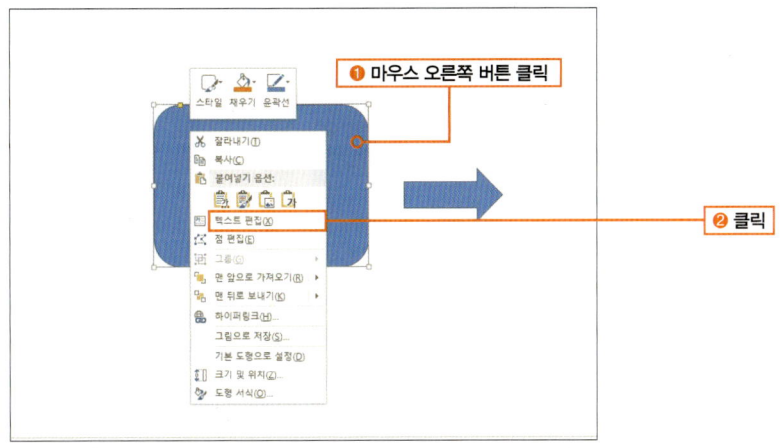

2) 문자를 작성한다. 다음과 같이 도형에 문자가 작성된다.

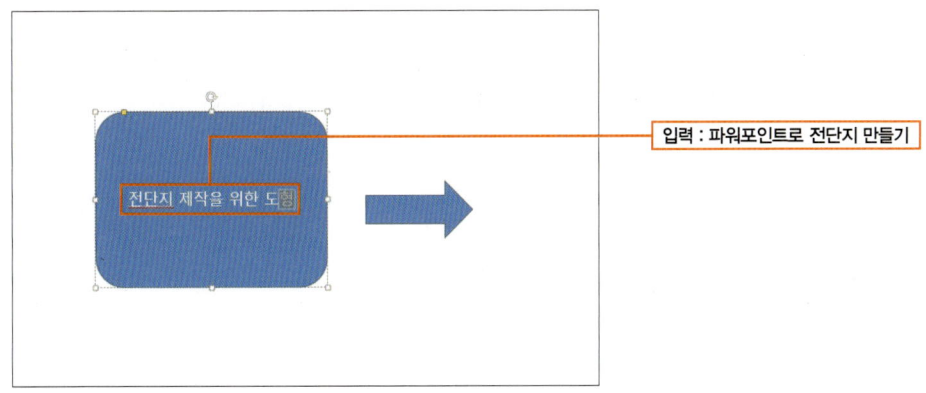

3) 빠른 스타일: 스타일을 지정한다. [홈] 탭 – [그리기] 패널에서 '빠른 스타일' 또는 [서식] 탭 – [도형 스타일] 패널에서 '스타일' 역삼각형(▼)을 클릭하면 다음과 같이 스타일 이미지가 나타난다. 표현하고자 하는 스타일을 선택한다. 다음과 같이 선택한 스타일로 표시된다.

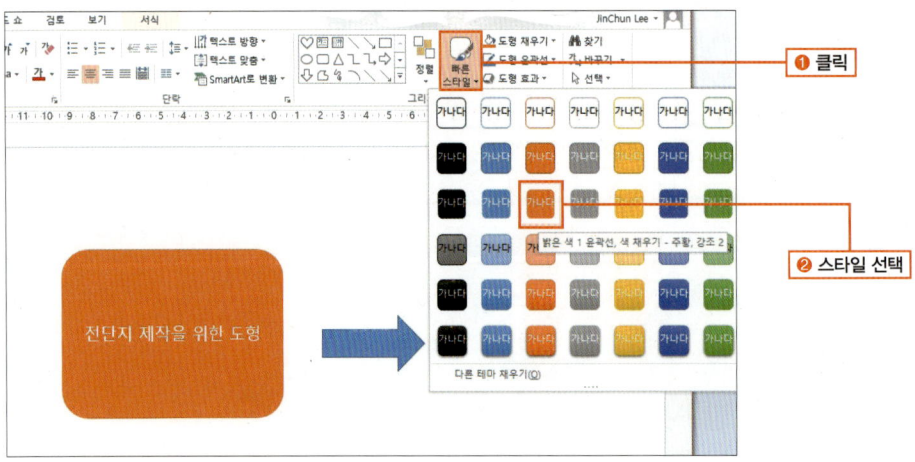

4) 회전: 도형을 회전한다. [서식] 탭 – [정렬] 패널에서 '회전'을 클릭한 후 목록에서 '왼쪽으로 90도 회전(L)'을 클릭한다.

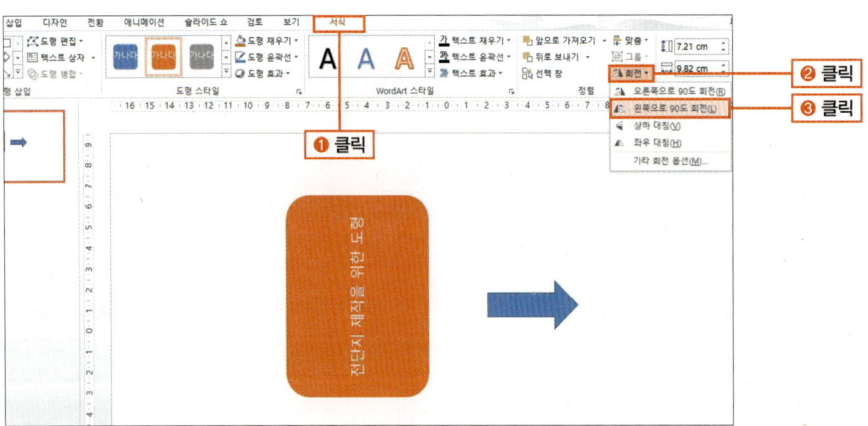

5) 도형 효과: 도형에 효과를 적용한다. [서식] 탭 – [도형 스타일] 패널에서 '도형 효과'를 클릭한 후 목록에서 적용하고자 하는 효과를 찾아 선택한다.

다음과 같이 도형에 선택한 효과가 적용된다.

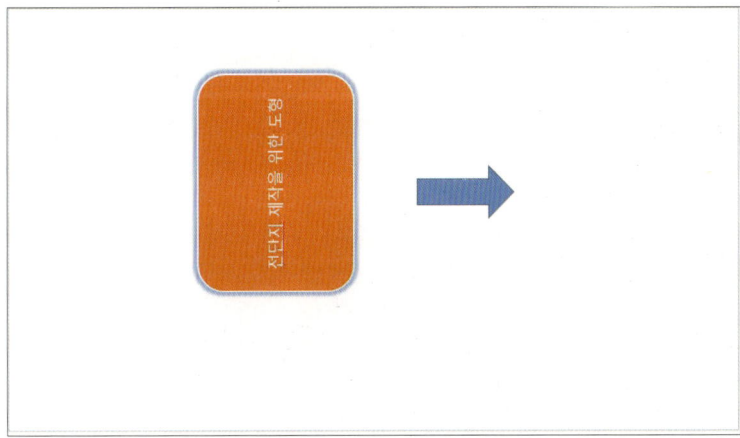

Section 04 전단지 작성 예제 : 영어 학원 전단지

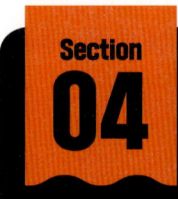 

샘플 전단지를 작성해보면서 「파워포인트」의 기능을 익히고 전단지를 작성하는 순서 및 방법에 대해 알아보자. 상황이나 작업자의 취향에 따라 작업 순서가 바뀌는 경우도 있다. 다음과 같은 학원 전단지를 작성해보자.

1 새로 시작하기

파워포인트를 실행하면 다음과 같은 화면이 나타난다. 템플릿 중에서 원하는 배경의 템플릿을 선택할 수 있다. 여기에서는 아무 것도 없는 '새 프레젠테이션' 템플릿을 선택한다.

다음과 같은 화면이 펼쳐진다.

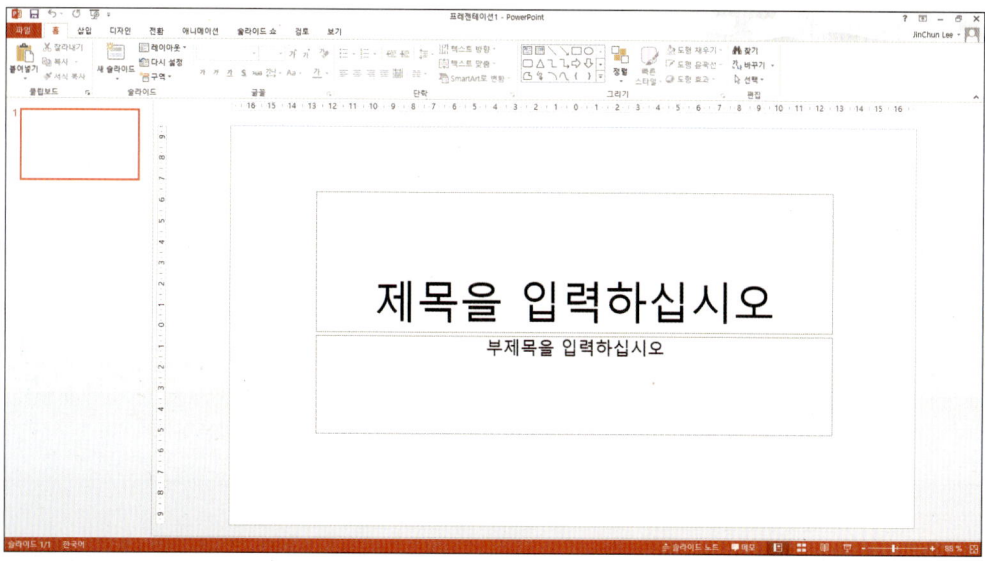

2 레이아웃 및 용지의 설정

01 레이아웃을 정하고 용지를 설정한다. 레이아웃은 아무것도 없는 빈 공간으로 선택한다. [홈] 탭 – [슬라이드] 패널의 '레이아웃' 확장 버튼(▼)를 클릭한다. 다음과 같이 레이아웃 포맷이 나타나면 '빈 화면'을 선택한다.

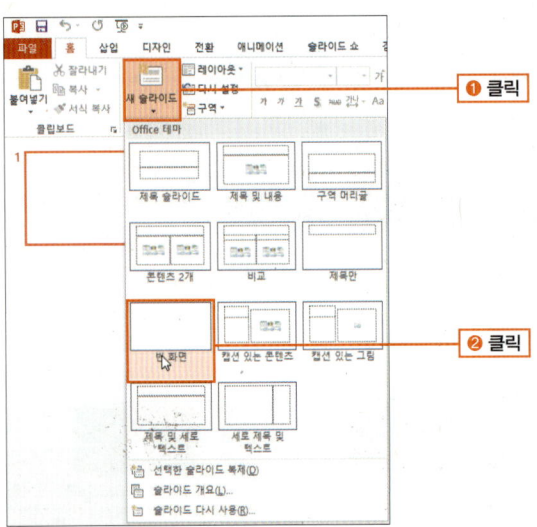

다음과 같이 빈 공간의 화면이 나타난다.

02 용지를 설정한다. [디자인] 탭 – [사용자 지정] 패널에서 '슬라이드 크기'를 눌러 맨 아래의 '사용자 지정 슬라이드 크기(C)'를 클릭한다.

여기에서는 세로 방향으로 설정하고 크기는 A4용지(210mm x 297mm)로 설정한다. 앞에서 설명한대로 인쇄 마진(3mm씩 양쪽)을 고려하여 216mm x 303mm (21.6cm x 30.3cm)로 설정한다. 슬라이드 방향은 '세로(P)'로 설정한다.

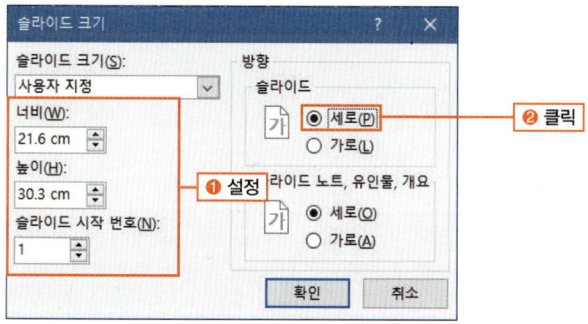

[확인]을 클릭하면 화면의 크기를 묻는 대화상자가 나타난다. [최대화(M)]를 클릭한다.

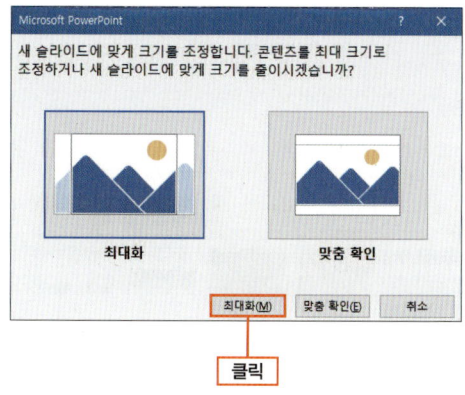

다음과 같이 슬라이드 창에 가득 차게 표시된다.

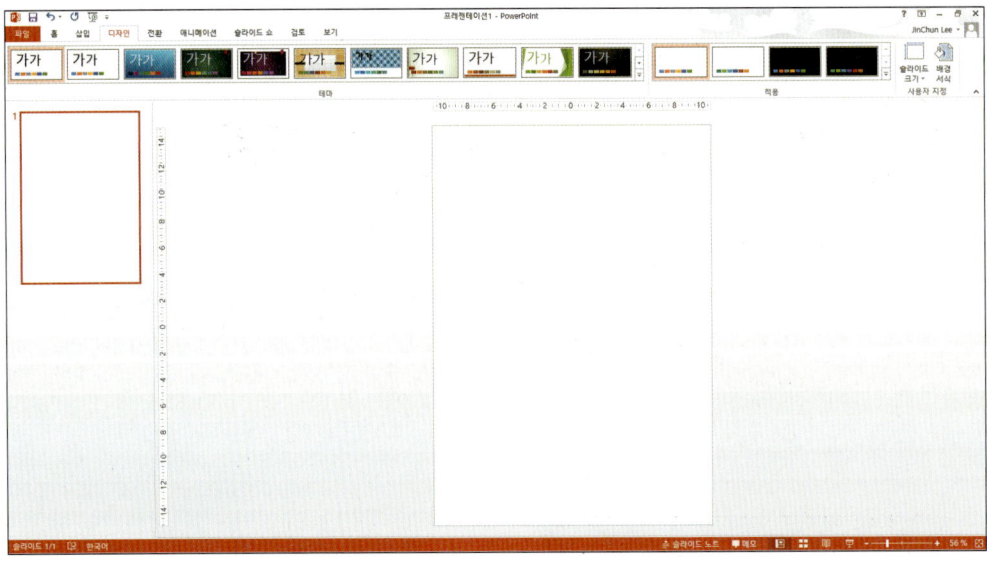

3 배경의 설정

배경(백그라운드)을 설정한다. 여기에서는 파워포인트에서 제공하는 기본 디자인 배경 중에서 선택하도록 하자.

[디자인] 탭 - [테마] 패널의 확장 버튼(▼)을 누르면 다음과 같이 기본 배경 목록이 펼쳐진다.

배경이 될 이미지(예: 슬레이트)를 선택한다.

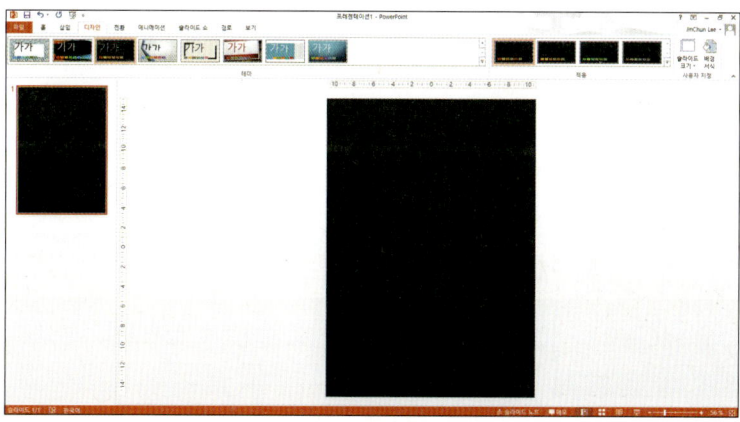

4 도형의 배치 및 문자 작성

도형의 배치 및 문자의 작성 순서는 작성자가 작업하기 편리한 순서대로 정하면 된다. 전체 레이아웃 윤곽을 잡은 후 배치하는 것이 좋다. 일반적으로 가장 큰 비중을 차지하는 그림 및 도형, 문자를 먼저 배치하고 이를 중심으로 나머지 요소를 배치한다.

01 먼저 사각형으로 테두리를 그린다. [삽입] 탭 – [이미지] 패널의 '도형' 확장 버튼(▼)을 눌러 '사각형'을 선택한다.

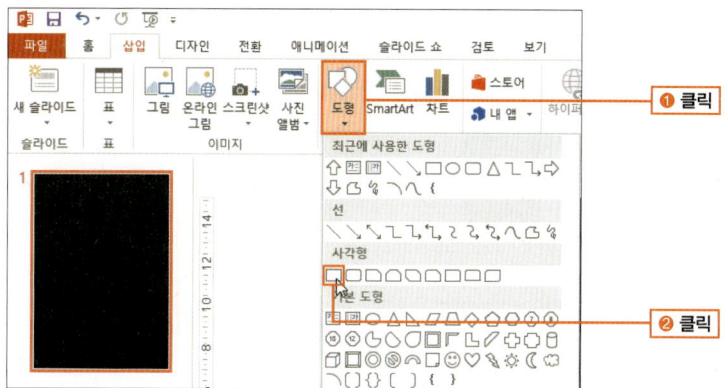

02 두 점(왼쪽 상단, 오른쪽 하단)을 지정하여 사각형을 그린다.

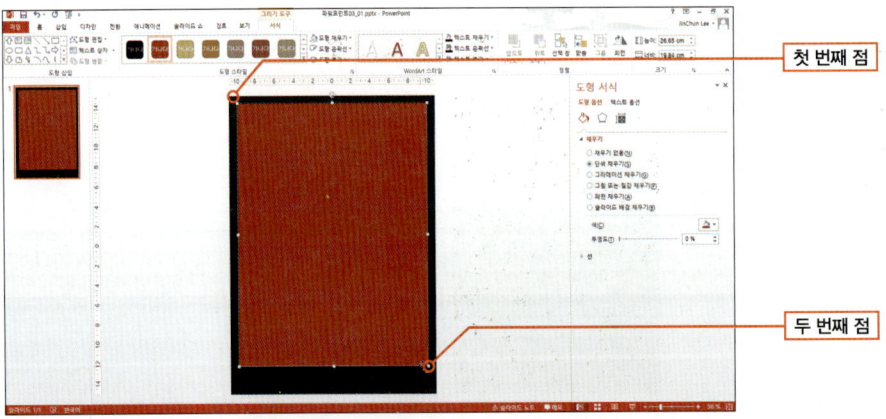

 Tip 용지 크기를 설정한 후 글자나 이미지는 테두리로부터 약간 공백을 두어 작성하는 것이 바람직하다. 이는 출력 시에 잘려나갈 염려가 있기 때문이다. 문자나 이미지를 너무 바짝 붙여서 작성하지 않도록 한다

03 도형의 윤곽선의 색상을 흰색으로 설정하고 선 두께를 두껍게 설정한다. [서식] 탭 – [도형 스타일] 패널의 '도형 윤곽선' 확장 버튼(▼)을 눌러 '흰색'을 지정한다. [서식] 탭 – [도형 스타일] 패널의 '도형 윤곽선' 확장 버튼(▼)을 눌러 '두께(W)'를 '3pt'로 지정한다.

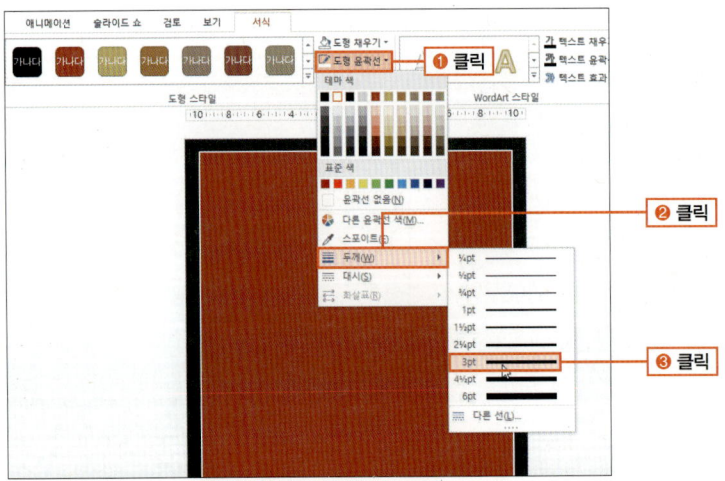

190   Chapter 04 파워포인트를 활용한 전단지 작성법

04 사각형 안쪽은 빈 공간으로 설정한다. [서식] 탭 - [도형 스타일] 패널의 '도형 채우기' 확장 버튼(▼)을 눌러 '채우기 없음(N)'을 선택한다. 다음과 같이 사각형의 안쪽의 색상이 사라진다.

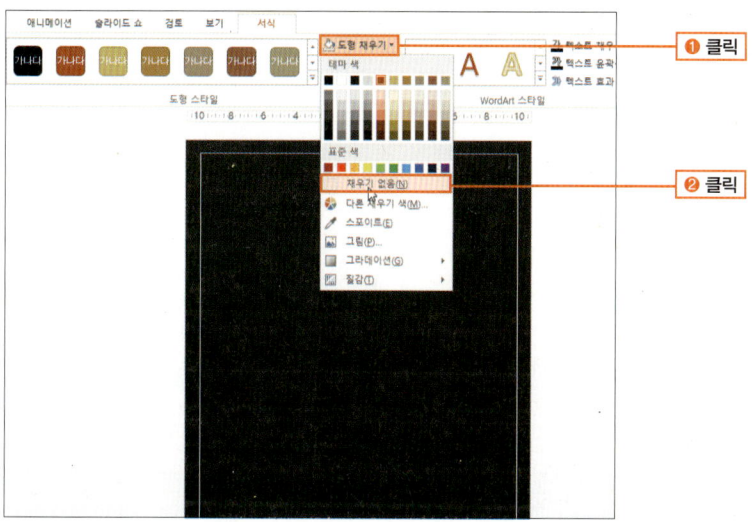

05 도형의 테두리를 좌우 여백을 동일한 간격으로 맞춘다. 테두리가 선택된 상태에서 [홈] 탭 - [그리기] 패널에서 '정렬' 확장 버튼(▼)을 클릭하여 '맞춤(A)'를 클릭하여 '가운데 맞춤(C)'을 지정한다. 또는 '가로 간격을 동일하게(H)'를 지정한다.

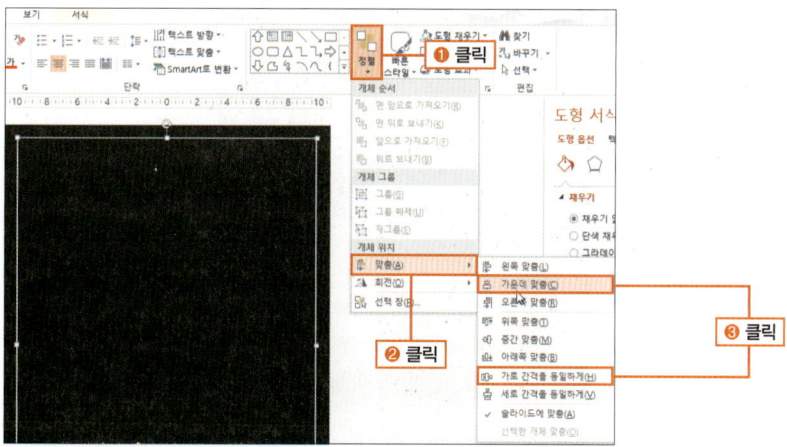

도형 및 문자의 정렬

파워포인트는 도형이나 문자열을 정렬하기 위해 몇 가지 기능을 제공하고 있다.

1) 눈금자: 위치를 알 수 있도록 페이지의 위쪽과 왼쪽에 눈금자를 표시한다.
2) 눈금선: 개체를 페이지의 특정 위치에 정확히 배치할 수 있도록 바탕에 가로, 세로 방향에 눈금선을 표시해준다. 모눈종이를 생각하면 된다.
3) 안내선: 개체를 페이지의 특정 위치에 배치할 수 있도록 조정 가능한 선이다. 개체를 배치하고자 하는 위치에 안내선을 이동한 후 개체를 안내선에 맞춰 정렬한다. 안내선을 추가하고자 하는 경우는 빈 공간에서 마우스 오른쪽 버튼을 눌러 '눈금 및 안내선'을 선택한 후 '세로 안내선 추가(V)', '가로 안내선 추가(H)'를 선택한다.

'눈금선'과 '안내선'의 표시 여부는 [보기] 탭 – [표시] 패널에서 '눈금자', '눈금선', '안내선'의 체크 여부로 지정한다.

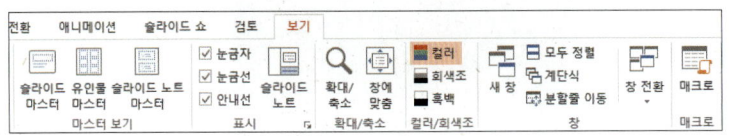

다음은 '눈금자', '눈금선', '안내선'를 모두 체크한 경우의 화면이다.

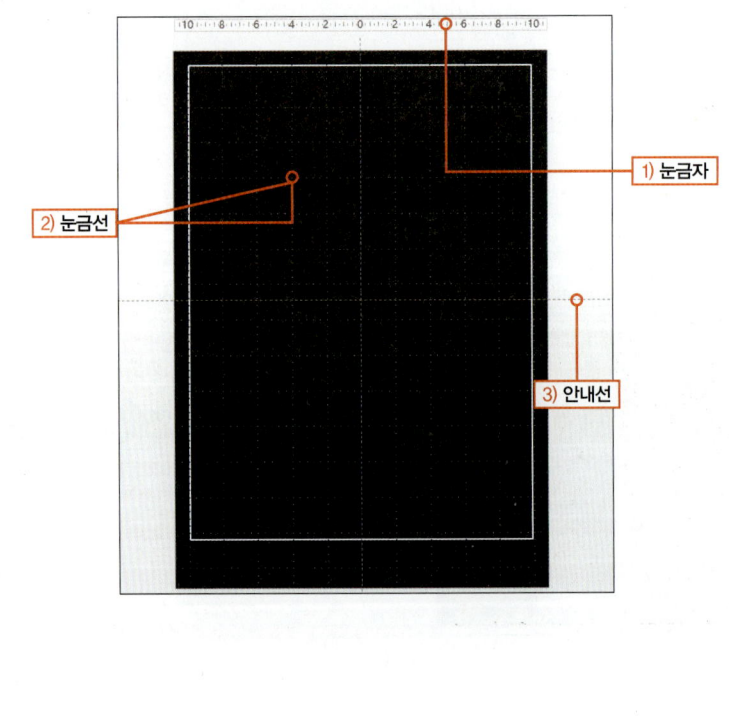

눈금선의 간격을 조정하려면 [보기] 탭 - [표시] 패널에서 오른쪽 아래의 비스듬한 화살표를 클릭한다. 다음과 같은 '눈금 및 안내선' 대화상자가 나타난다.

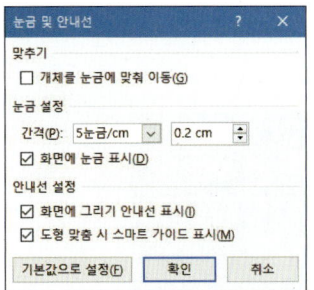

4) 정렬: 개체를 좌우, 상하 방향으로 일정하게 정렬해주는 기능이다. 메뉴 중에서 정렬하고자 하는 항목을 선택한다.

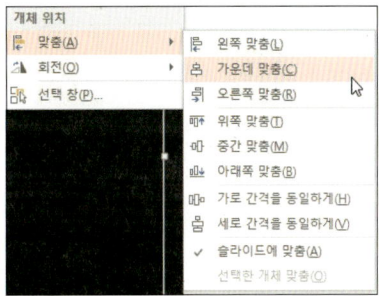

주의: 정렬을 실행할 때는 정렬하고자 하는 개체를 선택한 후 기능을 실행해야 한다.

06 문자를 작성한다. [홈] 탭 – [그리기] 패널의 '텍스트 상자'를 클릭한다. 작성할 위치를 지정한 후 폰트(예: HY울릉도B), 크기(예: 54), 색상(예: 주황색)를 지정한 후 문자(예: 상아 영어 전문 학원)를 입력한다. 작성된 문자를 선택한 후 '정렬' 기능을 이용하여 좌우 여백이 동일하도록 정렬한다. 적당한 폰트가 없는 경우는 유사한 폰트를 지정하도록 한다.

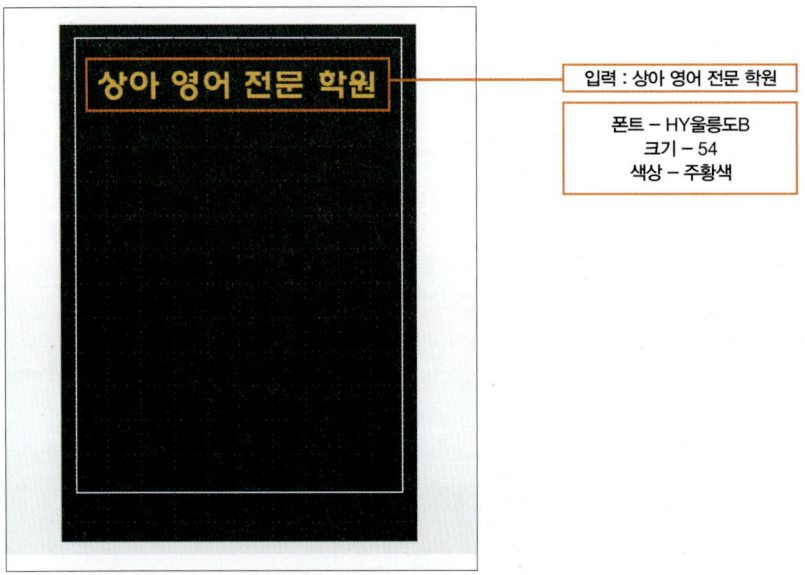

07 동일한 방법으로 문자〈영어는 포기하는 것이 아니라 도전하는 것입니다.〉를 작성한다. 폰트를 '나눔손글씨 펜', 높이는 '36', 색상은 '흰색'으로 설정한다.

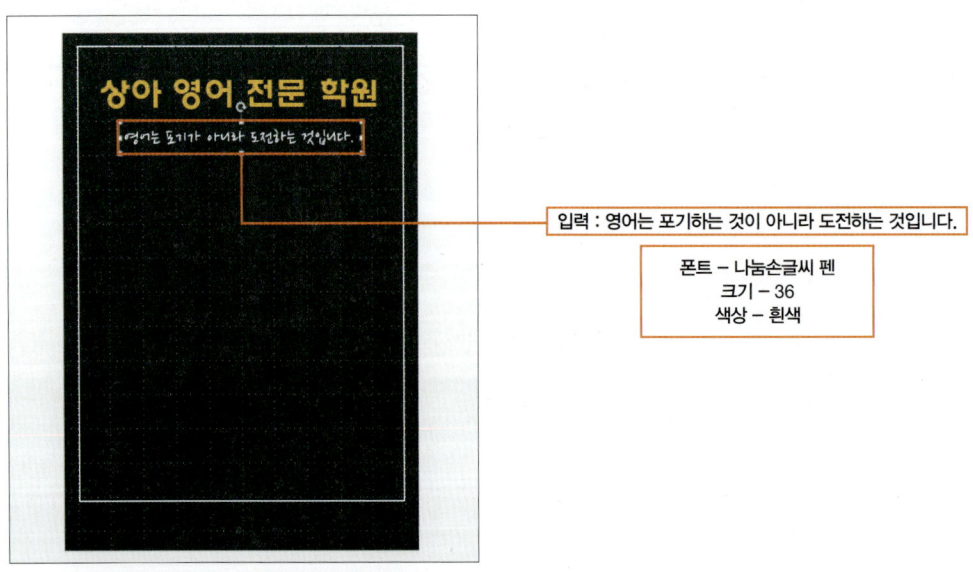

08 '도전'을 강조하기 위해 문자 위에 점을 찍어보자. [삽입] 탭 – [이미지] 패널의 '도형' 확장 버튼(▼)을 눌러 '순서도: 연결자'를 선택하여 삽입한다. [서식] 탭 – [도형 스타일] 패널의 '도형 채우기' 색상을 '빨간색'으로 지정하고, [크기] 패널에서 '높이'와 '너비'를 '0.4cm'로 지정한다.

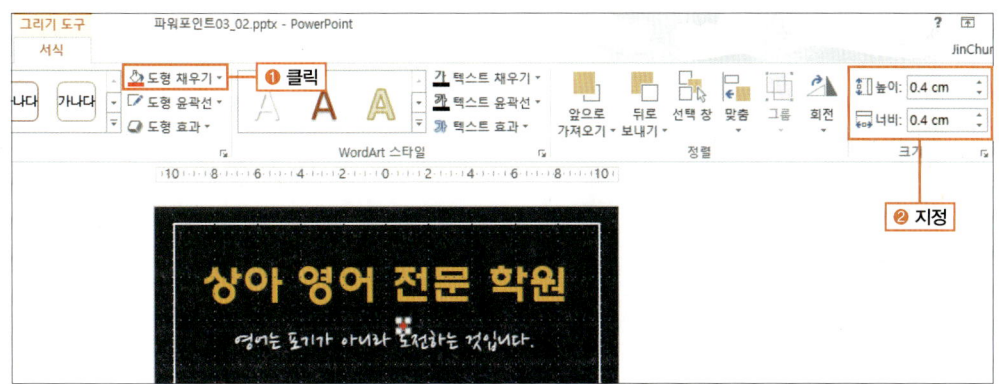

작성된 도형(점)을 Ctrl + 'C'로 복사하여 Ctrl + 'V'로 붙여 넣는다.

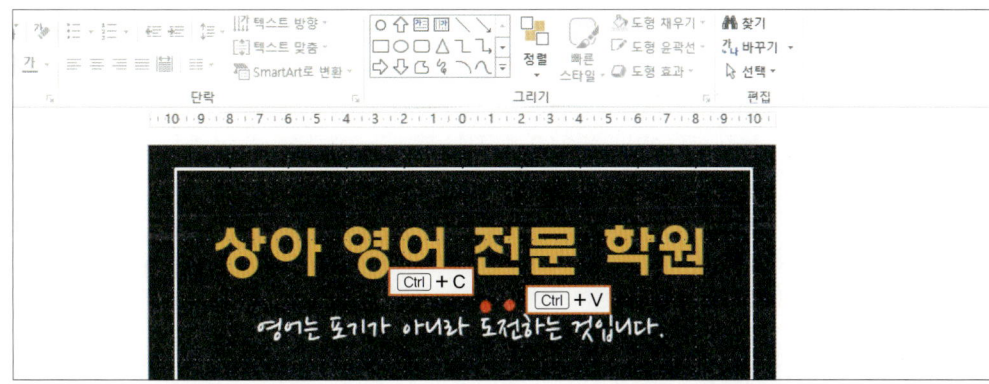

09 가운데 화살표를 배치한다. [삽입] 탭 - [이미지] 패널의 '도형' 확장 버튼(▼)을 눌러 '위쪽 화살표'를 선택하여 적당한 크기로 배치한다.

10 그라데이션을 설정한다. 먼저, 화살표의 윤곽선을 없앤다. [서식] 탭 - [도형 스타일] 패널의 '도형 윤곽선' 확장 버튼(▼)을 눌러 '윤곽선 없음'을 클릭한다.
[서식] 탭 - [도형 스타일] 패널의 '도형 채우기' 확장 버튼(▼)을 눌러 '그라데이션(G)' - '기타 그라데이션(M)'을 클릭한다.

오른쪽에 '도형 서식' 패널이 나타나면 '그라데이션 채우기(G)'를 클릭하고 '그라데이션 중지점' 슬라이드 바를 이용하여 색상을 조정한다. 흰색 슬라이드 바를 앞쪽으로 이동하고 검정색 슬라이드 바를 이용하여 음영을 조정한다.

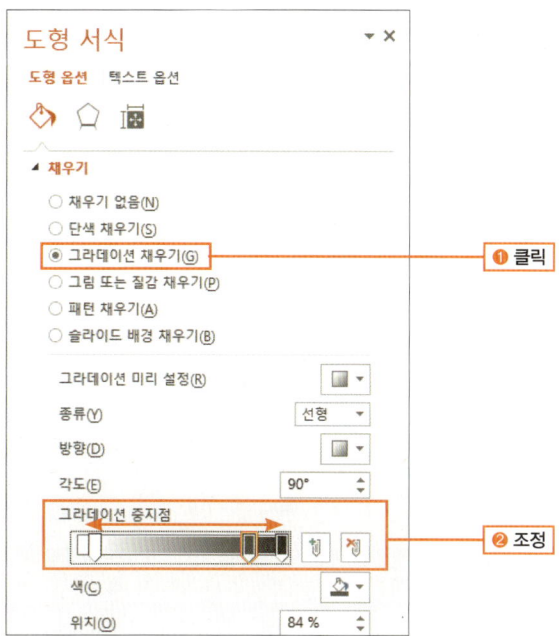

다음과 같이 화살표에 그라데이션이 적용된다.

11 문자 'TOEIC'를 배치한다. 이번에는 WordArt 기능을 이용해 배치하도록 하자. [삽입] 탭 – [텍스트] 패널의 'WordArt' 확장 버튼(▼)을 눌러 배치하고자 하는 문자 스타일을 선택한다.

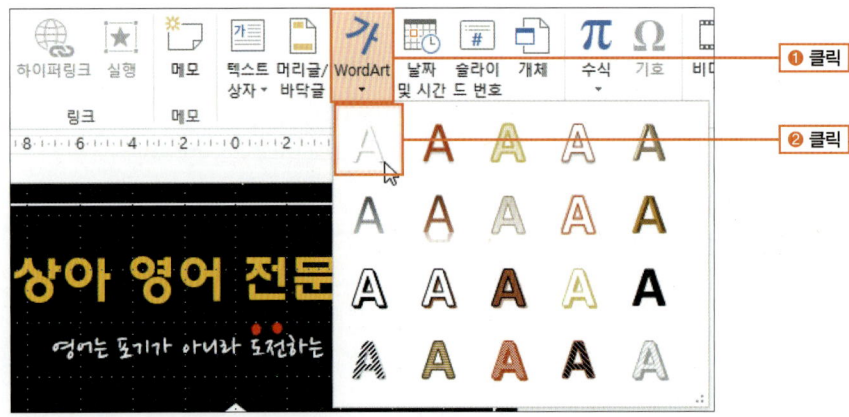

작성할 위치를 지정한 후 폰트(예: 나눔고딕 ExtraBold), 크기(예: 96), 색상(예: 흰색)를 지정한 후 문자(예: TOEIC)를 입력한다.

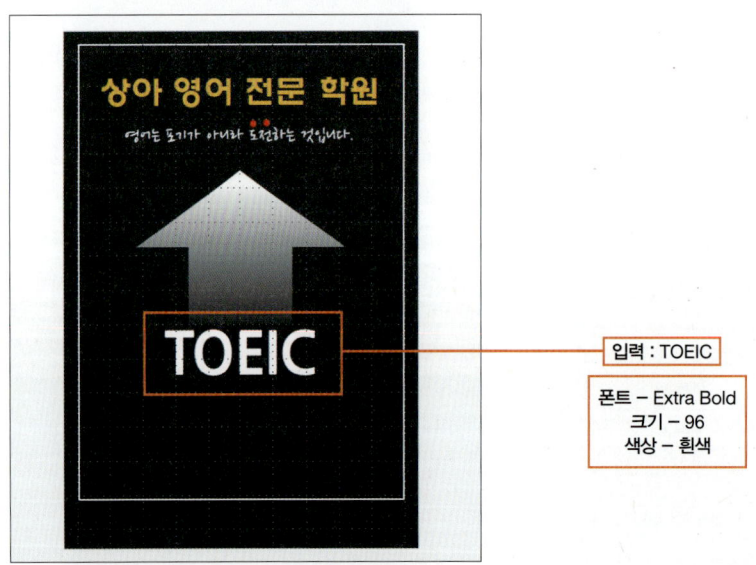

12 도형을 배치하여 문자를 삽입한다. [삽입] 탭 – [이미지] 패널의 '도형' 확장 버튼(▼)을 눌러 '직사각형'을 선택하여 배치한다. [서식] 탭 – [도형 스타일] 패널의 '도형 채우기'에서 '진한 빨간색'을 적용한다. 다음과 같이 도형이 배치된다.

13 도형에 문자를 기입한다. 도형을 선택한 후 마우스 오른쪽 버튼을 눌러 '텍스트 편집(X)'을 클릭한다.

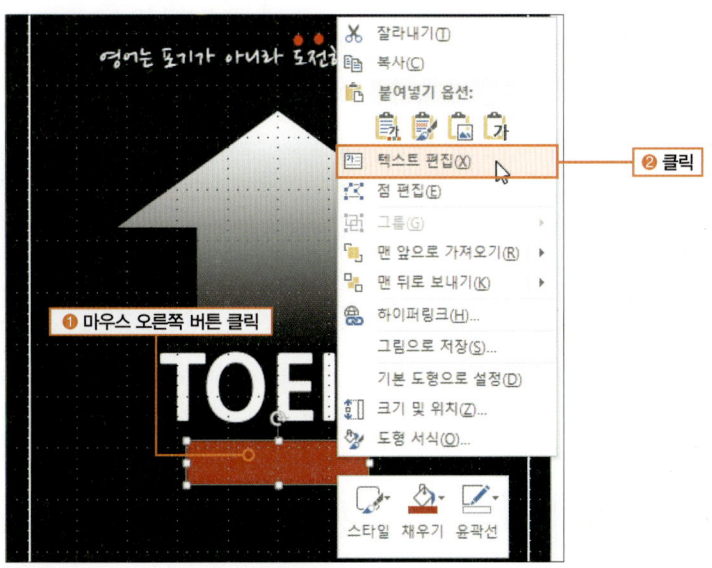

문자(예: 토익반)를 입력한다. 마우스로 작성된 문자를 선택한 후 [홈] 탭에서 폰트와 색상, 크기를 지정한다.

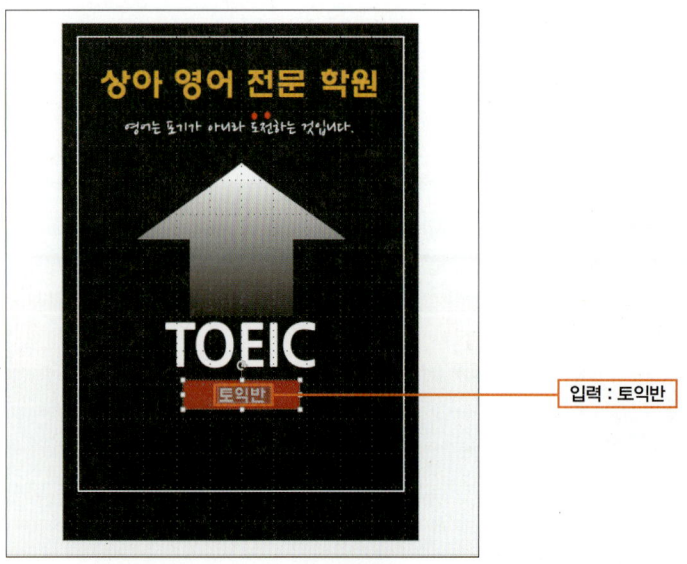

14 도형 아래에 문자를 작성한다. [홈] 탭 – [그리기] 패널의 '텍스트 상자'를 클릭한다. 작성할 위치를 지정한 후 폰트(예: 나눔바른고딕), 크기(예: 18), 색상(예: 흰색)를 지정한 후 문자를 입력한다. 문장 앞에는 글머리 기호를 삽입한다.

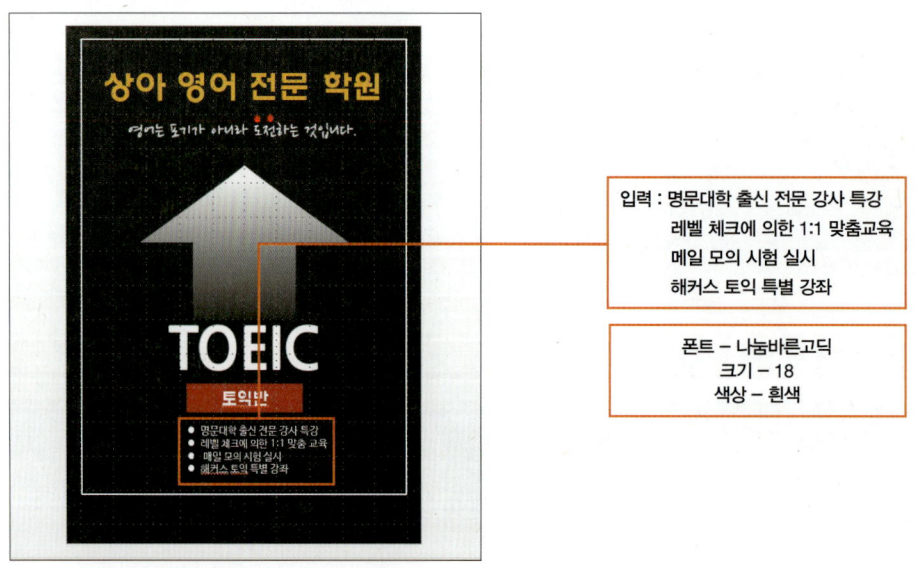

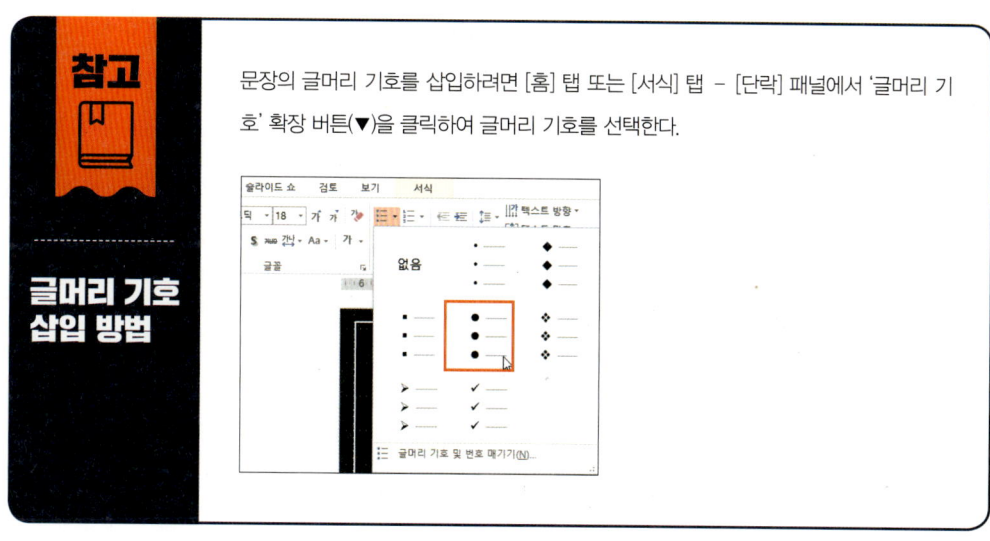

참고 - 글머리 기호 삽입 방법

문장의 글머리 기호를 삽입하려면 [홈] 탭 또는 [서식] 탭 – [단락] 패널에서 '글머리 기호' 확장 버튼(▼)을 클릭하여 글머리 기호를 선택한다.

15 주소와 전화번호를 기입한다. 주소와 전화번호 앞에 아이콘(그림 문자)을 배치하도록 하자. 그림은 온라인에서 다운로드 받아 사용하도록 한다. [삽입] 탭 – [이미지] 패널에서 '온라인 그림'을 클릭한다. '그림 삽입' 대화상자에서 검색하고자 하는 이미지의 키워드(예: 위치)를 입력한 후 돋보기 마크를 누르거나 Enter 를 누른다.

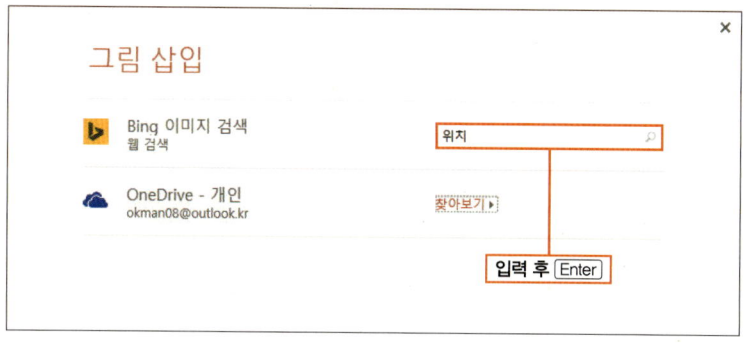

16 이미지가 검색되어 표시된다. 다음과 같이 검색된 이미지 중에서 다운로드하고자 하는 이미지를 체크한다.

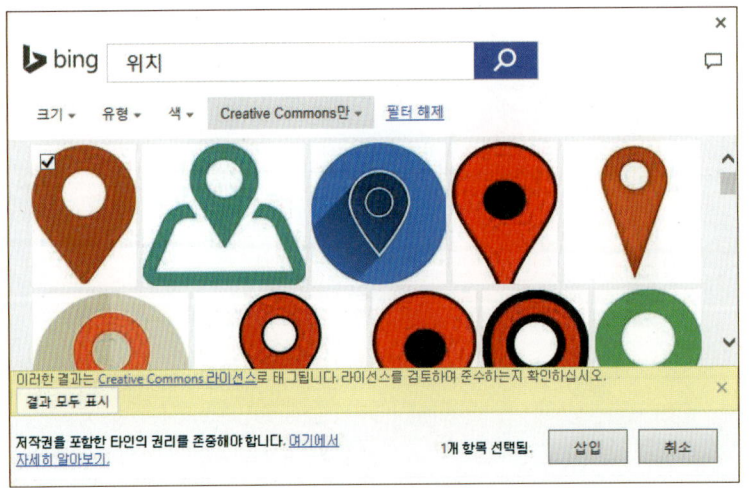

참고

이미지 라이선스

이미지에 대한 저작권은 민감한 문제다. 인터넷에 올라와 있는 이미지를 무단으로 사용해서는 안 된다. 검색할 때 상단의 필터 조건에서 'Creative Commons만'을 선택한다. 크리에이티브 커먼즈 라이선스(Creative Commons License, 이하 CC 라이선스)는 저작자가 자신의 저작물을 다른 이들이 자유롭게 쓸 수 있도록 미리 허락하는 라이선스로, 자신의 저작물을 이용할 때 어떤 이용허락조건들을 따라야 할지 선택하여 표시하게 된다. CC 라이선스가 적용된 저작물을 이용하려는 사람은 저작자에게 별도로 허락을 받지 않아도, 저작자가 표시한 이용허락조건에 따라 자유롭게 저작물을 이용할 수 있다.
(참고: https://creativecommons.org/licenses/)
따라서, CC 라이선스를 확인한 후 사용하는 것이 안전하다.

17 [삽입] 버튼을 누르면 선택한 이미지가 다운로드되어 삽입된다. 크기를 조정하여 배치할 위치로 이동한다. 동일한 방법으로 전화 아이콘을 삽입하여 배치한다.

18 문자를 작성한다. [홈] 탭 – [그리기] 패널 또는 [삽입] 탭 – [텍스트] 패널에서 '텍스트 상자'를 선택한 후 문자를 작성한다.

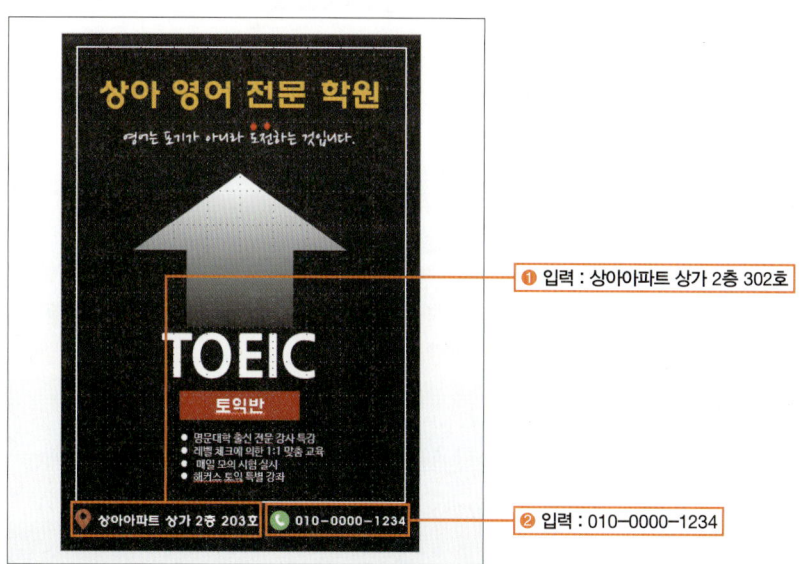

이렇게 하여 전단지가 완성되었다. 간단한 전단지이지만 사용자의 요구에 의해 다양한 이미지를 배치하거나 문자를 작성하고 배치할 수 있다. 다양한 기법을 구사한다고 해도 파워포인트에서 사용하는 기능은 앞에서 학습한 범위에서 크게 벗어나지 않는다. [보기] 탭 – [프레젠테이션 보기] 패널의 '읽기용 보기'를 클릭하면 다음과 같이 표시된다.

5 배경 디자인 테마 변경

한 번 작성된 전단지를 다양한 테마의 배경으로 변경할 수 있다. 항상 똑 같은 배경과 디자인은 식상할 수 있으므로 색다른 느낌으로 바꿀 필요가 있다. 실제 내용은 바꾸지 않고 테마만을 바꿈으로써 전혀 새로운 느낌을 줄 수 있다.

[디자인] 탭 – [테마] 패널에서 테마를 선택한다. 다음과 같이 선택한 테마에 의해 배경색과 글자의 색상이 달라진다. '이온' 테마를 선택하면 다음과 같은 이미지가 된다.

다음과 같이 다양한 테마를 지정하여 각각 다른 느낌의 전단지를 만들 수 있다.

Section 04. 전단지 작성 예제 : 영어 학원 전단지   205

Section 05 전단지 작성 예제 : 음식점 전단지

우리가 주변에서 가장 많이 접하는 전단지가 음식점 전단지일 것이다. 중국집, 피자, 치킨, 족발, 야식 등 종류가 다양하다. 이번에는 음식점 전단지(피자)를 작성해보도록 하자. 전단지 작업에 앞서 전단지에 삽입할 음식 이미지를 미리 준비해두어야 한다. 이번에는 스마트아트(SmartArt) 기능을 이용해보고 출력하는 방법에 대해서도 알아보자. 앞의 예제에서 언급된 중복된 기능에 대한 자세한 설명은 생략한다.

1 레이아웃 및 용지의 설정

01 「파워포인트」 프로그램을 실행한 후 레이아웃을 정하고 용지를 설정한다. 레이아웃은 아무 것도 없는 빈 공간으로 선택한다. [홈] 탭 – [슬라이드] 패널의 '레이아웃' 확장 버튼(▼)를 클릭한다. 레이아웃 포맷이 나타나면 '빈 화면'을 선택한다. 다음과 같이 빈 공간의 화면이 나타난다.

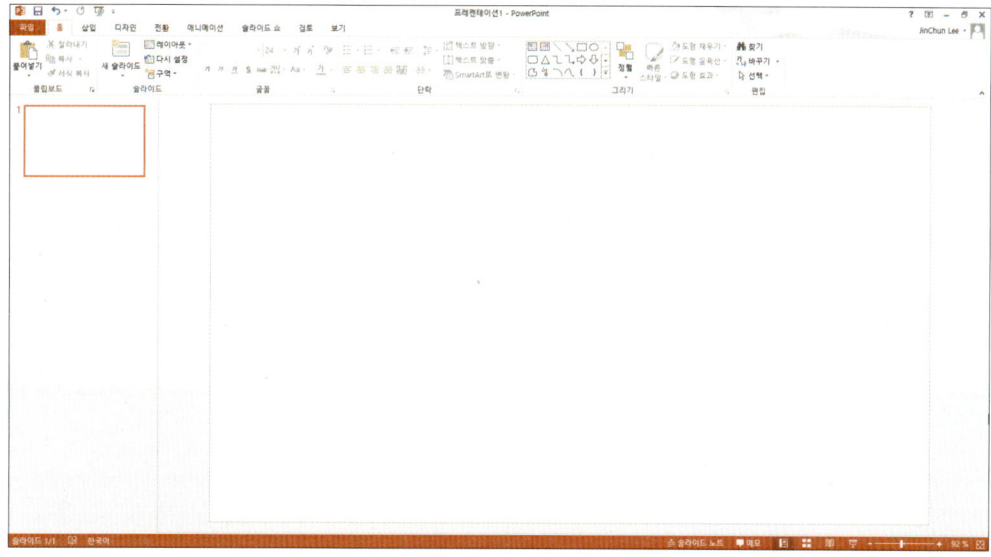

02 용지를 설정한다. [디자인] 탭 – [사용자 지정] 패널에서 '슬라이드 크기'를 눌러 맨 아래의 '사용자 지정 슬라이드 크기(C)'를 클릭한다.

이번에는 인쇄 마진을 3mm만 고려하여 213mm x 310mm (21.3cm x 30.0cm)로 설정한다. 슬라이드 방향은 '세로(P)'로 설정한다.

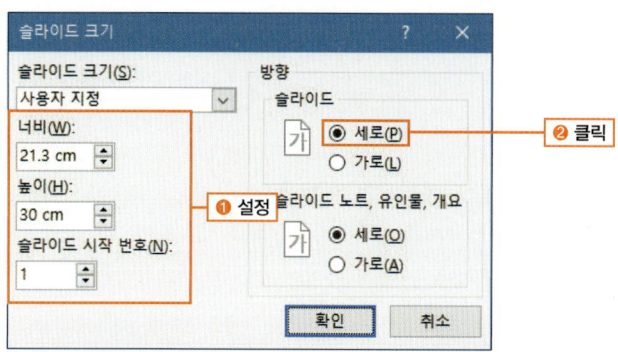

[확인]을 클릭하면 화면의 크기를 묻는 대화상자가 나타난다. [최대화(M)]를 클릭한다. 다음과 같이 슬라이드 창에 가득 차게 표시된다.

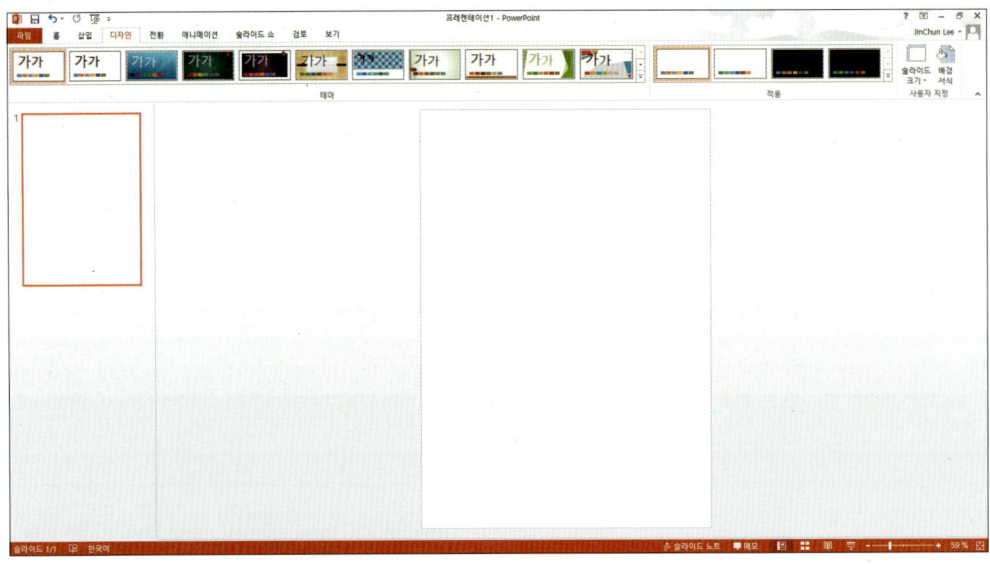

2 배경의 설정

배경(백그라운드)을 설정한다. 여기에서는「파워포인트」에서 제공하는 기본 디자인 배경 중에서 선택하도록 하자. [디자인] 탭 – [사용자 지정] 패널의 '배경 서식'을 클릭한다. '배경 서식' 팔레트가 나타나면 '채우기'는 '단색 채우기(S)', '색(C)'은 '주황색'으로 지정한다.

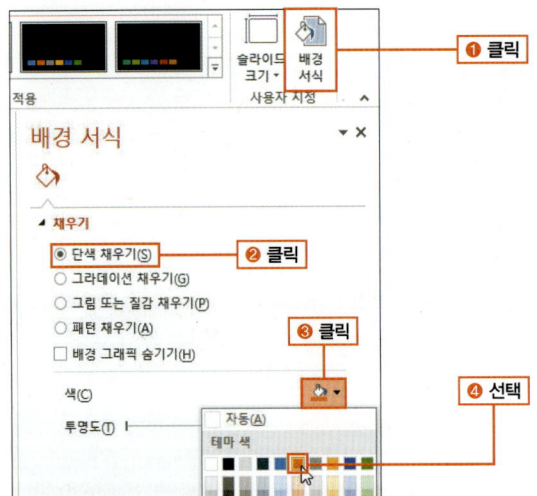

다음과 같이 주황색 배경이 작성된다.

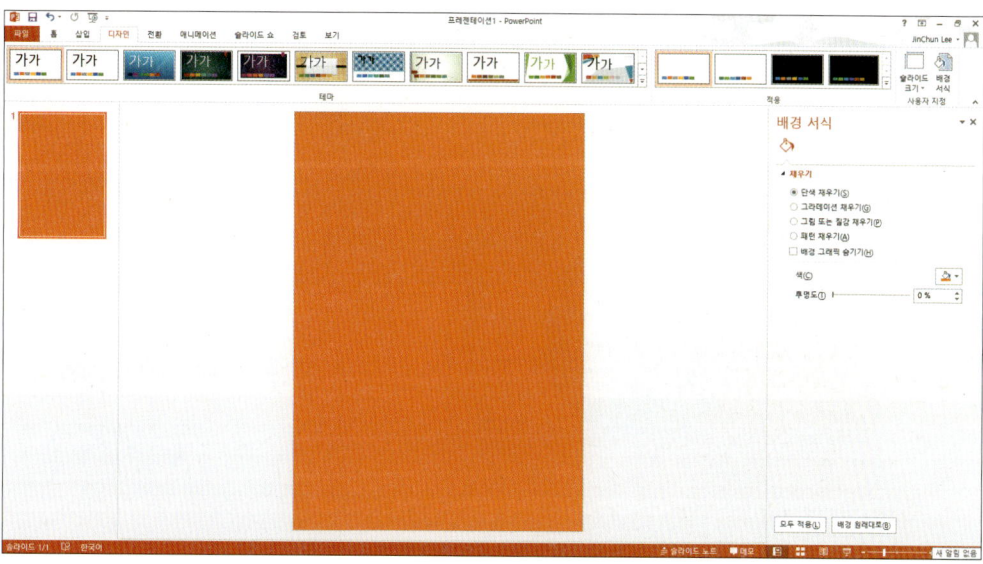

3 도형의 배치 및 문자 작성

지금부터 본격적으로 도형, 이미지, 문자를 이용하여 전단지를 디자인 해보도록 하자.

01 상단의 원을 배치한다. [삽입] 탭 - [일러스트레이션] 패널의 '도형' 확장 버튼(▼)을 눌러 '타원'을 선택한다.

적당한 위치에 배치를 한 후 [서식] 탭 - [크기] 패널의 '높이'와 '너비' 값을 '10cm'로 지정한다. 다음과 같이 원을 그린다.

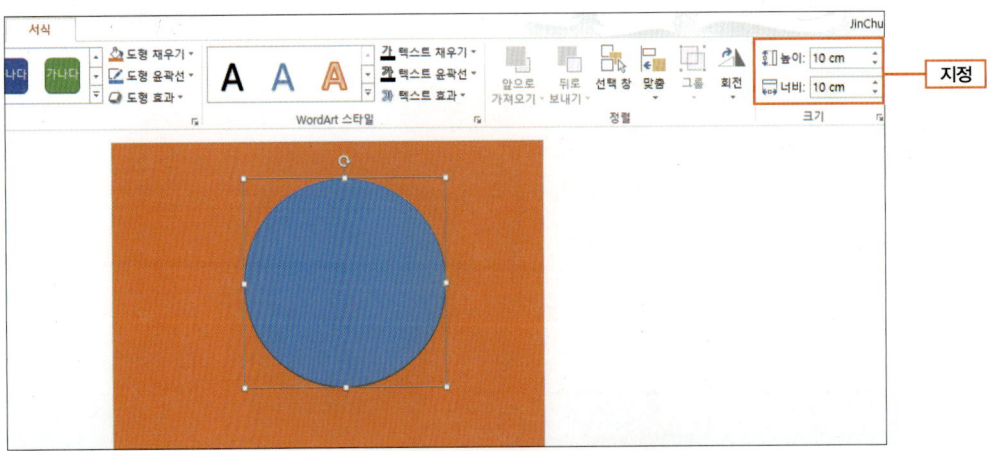

02 두 개의 원을 정확한 위치에 작도하기 위해 원을 정 중앙으로 배치한다. 원을 선택한 후 [홈] 탭 - [그리기] 패널의 '정렬' 확장 버튼(▼)을 눌러 '맞춤(A)' - '가로 간격을 동일하게(H)'와 '세로 간격을 동일하게(V)'를 클릭하여 원이 정중앙에 배치되도록 한다.

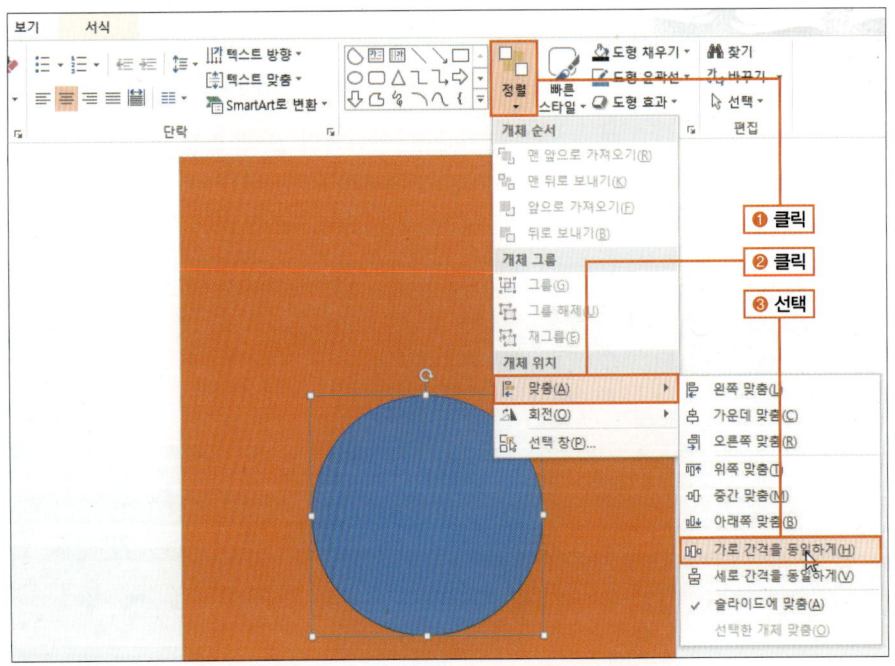

03 원을 복사한다. 원을 선택한 후 Ctrl + 'C'를 눌러 복사한 후 Ctrl + 'V'를 눌러 붙여 넣는다. 원의 크기를 '9.3cm'로 줄인다. [서식] 탭 – [크기] 패널의 '높이'와 '너비' 값을 지정한다. 줄인 원을 선택한 후 앞에서의 방법으로 정중앙에 맞춘다. 다음과 같이 두 개의 원이 정 중앙에 배치된다.

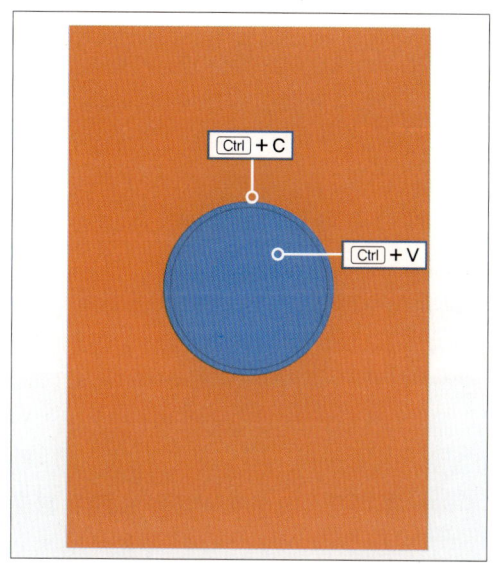

04 가운데 원을 선택한 후 '도형 채우기'를 '채우기 없음'으로 설정하고 '도형 윤곽선'을 '흰색'으로 설정하고 '윤곽선 두께'를 '3pt'로 지정한다.

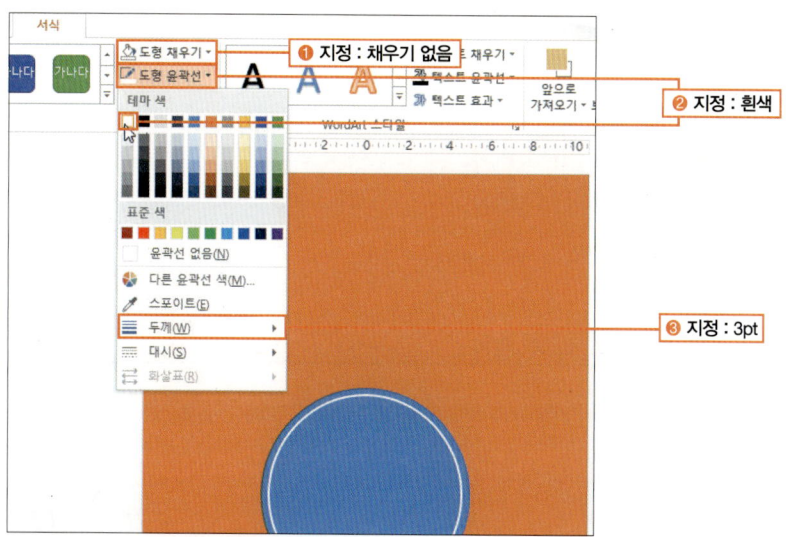

05 큰 원을 선택한 후 '채우기 색상'을 '옅은 검정색'으로 설정한다.

06 두 개의 원을 그룹으로 만든다. 두 개의 원을 선택한 후 마우스 오른쪽 버튼을 누른다. 바로 가기 메뉴에서 '그룹(G)'의 '그룹(G)'을 클릭한다.

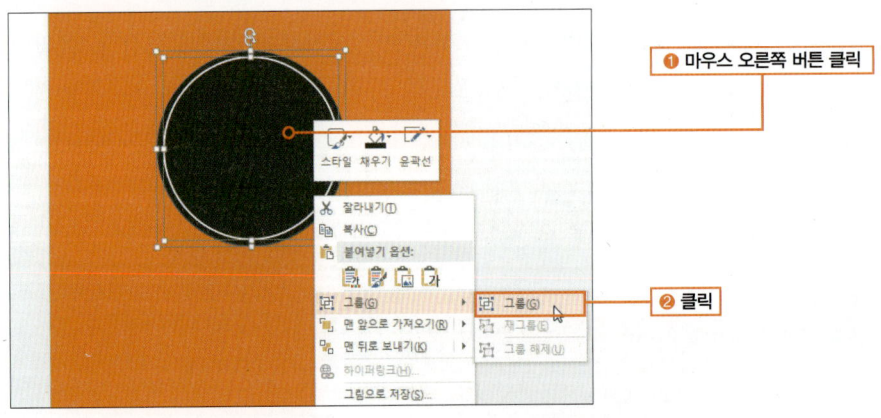

Tip 미세한 크기를 조정하려면 Alt 키를 누른 채로 드래그한다. 미세한 이동은 Alt 키 또는 Ctrl 키를 누른 채로 드래그한다.

07 그룹으로 묶인 원을 상단으로 배치한다. 정렬 기능으로 좌우 간격이 일정하도록 정렬(가로 간격을 동일하게(H))한다.

08 원 안에 문자를 기입한다. [홈] 탭 - [그리기] 패널 또는 [삽입] 탭 - [텍스트] 패널에서 '가로 텍스트 상자'를 클릭한다. 임의의 위치에 문자를 작성한다. 폰트: HY울릉도B, 크기: 36, 색상: 흰색으로 설정한다. 작성된 문자는 원 안으로 배치한 후 정렬 기능으로 좌우 간격이 일정하도록 정렬한다.

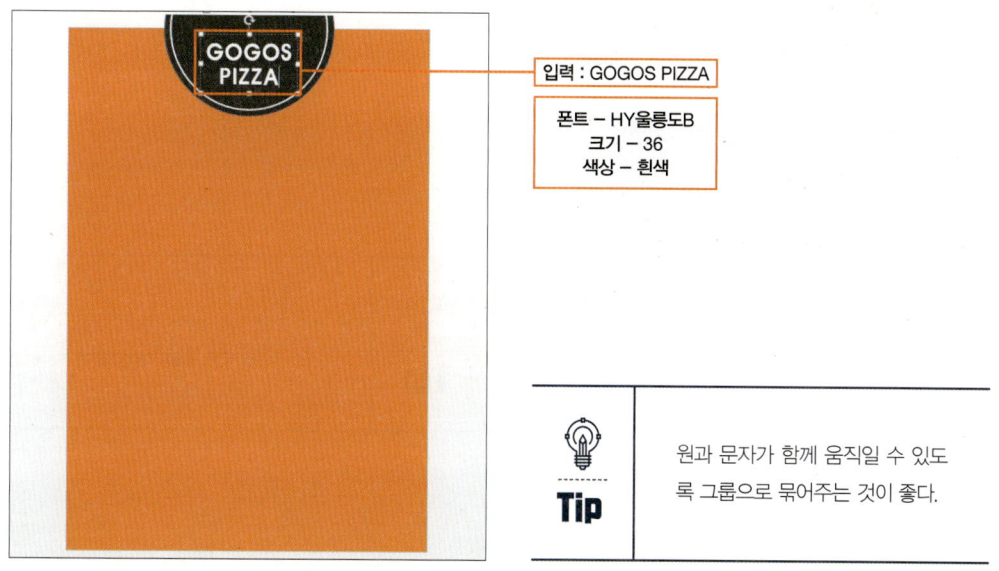

Tip 원과 문자가 함께 움직일 수 있도록 그룹으로 묶어주는 것이 좋다.

09 가운데 피자 이미지를 배치한다. [삽입] 탭 – [이미지] 패널에서 '그림'을 클릭하여 준비된 이미지를 선택한다. 다음과 같이 이미지가 삽입된다.

10 각 모서리에 있는 크기 조정 그립을 이용하여 이미지의 크기를 전단지 크기에 맞춘다.

그립

Tip 이미지를 늘리려면 가능한 해상도가 좋은 이미지를 준비해야 한다. 그렇지 않는 경우 인쇄하게 되면 이미지가 일그러지거나 희미하게 출력될 수 있다.

11 그림 아래에 직사각형을 그린다. [삽입] 탭 – [일러스트레이션] 패널의 '도형' 확장 버튼(▼)을 눌러 '직사각형'을 선택하여 피자 그림 아래에 직사각형을 배치한다.

12 다음과 같이 문자를 작성한다. 문자 작성 방법은 생략한다.

Tip 미세한 크기를 조정하려면 [Alt] 키를 누른 채로 드래그한다. 미세한 이동은 [Alt] 키 또는 [Ctrl] 키를 누른 채로 드래그한다.

13 사각형과 '주문 배달' 글씨를 하나로 묶어주면 편리하다. 세 개의 객체를 선택한 후 마우스 오른쪽 버튼을 눌러 바로가기 메뉴에서 '그룹(G)'의 '그룹(G)'을 클릭한다.

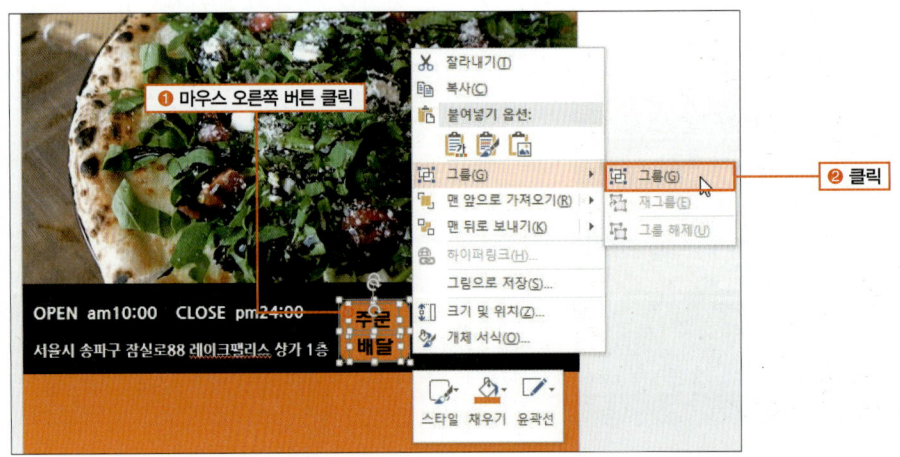

14 스마트아트(SmartArt) 기능으로 메뉴를 작성한다. [삽입] 탭 - [일러스트레이션] 패널의 'SmartArt'를 클릭한다. 그래픽 선택 대화상자에서 '그림 설명 목록형'을 선택한다.

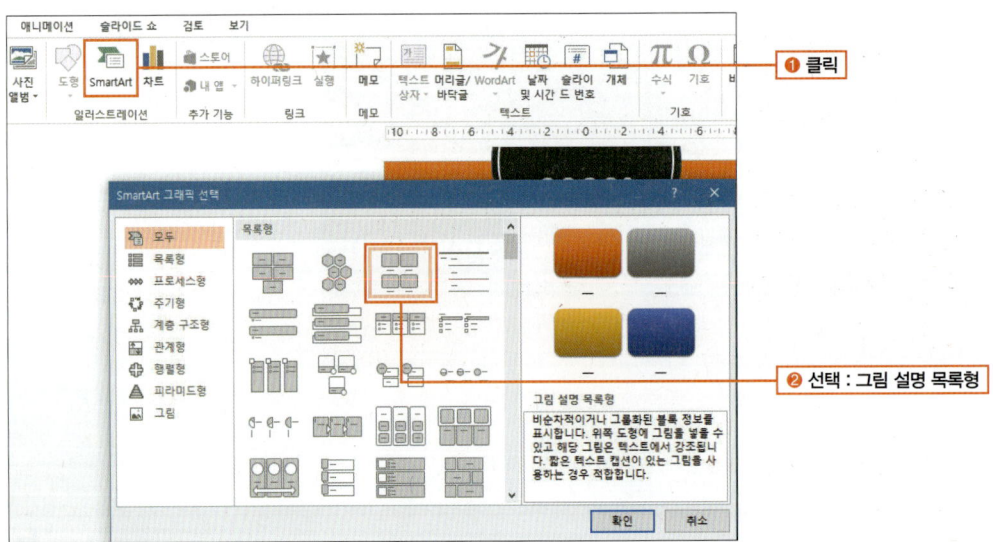

[확인]을 누르면 다음과 같이 표시된다.

15 해당 항목에 미리 준비해둔 이미지를 삽입한다. 여기에서는 4개의 이미지를 삽입하도록 한다. 이미지 버튼을 누르면 다음과 같이 '그림 삽입' 대화상자가 나타난다.

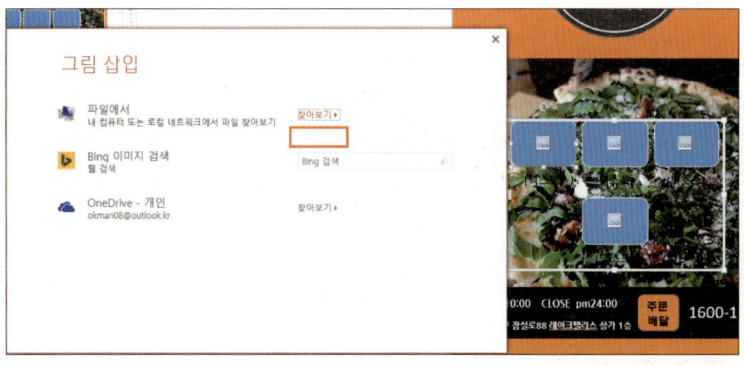

16 '파일에서'의 [찾아보기]를 클릭하여 삽입하고자 하는 이미지를 선택한다. 다음과 같이 이미지가 삽입된다.

17 같은 방법으로 반복해서 이미지를 삽입한다. 일단 도형에 있는 4개의 이미지만 삽입한다.

18 각 이미지에 문자(명칭과 가격)를 추가한다. 스마트아트 테두리를 클릭하면 왼쪽 테두리 경계선에 화살표 [◁]가 표시된다. 이 화살표를 클릭하면 다음과 같이 이미지를 삽입할 수 있는 창이 나타난다.

문자 '치즈바이트'를 입력한 후 [Shift]를 누른 채로 [Enter]를 누른다. 그러면 행 바꾸기가 된다. 커서가 아래 행으로 내려가면 '20,000원'을 입력한다.

19 아래쪽의 [텍스트]를 눌러 같은 방법으로 메뉴의 이름과 가격을 차례로 입력한다.

20 오른쪽 방향 화살표를 눌러 텍스트 입력 창을 닫는다. '이동' 기능으로 다음과 같이 스마트아트 이미지를 아래쪽에 배치한다.

21 문자의 글꼴과 크기를 바꾼다. 문자를 선택한 후 글꼴과 크기를 바꾼다.

다음과 같이 피자집 전단지가 완성된다.

4 전단지의 출력

작성된 전단지를 용지 크기에 맞춰 출력해보자. 파워포인트 슬라이드는 원래 컴퓨터 모니터나 프로젝터에 표시하기 위한 종횡비가 설정되어 있기 때문에 이대로 출력하면 여백이 넓어지게 되어 있다. 그래서 출력을 할 때는 다음과 같이 설정해주어야 한다.

01 [파일] 탭 - [인쇄]를 클릭한 후 '전체 페이지 슬라이드'를 클릭하고 인쇄 모양에서 '전체 페이지 슬라이드'를 선택한다. 하단의 '용지에 맞게 크기 조정(S)'을 체크한다.

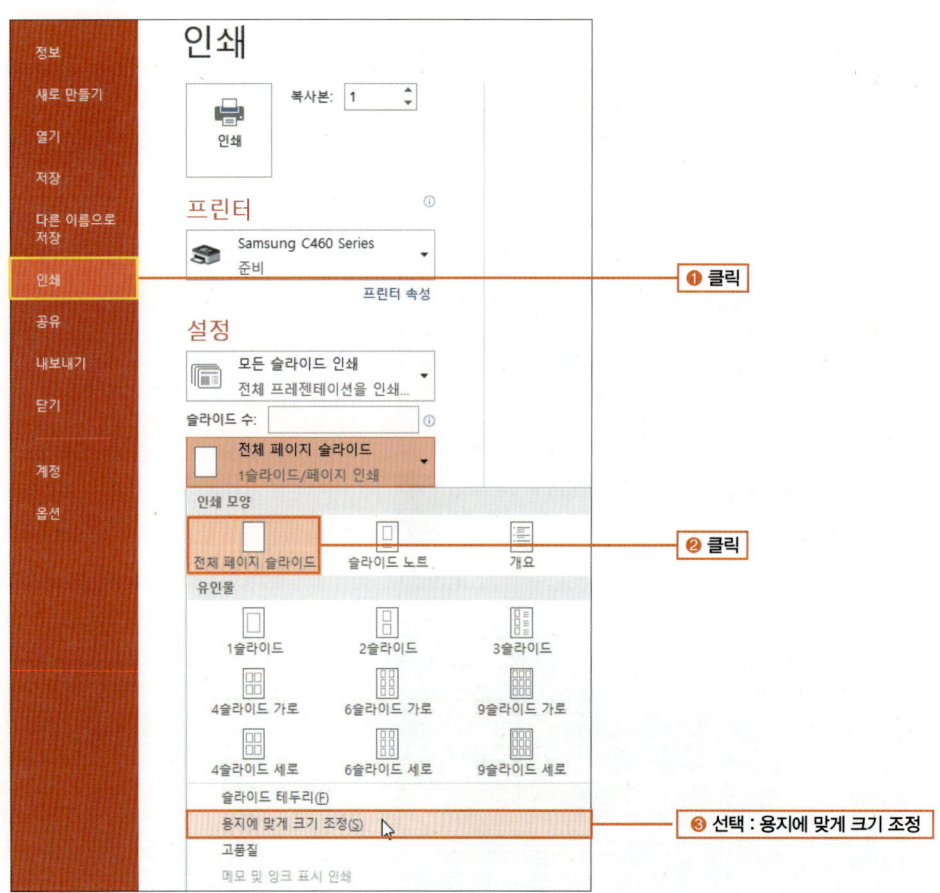

02 다음과 같이 인쇄의 미리보기 이미지가 나타난다. 확인을 한 후 원하는 결과 가 아닐 때는 취소하여 수정해야 한다.

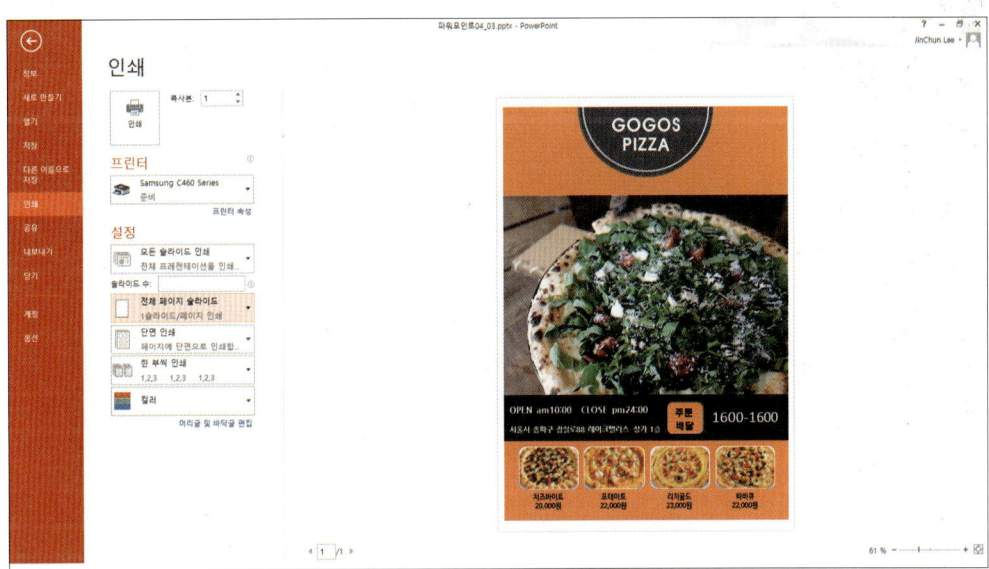

03 설정이 끝나 미리보기에서 원하는 결과이면 [인쇄] 버튼을 눌러 출력한다.

앞의 예제와 마찬가지로 파워포인트의 '디자인' 기능을 이용하여 다양한 느낌의 디자인 배경을 바꿔볼 수 있다. [디자인] 탭의 [테마] 패널에 있는 테마 디자인을 바꿔서 적용할 수 있다. 또, [적용] 패널에서 색, 글꼴, 효과, 배경 스타일을 적용하여 변경할 수 있다.

chapter 5
워드프로세서를 활용한 전단지 작성법

이번에는 문서작성용 프로그램인 워드프로세서를 활용하여 전단지를 작성하는 방법에 대해 알아보자. 우리나라에서 가장 많이 사용하는 「MS-Word(엠에스 워드)」와 「한글」을 이용하여 작성하는 방법을 알아보도록 하자. 여기에서는 기능 설명은 생략하고 샘플 전단지를 작성하면서 학습하도록 한다.

Section 01 워드(MS-Word)는?

　우리나라에서 대표적으로 사용하는 문서 작성용 프로그램 중 하나인 MS-Word(이하 '워드')다. 학교에서는 「한글」을 가르치고 있어 많이 사용하고 있다. 관공서에서도 「한글」을 많이 사용하고 있다. 초기에 시장을 확보한 측면도 있고 한때 국산 소프트웨어를 살리자는 운동으로 관공서를 중심으로 많이 사용되었다. 하지만 비즈니스 문서에는 「한글」 못지 않게 많이 사용되고 있는 프로그램이 「워드」다. 특히, 외국과의 문서 교환이 필요한 곳은 대부분 「워드」를 사용하고 있다.

　「워드」는 '마이크로소프트 오피스(MS-Office)'에 들어있는 여러 프로그램 중 프로그램이다. 오피스(MS Office)를 설치하면 표 계산 프로그램 엑셀(Excel), 프레젠테이션용 프로그램 파워포인트(Power point) 등과 함께 설치되는 프로그램이기 때문에 별도의 비용을 들이지 않고 사용할 수 있어 더욱 많이 활용되고 있다. 파워포인트, 엑셀, 워드는 같은 회사(마이크로소프트사) 제품으로 하나의 세트이기 때문에 유사한 기능이 많고 조작 방법도 동일하며 가장 호환도 잘 된다. 여기에서 설명하는 「워드」를 활용한 전단지 작성방법 중 대부분의 기능은 「파워포인트」에서 학습했던 내용과 동일하거나 유사하다. 문자의 작성과 편집, 그림이나 도형의 삽입과 편집, 워드아트(WordArt), 스마트아트(SmartArt) 기능은 동일하기 때문에 별도의 노력을 기울이지 않아도 사용할 수 있다. 따라서, 여기에서는 「워드」에 대한 기능 설명은 생략하도록 하겠다. 바로 따라 하는 방법으로 전단지를 만들어보면서 기능을 익히도록 하자.

「워드」의 시작은 바탕화면 또는 윈도우 메뉴에서 '워드(Word 20XX)'를 실행한다.

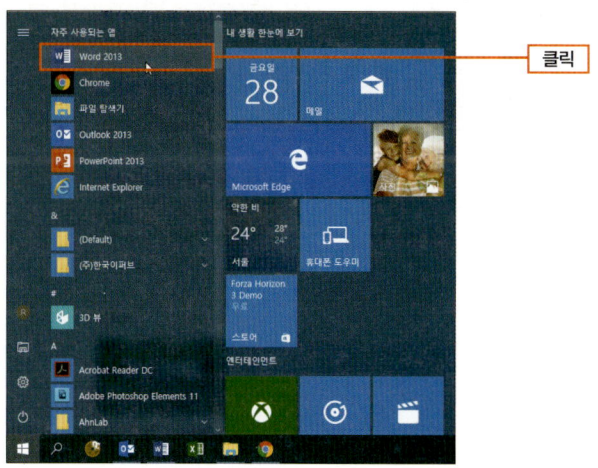

다음과 같은 「워드」 초기화면이 나타난다.

이 화면에서 빈 공간을 선택하여 작성할 수도 있고 기존 템플릿을 이용하여 작성할 수도 있다. 또, 기존에 작성해놓은 전단지 파일을 열어 수정하는 방법도 있다.

이 책에서는 먼저, 아무 것도 없는 빈 공간에서 작성하는 방법을 학습하고, 두 번째 예제에서는 템플릿을 이용하여 작성하는 방법에 대해 알아보도록 하자.

Section 02 전단지 작성 예제 : 요가학원 전단지

 샘플 전단지를 작성해보면서 「워드」의 기능을 익히고 전단지를 작성하는 순서 및 방법에 대해 알아보자. 다음과 같은 요가학원 전단지를 만들어보자. 요가학원 예제는 일반 입시학원은 물론 헬스클럽에서도 활용할 수 있는 전단지 샘플이다.

1 새로 시작하기

「워드」를 실행하면 다음과 같은 화면이 나타난다. 여기에서는 아무 것도 없는 빈 공간인 '새 문서'를 선택한다.

다음과 같은 화면이 펼쳐진다.

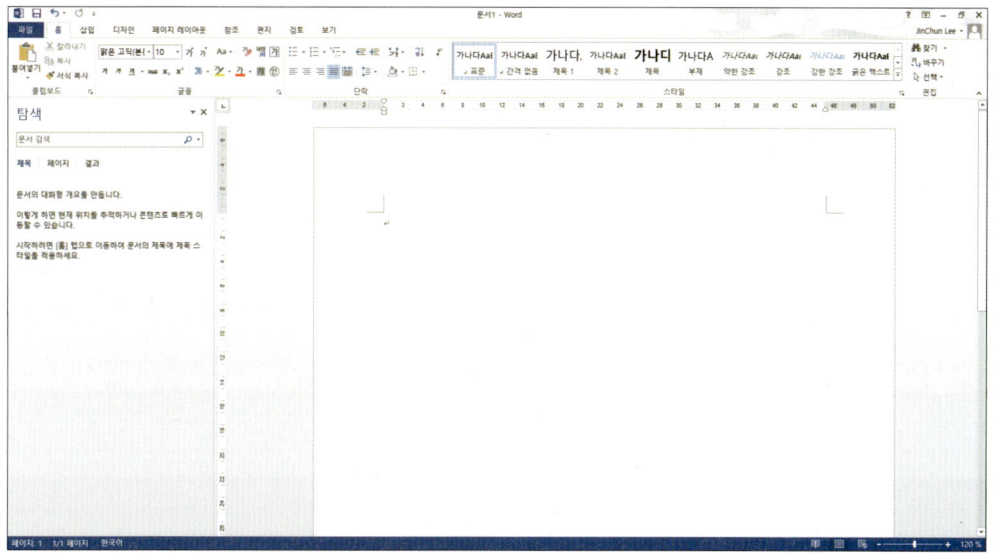

2 용지 및 여백의 설정

용지 크기와 여백을 설정한다. 용지는 A4용지 세로 방향으로 하되, 재단 선을 고려하여 상하좌우에 3mm만큼 더 크게 지정한다. 실제 용지 크기는 216mm X 303mm가 된다. 여백은 상하좌우 3mm로 설정한다. 절반인 213mm X 300mm으로 지정해도 무방하다.

01 [페이지 레이아웃]–[페이지 설정]–[크기]를 클릭하여 하단의 '기타 용지 크기(A)'를 클릭한다.

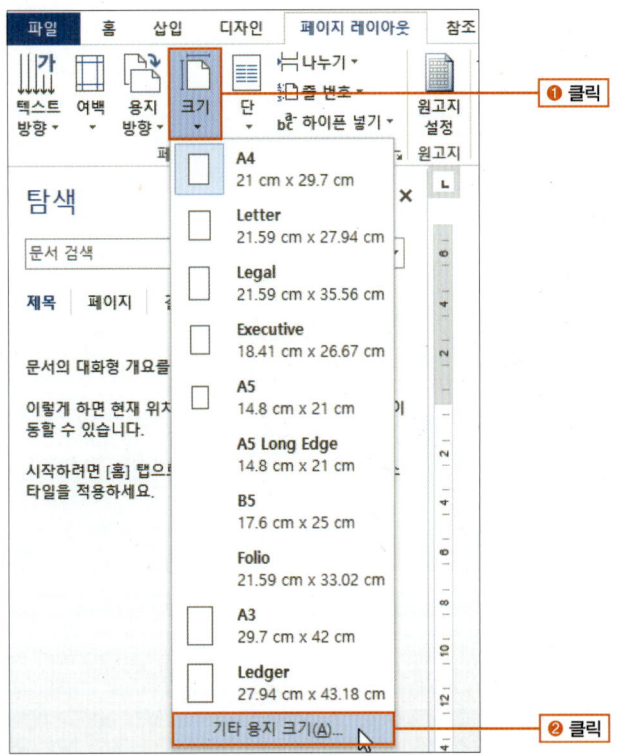

02 '용지' 탭에서 '너비(W)'를 '21.6cm', '높이(H)'를 '30.3cm'으로 설정한 후 [확인]을 클릭한다.

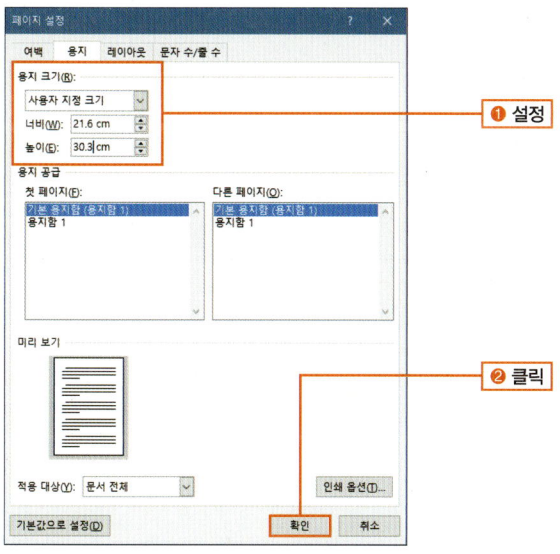

03 '여백' 탭에서 '위쪽(T)', '아래쪽(B)', '왼쪽(L)', '오른쪽(R)'의 값을 각각 '0.3cm'로 설정한다.

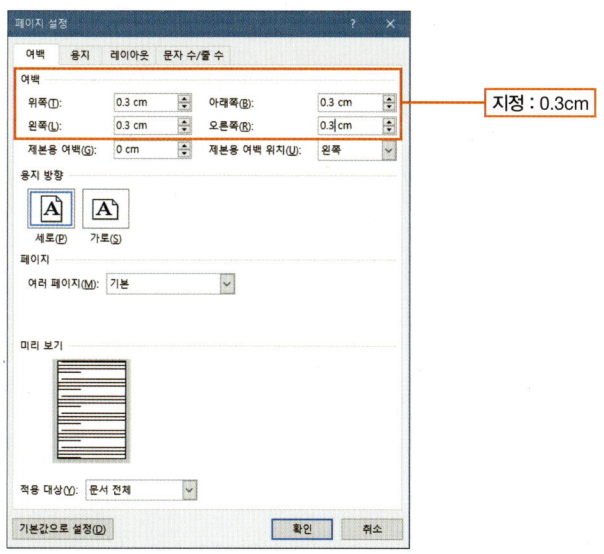

영역을 벗어났다는 메시지가 나오는데 [무시(I)]를 클릭한다.

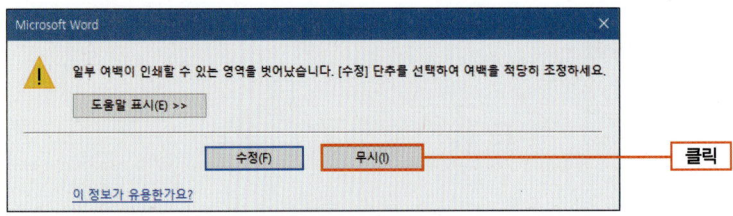

 Tip 재단선을 고려해도 프린터로 출력을 하게 되면 프린터에서 물려 나오는 공간(마진)때문에 A4용지가 전체가 꽉 차게 출력되지 않을 수 있다. 따라서 테두리 선이나 글자를 작성할 때는 잘려나가지 않도록 하기 위해 테두리에 바짝 붙여 작성하지 않도록 한다.

10 배경의 설정 및 테두리 작성

배경(백그라운드)을 설정하고 테두리를 작성한다. 여기에서는 「워드」에서 제공하는 기본 디자인 배경 중에서 선택하도록 하자.

01 [디자인] 탭 – [페이지 배경]의 '페이지 색'을 클릭하면 다음과 같이 색상 팔레트가 나타난다. 배경이 될 색상(예: 회색)를 선택한다.

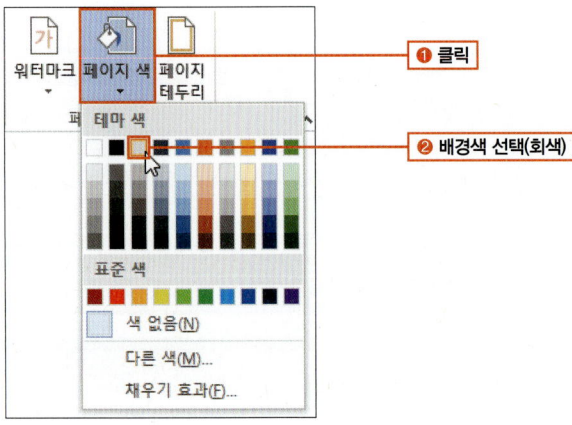

 색상 팔레트에 원하는 색상이 없는 경우 하단의 '다른 색(M)..'을 선택하면 다음과 같은 색상 표가 나타난다.

02 바탕이 되는 도형을 작성한다. [삽입] 탭 - [일러스트레이션] 패널에서 '도형' 확장 버튼(▼)을 클릭한 후 '직사각형'을 클릭한다. 다음과 같이 직사각형을 그린다. 적당한 크기로 그린 후 테두리에 있는 그립을 이용하여 테두리의 끝부분에 맞춘다.

03 이번에는 삼각형을 그린다. [삽입] 탭 - [일러스트레이션] 패널에서 '도형' 확장 버튼(▼)을 클릭한 후 '삼각형'을 클릭한다. 다음과 같이 직사각형 위쪽에 삼각형을 그린다.

04 도형 윤곽선 기능으로 '윤곽선 없음(N)', 도형 채우기 기능으로 도형의 색상(진파랑)을 채운다. 도형을 선택한 후 [서식] 탭 - [도형 스타일] 패널에서 '도형 채우기' 또는 '도형 윤곽선'을 클릭하여 설정한다.

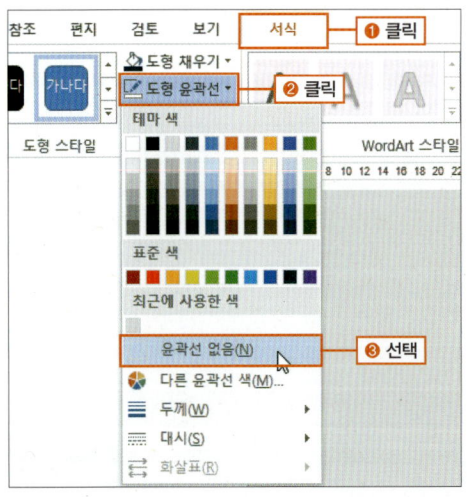 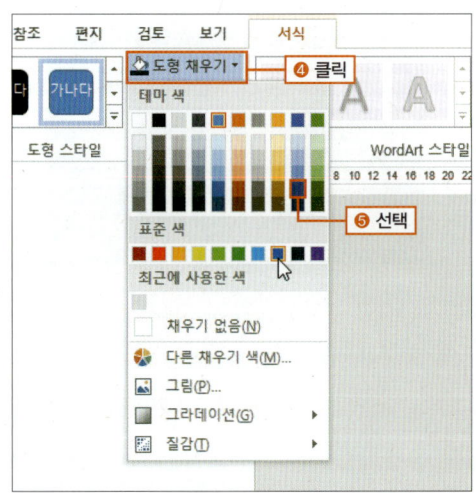

다음과 같이 도형(직사각형)의 속성이 바뀐다.

05 삼각형도 동일한 방법으로 속성을 변경한다.

06 관리를 용이하게 하기 위해 직사각형과 삼각형을 하나의 그룹으로 만든다. 먼저, 직사각형을 선택한 후 Ctrl 키를 누른 채로 삼각형을 선택한다. 마우스 오른쪽 버튼을 눌러 바로가기 메뉴가 나오면 '그룹(G)' - '그룹(G)'를 클릭한다.

4 그림의 배치 및 문자 작성

그림의 배치 및 문자의 작성 순서는 작성자가 작업하기 편리한 순서대로 정하면 된다.

01 도형 기능을 이용하여 다음과 같은 상단에 작은 직사각형을 그린다. 도형 채우기를 '채우지 않음'으로 설정하고 윤곽선은 두꺼운 검정색으로 설정한다.

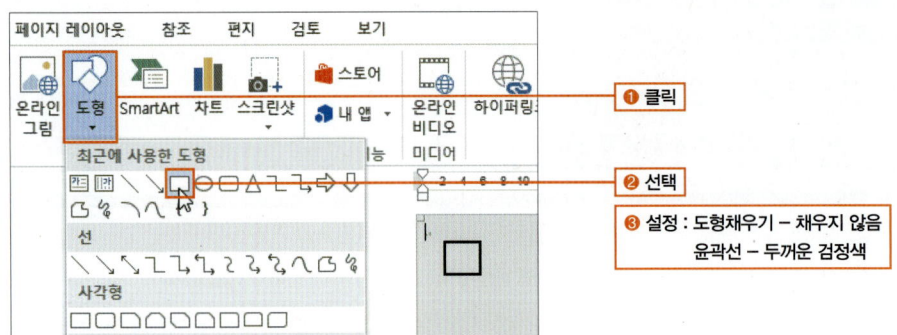

02 다시 작은 직사각형을 그린다. 이번에는 검정색으로 도형을 채운 후 앞에서 그린다.

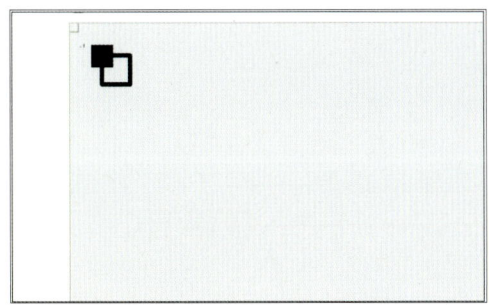

03 WordArt 기능을 이용하여 도형 뒤에 상호인 'PILATES STUDIO'를 작성한다. [삽입] 탭 – [텍스트] 패널의 'WordArt' 확장 버튼(▼)을 눌러 글자 스타일을 선택한다.

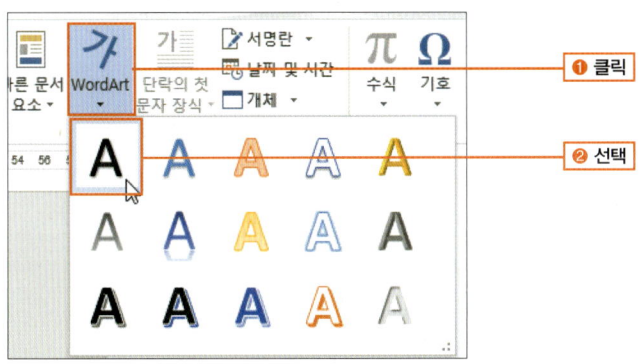

04 '필요한 내용을 적으십시오'라는 메시지가 나타나면 'PILATES STUDIO'를 입력한다. 글꼴은 '맑은 고딕', 크기는 '24'로 설정한다.

Section 02. 전단지 작성 예제 : 요가학원 전단지

05 그림을 삽입한다. [삽입] 탭 – [일러스트레이션] 패널에서 '온라인 그림'을 클릭한 후 이미지 검색 창에 '요가'를 입력한 후 돋보기 마크를 클릭한다.

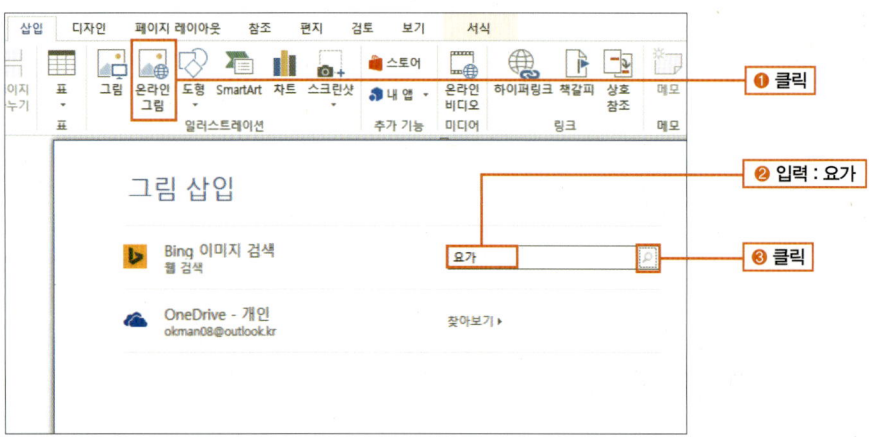

그림이 검색되면 삽입하고자 하는 그림을 선택한 후 [삽입] 버튼을 누른다.

다음과 같이 그림이 삽입된다.

06 삽입한 그림을 도형 앞으로 표시한다. 그림을 선택한 후 [서식] 탭 - [정렬] 패널에서 '텍스트 바꿈' 확장 버튼(▼)을 클릭하여 '텍스트 앞(N)'을 클릭하면 다음과 같이 그림이 도형 앞으로 나타난다.

07 이번에는 도형을 좌우로 반전시킨다. 그림이 선택된 상태에서 [서식] 탭 – [정렬] 패널에서 '회전' 확장 버튼(▼)을 클릭하여 '좌우 대칭(H)'을 선택하면 다음과 같이 그림이 좌우로 대칭되어 표시된다.

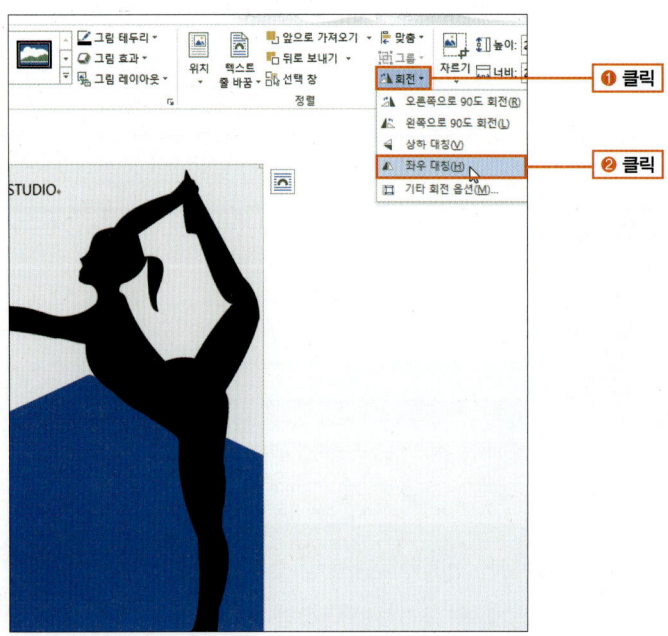

08 그림의 크기를 줄여서 도형의 상단에 배치한다.

09 WordArt 기능을 이용하여 문자('GRAND OPEN')를 작성한다. 글꼴은 '맑은 고딕', 크기는 '48'로 설정한다.

10 나머지 문자도 차례로 작성한다. 문자의 크기와 글꼴, 색상은 적절하게 설정한다.

11 주소를 기입하고 선을 긋는다. [삽입] 탭 – [일러스트레이션] 패널에서 '도형' 확장 버튼(▼)을 클릭하여 시작점과 끝점을 지정한다. 이때 가로의 일직선을 긋기 위해서는 Shift 키를 누른 채 지정한다.

❶ 입력 : 서울시 송파구 잠실로 00 엘스상가 B1F
TEL: 02-2345-6789

12 선의 특성(두께, 색상)을 바꾼다.

13 상단에 메인 타이틀(캐치 카피)을 작성한다.

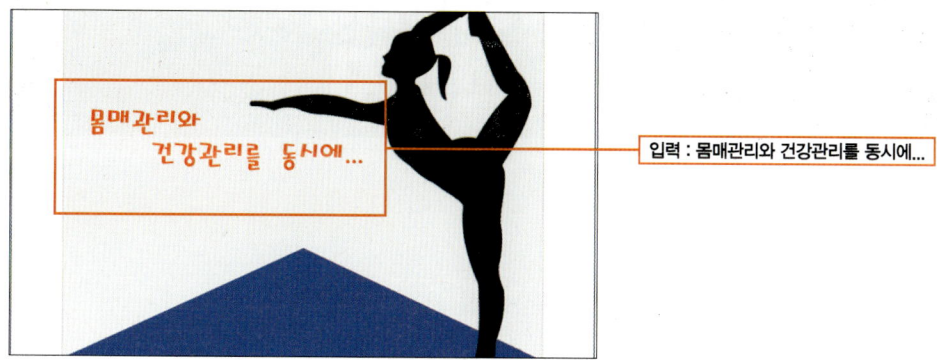

다음과 같이 전단지가 완성된다.

Section 03 전단지 작성 예제 : 애견용품 전단지

이번에는 애견용품 가게의 전단지를 예제로 하여 실습하도록 하자.

1 용지 및 여백의 설정

용지 크기와 여백을 설정한다. 용지는 A4용지 세로 방향으로 하되, 재단 선을 고려하여 상하좌우에 3mm만큼 더 크게 지정한다. 실제 용지 크기는 216mm X 303mm가 된다. 여백은 상하좌우 3mm로 설정한다.

01 [페이지 레이아웃]-[페이지 설정]-[크기]를 클릭하여 하단의 '기타 용지 크기(A)'를 클릭한다.

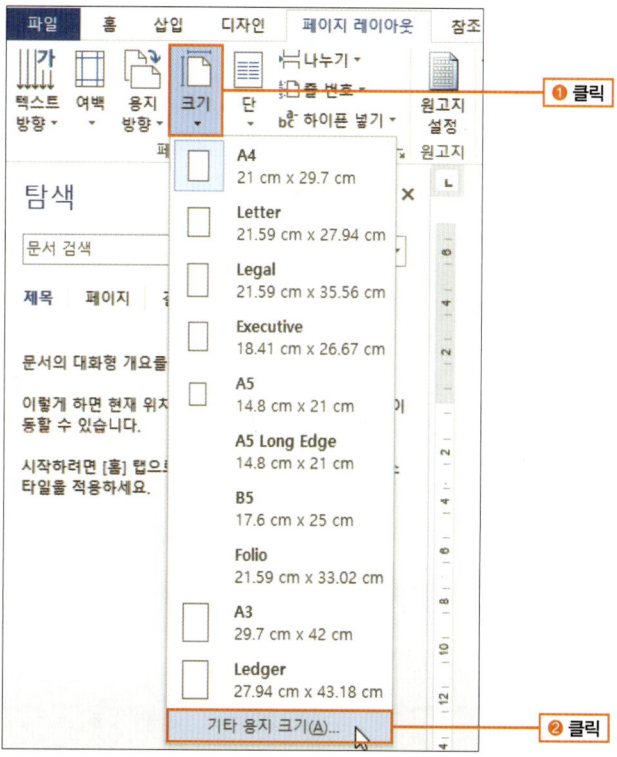

02 '여백' 탭에서 '위쪽(T)', '아래쪽(B)', '왼쪽(L)', '오른쪽(R)'의 값을 각각 '0.3cm'로 설정한다. '용지' 탭에서 '너비(W)'를 '21.6cm', '높이(H)'를 '30.3cm'으로 설정한 후 [확인]을 클릭한다.

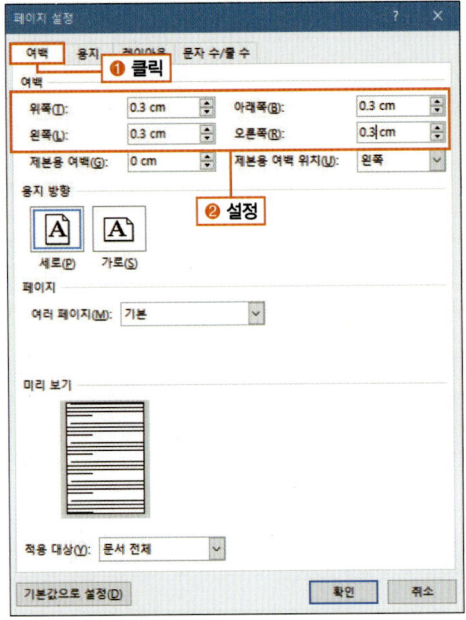 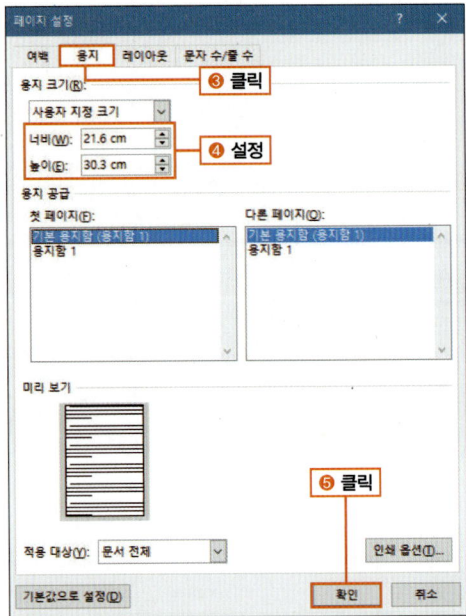

03 영역을 벗어났다는 메시지가 나오는데 [무시(I)]를 클릭한다.

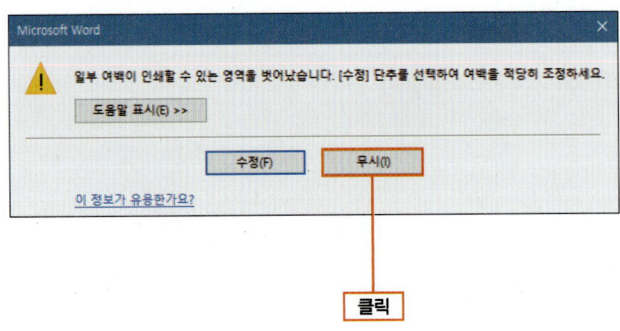

2 배경의 설정 및 윤곽 이미지 작성

배경(백그라운드)을 설정하고 위쪽 아래쪽 이미지를 작성한다. 배경은 「워드」에서 제공하는 기본 디자인 배경 중에서 선택하고 온라인 그림에서 제공하는 이미지를 사용해보자.

01 [디자인] 탭 - [페이지 배경]의 '페이지 색'을 클릭하면 다음과 같이 색상 팔레트가 나타난다. 배경이 될 색상을 선택한다.

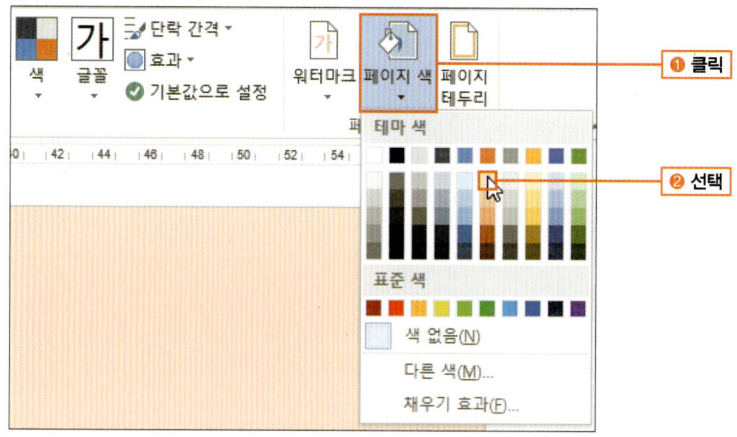

02 하단의 연락처 부분의 직사각형을 작성한다. [삽입] 탭 - [일러스트레이션] 패널의 '도형' 확장 버튼(▼)을 눌러 직사각형을 선택하여 두 점을 지정한다. 적당한 크기로 그린 후 직사각형이 선택된 상태에서 [서식] 탭 - [크기] 패널에서 세로 4.0mm, 가로 21.6mm을 지정한다.

Tip 여기에서는 직사각형의 가로 방향 크기를 용지 크기로 설정했다. 가로 방향의 양쪽 여백을 고려하여 21.0mm로 설정해도 되지만 용지 크기에 맞춰 설정하더라도 여백은 잘려나가기 때문에 용지 크기로 설정했다.

[서식] 탭 - [정렬] 패널에서 '가로 간격을 동일하게(H)'를 클릭한다.

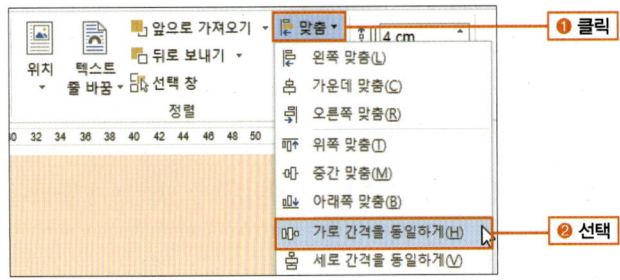

다음과 같이 작성된다.

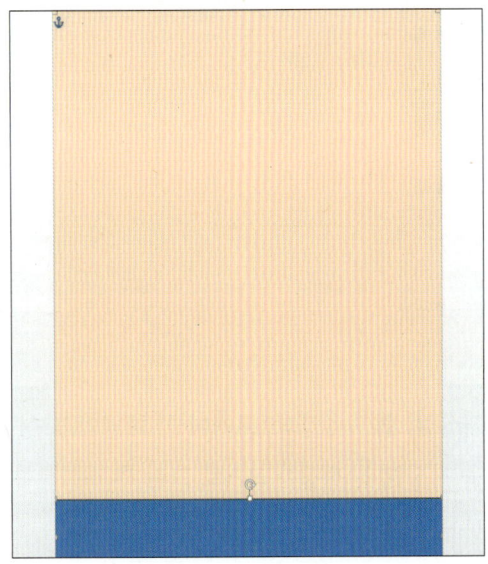

03 상단의 배경 장식(지붕)을 작성한다. 온라인 그림을 활용하도록 하자. [삽입] 탭 - [일러스트레이션] 패널에서 '온라인 그림'을 클릭한다. 검색 창에 '지붕'을 입력한 후 Enter 를 누르거나 돋보기 마크를 클릭한다.

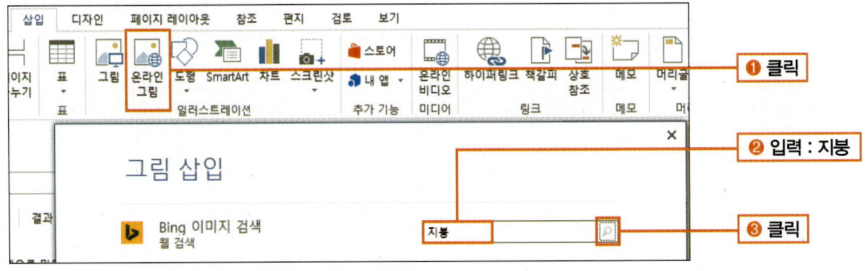

다음과 같이 검색된 이미지(지붕)이 나타나면 삽입하고자 하는 이미지를 선택한 후 [삽입]을 클릭한다.

04 이미지가 삽입되면 가로 방향 크기를 21.6mm로 설정한 후 가로 간격을 동일하게 설정한다. [서식] 탭 – [정렬] 패널에서 '가로 간격을 동일하게(H)'를 클릭한다.

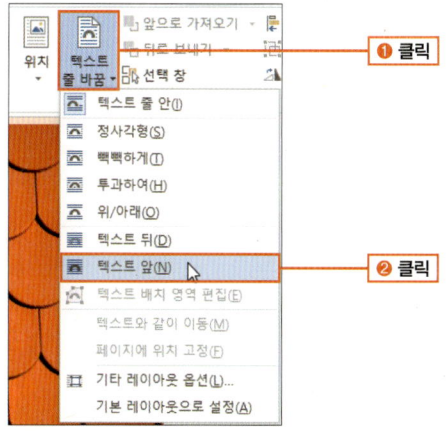

Tip '가로 간격을 동일하게(H)' 기능이 동작되지 않을 때는 [서식] 탭 – [정렬] 패널에서 '텍스트 중 바꿈' 확장 버튼(▼)을 눌러 '텍스트 앞(N)'을 클릭한 후 실행한다.

다음과 같이 이미지가 배치된다.

지붕의 이미지가 너무 크기 때문에 잘라내기를 한다. [서식] 탭 – [크기] 패널에서 '자르기'를 클릭한다. 그러면 이미지의 네 모서리와 중간에 검정색으로 자르기 할 도구가 나타난다.

이때 위쪽의 가운데 자르기 도구를 드래그하여 자르고자 하는 위치에 맞춘다.

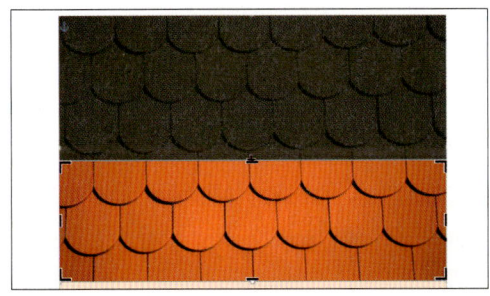

[서식] 탭 - [크기] 패널에서 '자르기'를 클릭하면 다음과 같이 지정한 위치까지 잘린다.

06 지붕 이미지를 다음과 같이 문서의 상단에 정렬한다.

3 본문 작성

전단지 메시지의 중심이 되는 본문의 이미지 및 광고 문구(카피)를 작성한다.

01 할인 태그를 작성한다. 먼저 필요한 이미지를 온라인 그림을 통해 삽입한다. [삽입] 탭 – [일러스트레이션] 패널에서 '온라인 그림'을 클릭하여 '태그' 이미지를 검색하여 적당한 이미지를 삽입한다. 이어서 '바코드' 이미지를 삽입한다. 이미지를 적당한 크기로 줄인다.

02 회전 기능과 이동 기능을 이용하여 태그 위에 바코드를 배치한다.

03 태그 위에 할인율(50%)을 기입한다. 문자를 기입한 후 회전하여 태그 각도에 맞춘다. 이동과 같은 편집을 수월하게 하기 위해 세 개의 개체를 하나로 묶는다. 세 개의 개체를 선택한 후 마우스 오른쪽 버튼을 눌러 '그룹(G)'을 누른다.

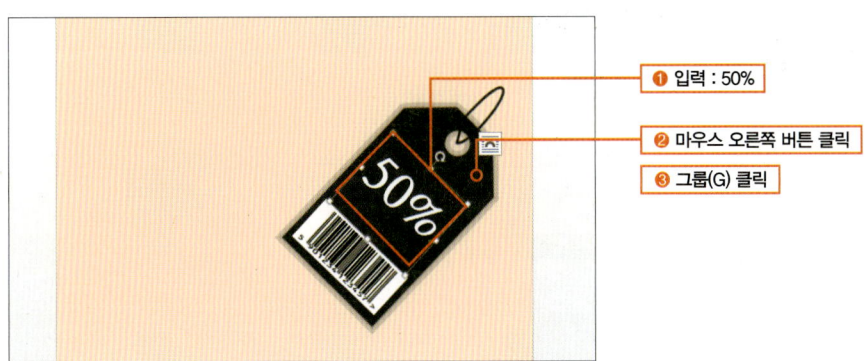

04 온라인 그림 기능으로 강아지 이미지를 삽입하여 배치한다. 먼저 검색 키워드 '강아지'를 입력하여 배치하고자 하는 이미지를 찾아 삽입한다.

위쪽의 두 개의 이미지만 사용하기 위해 '자르기' 기능으로 위의 이미지만 남기고 자른다.

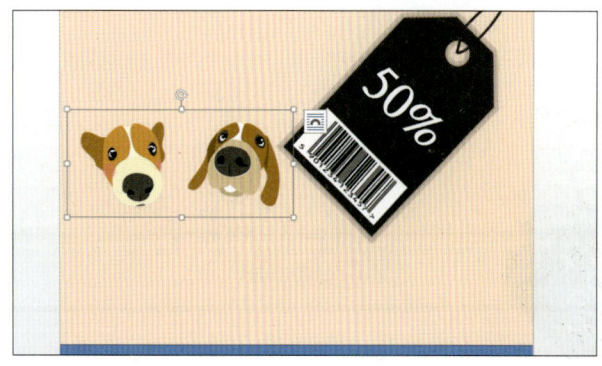

05 강아지 이미지에 그림자 효과를 준다. 이미지가 선택된 상태에서 [서식] 탭 – [그림 스타일] 패널의 '그림 효과' 확장 버튼(▼)을 클릭하여 그림자 효과를 지정한다.

06 강아지 이미지를 배치한다.

07 WordArt 기능을 이용하여 문자를 작성한다. 다양한 글꼴과 텍스트 효과를 바꿔가면서 디자인하도록 한다.

08 문자 위쪽의 공백에 발바닥 이미지를 넣어보자.

09 하단에 연락처와 영업시간을 기입한다.

입력

다음과 같이 애견용품점의 전단지가 완성된다.

Section 04 전단지 작성 예제 : 템플릿 활용 방법

이번에는 마이크로소프트사에서 제공하는 템플릿을 활용하여 전단지를 작성하는 방법에 대해 알아보자. 「워드」 프로그램에서는 다양한 템플릿을 제공하고 있다. 이 템플릿을 활용하면 비교적 적은 수고로 전단지를 작성할 수 있다.

01 먼저 「워드」에서 제공하는 템플릿을 선택한다. 「워드」를 실행하면 다음과 같은 화면이 나타난다. 오른쪽에 템플릿 샘플이 표시된다. 작성하고자 하는 템플릿이 있으면 바로 선택한다.

추가로 템플릿을 검색하고 싶다면 검색 창에 키워드(예: 전단)를 입력한다. 다음과 같이 해당 키워드에 해당된 템플릿이 나타난다.

Section 04. 전단지 작성 예제 : 템플릿 활용 방법

02 템플릿(예: 이벤트 전단)을 선택한다. 다음과 같은 대화상자가 나타나면 '만들기'를 클릭한다.

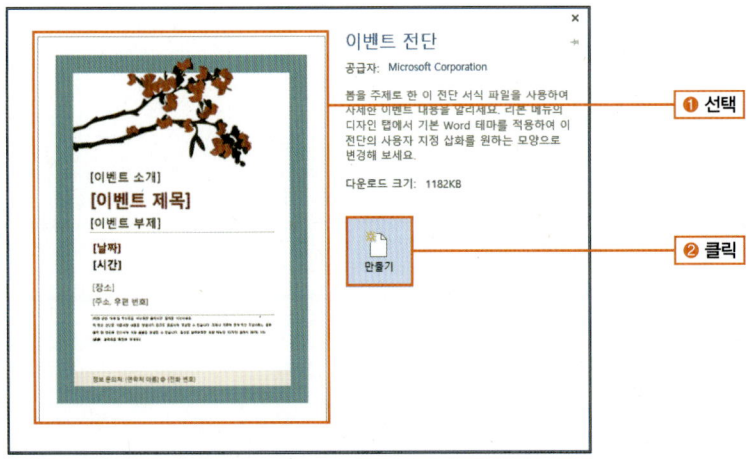

03 다운로드가 완료되면 다음과 같은 전단지 템플릿이 나타난다.

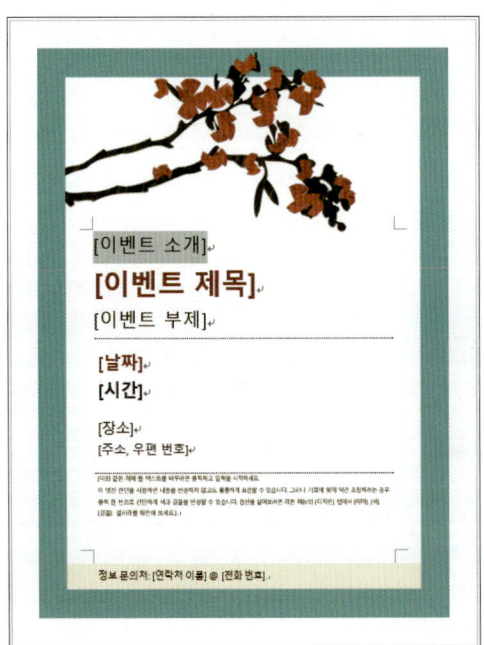

04 작성하고자 하는 전단지의 내용에 맞춰 각 항목(이벤트 소개, 제목, 부제 등)의 문자를 수정한다.

05 날짜는 다음과 같이 캘린더에서 선택하도록 되어 있다. 원하는 날짜를 지정한다.

캘린더에서 날짜를 선택하면 다음과 같이 선택한 날짜가 기입된다.

06 필요한 공간에 문자를 작성한다. 포맷이나 문자 내용은 사용자가 작성하고자 하는 전단지의 성격에 따라 임의로 수정한다.

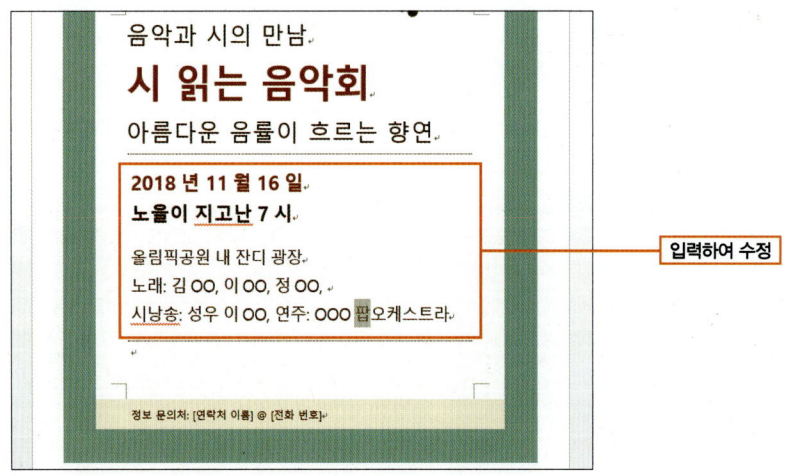

다음과 같이 전단지가 완성된다. 이렇게 마이크로소프트사에서 제공하는 템플릿을 이용하면 많은 시간과 수고를 들이지 않고 간단히 전단지를 작성할 수 있다.

Section 05 한글은?

「한글」은 우리나라의 대표적인 문서작성용 소프트웨어다. 현재는 외국계 자본이 들어와서 순수한 국내 기업이라 할 수 없으나 우리나라 기술로 개발된 소프트웨어다. 문서작성용 소프트웨어로 「워드(MS-Word)」가 전세계 시장을 장악하고 있지만 우리나라에서만은 한글이 우위를 점하고 있다. 1980년대부터 국내 워드프로세서(문서 편집기) 시장을 선점한데다가 1990년대 후반에 우리나라의 IMF 구제금융 사태로 인한 불경기와 불법복제 때문에 경영난을 겪어 마이크로소프트사에 매각하려 했다. 이때, 한글학회 등 여러 단체가 주도하여 한글 지키기 운동이 일어나고 10,000원에 사용할 수 있는 815특별판이 발매되어 70만 카피 이상 팔리면서 기사회생하였다. 특히, 관공서에서 국산 소프트웨어 활용 차원에서 적극 활용하면서 시장을 확고히 했다. 관공서나 학교에서의 공문은 반드시 한글로 작성하고 있어 민간 기업에서도 사용하지 않을 수 없는 환경이 된 것이다. 외국과의 문서 교환에는 어려움이 있으나 데이터의 호환이나 문서 작성을 위한 기능이 쉽고 편리하여 많이 사용되고 있다. 초등학생들도 자연스럽게 사용하는 소프트웨어다. 약간의 차이는 있지만 「워드(MS-Word)」의 기능과 차이가 없으며 사용법도 유사한 부분이 많다. 전단지를 작성하는데 있어서도 그리 어렵지 않다. 여기에서는 별도로 한글의 기능을 설명하지 않고 직접 전단지를 작성해보면서 익히도록 하자.

한글의 시작은 바탕화면 또는 윈도우 메뉴에서 '한컴오피스 한글20XX'를 실행한다.

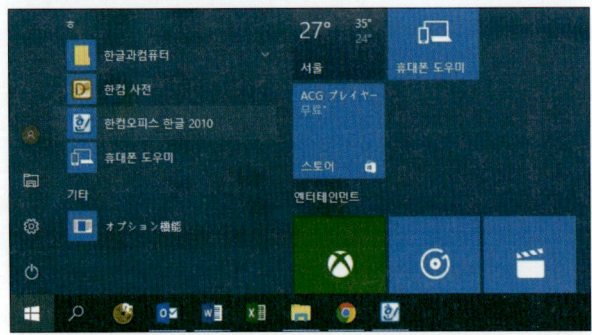

다음과 같이 「한글」 편집 화면이 나타난다. 편집화면의 느낌만으로도 「워드」와 크게 차이가 나지 않다는 것을 알 수 있다.

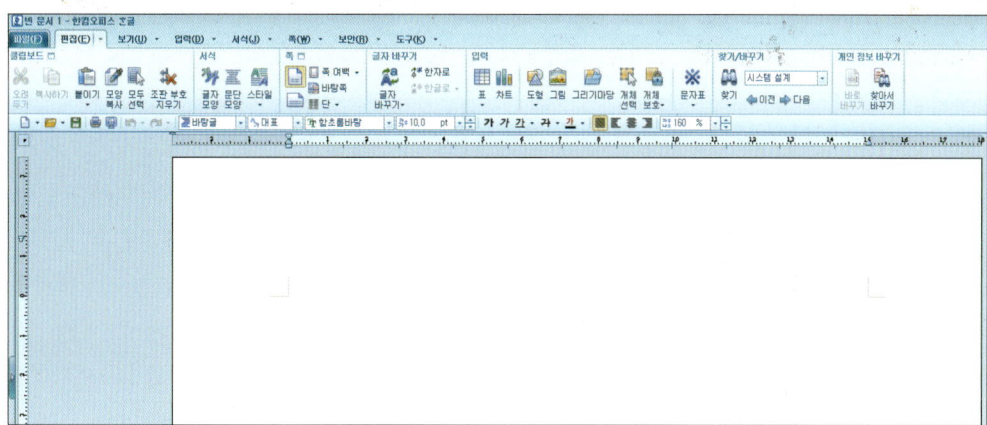

Section 06 전단지 작성 예제 : 공부방 전단지

샘플 전단지를 작성하면서 전단지의 작성 방법과 순서를 알아보자. 아울러 실습을 통해 전단지 작성에 필요한 한글의 기능을 익히도록 하자. 먼저 일반 전단지를 작성한 후, 이를 수정하여 아래쪽의 연락처를 떼어갈 수 있도록 하는 문어발 형식의 전단지를 만들어보자.

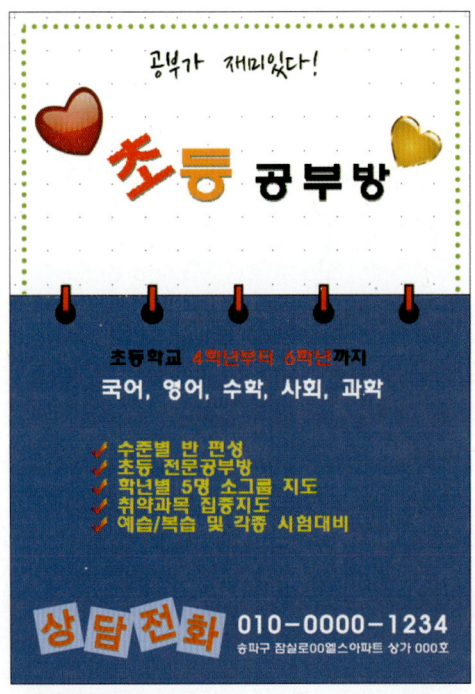

그림 일반 전단지

그림 문어발 형식 전단지

1 시작 및 용지 크기 지정

01 워드를 실행하면 다음과 같은 화면이 나타난다.

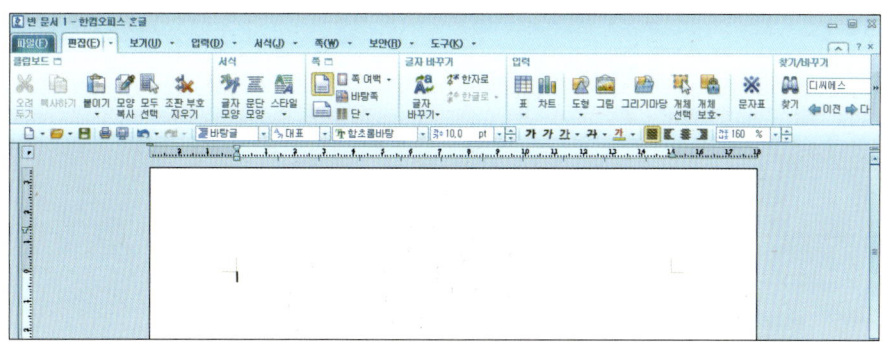

02 용지를 설정한다. [파일(F)] 탭 – [쪽 설정] 패널에서 '쪽 여백'의 확장 버튼(▼)을 클릭하여 '쪽 여백 설정(A)'를 클릭한다.

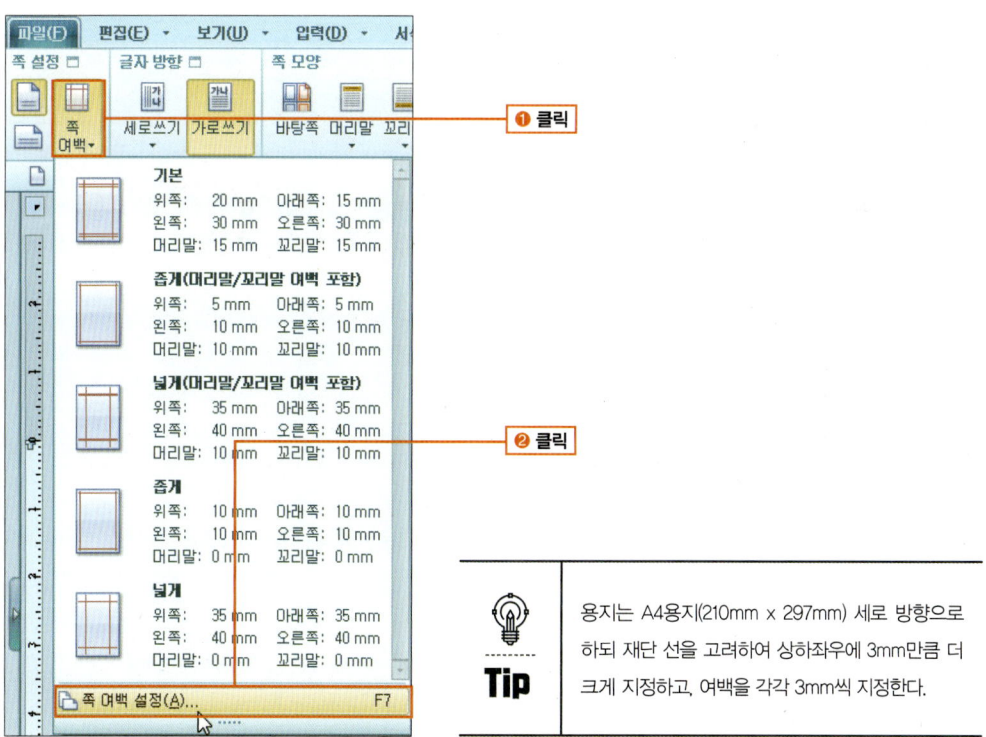

Tip 용지는 A4용지(210mm x 297mm) 세로 방향으로 하되 재단 선을 고려하여 상하좌우에 3mm만큼 더 크게 지정하고, 여백을 각각 3mm씩 지정한다.

03 다음과 같은 편집용지 대화상자가 나타난다. '용지 종류'의 '폭(W)'을 216mm, '길이(E)'를 303mm로 설정한다. '용지 여백'의 '왼쪽(L)', '오른쪽(R)', '위쪽(T)', '아래쪽(B)'을 각각 3mm로 설정한다.

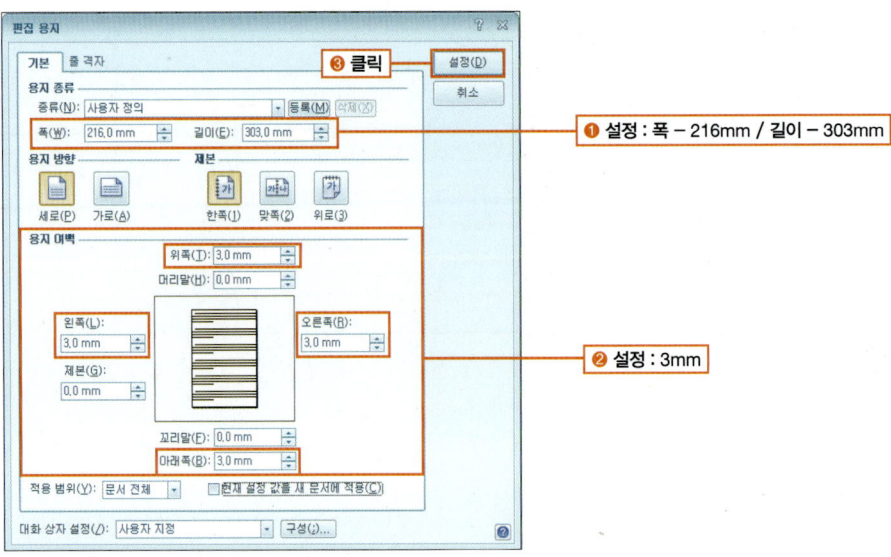

다음과 같이 설정된 용지가 표시된다.

❷ 배경 설정

전단지 전체의 배경을 설정한다.

01 [입력(D)] 탭 – [개체] 패널의 도형 중 '직사각형'을 선택한다.

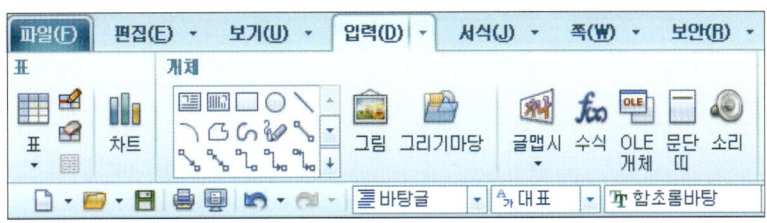

두 점을 지정하여 임의의 위치에 직사각형을 그린다.

02 작도한 직사각형의 크기를 조정하고 용지 끝에 정렬한다. 마우스 커서를 직사각형에 대고 더블클릭한다. '크기'에서 '너비(W)'를 '216', '높이(H)'를 '175'로 설정한다. '위치'에서 '가로(I)'를 '왼쪽', '기준'을 '0', '세로(V)'를 '아래', '기준'을 '0'으로 설정한다.

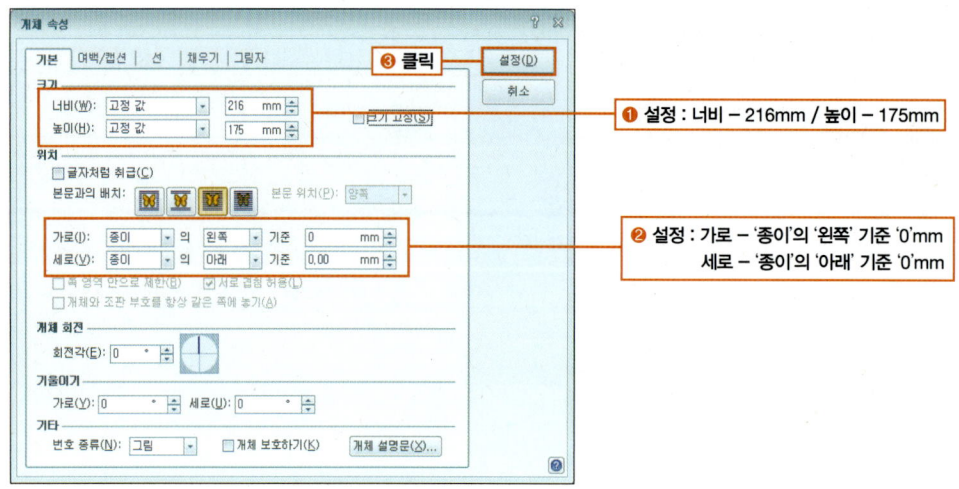

다음과 같이 도형이 설정된다.

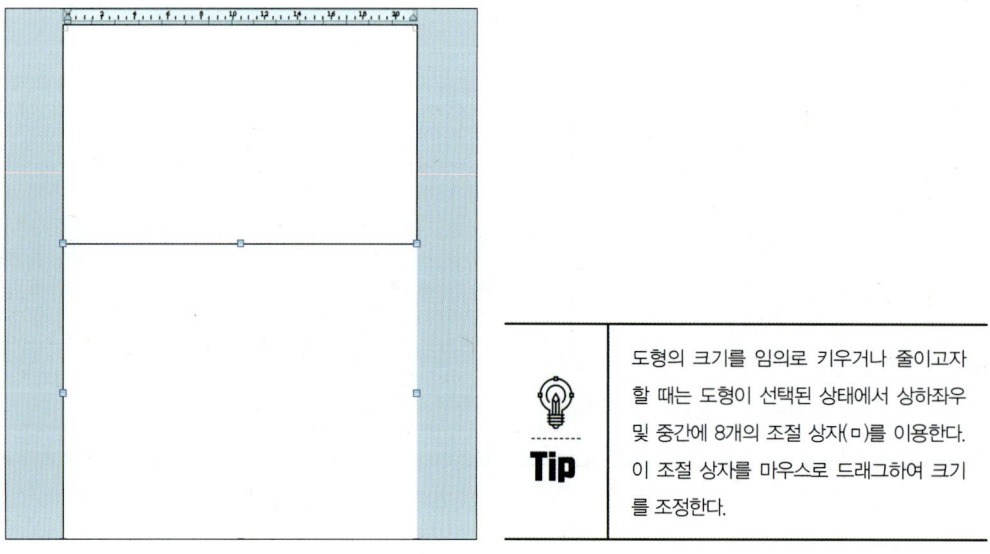

Tip 도형의 크기를 임의로 키우거나 줄이고자 할 때는 도형이 선택된 상태에서 상하좌우 및 중간에 8개의 조절 상자(ㅁ)를 이용한다. 이 조절 상자를 마우스로 드래그하여 크기를 조정한다.

도형의 크기 및 정렬

여기에서 도형의 크기 중 '너비(W)'를 '216'으로 설정한 것은 용지의 폭에 맞추기 위한 값이다. '높이(H)'는 임의의 크기를 지정한 것이다.
도형을 정렬하기 위해 위치를 지정할 때는 가로(l) 방향은 '왼쪽' 값은 '0'으로 설정함으로써 꽉 차게 지정하는 것이고, 세로(V) 방향은 '아래쪽'을 기준으로 '0'으로 설정한 것은 용지의 맨 아래쪽에 정렬되도록 하기 위함이다.

03 도형의 테두리를 없애고 색상을 지정한다. 도형이 선택된 상태에서 [도형] 탭 - [스타일] 패널에서 '채우기' 버튼을 누른다. 색상 팔레트에서 채우고자 하는 색상을 선택한다.

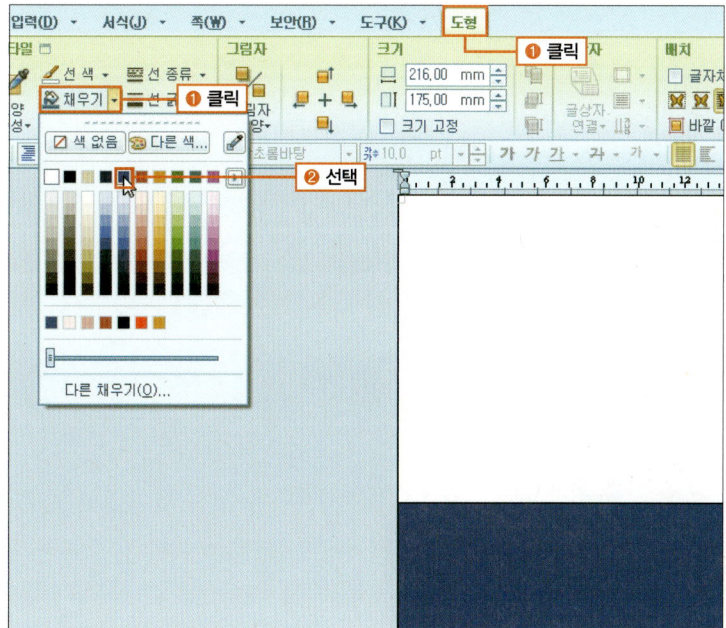

[도형] 탭 - [스타일] 패널에서 '선 종류' 버튼을 눌러 '선 없음'을 지정한다.

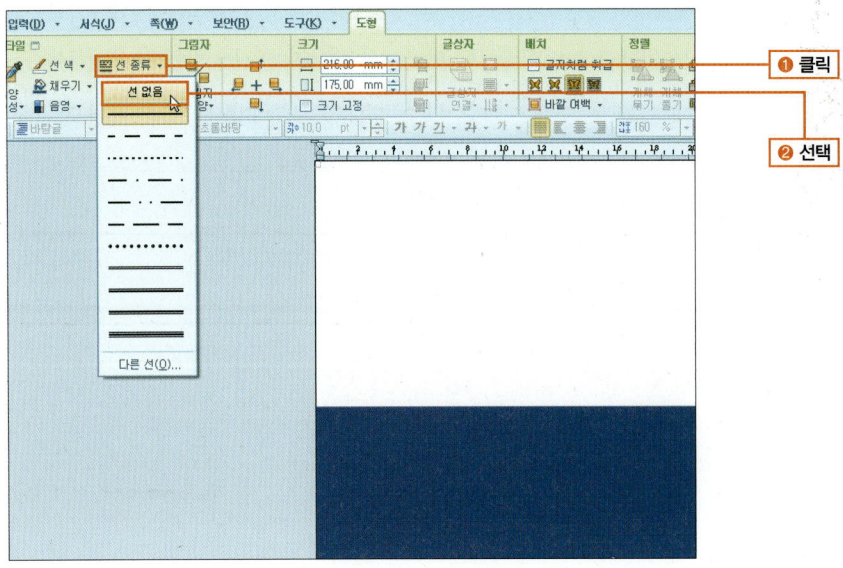

다음과 같이 바탕 도형이 작성된다.

04 위쪽에 테두리 선을 긋는다. [입력(D)] 탭 - [개체] 패널의 도형 중 '직선'을 선택한다. 다음과 같이 세 개의 직선을 긋는다.

 **Tip** 가로 방향 또는 세로 방향으로 수평 또는 수직으로 긋고자 할 때는 [Shift] 키를 누르면서 지정한다.

05 선의 길이 및 간격을 조정한다. 왼쪽의 수직선에 마우스를 대고 더블클릭한다. 위쪽에서 7mm, 왼쪽에서 7mm떨어진 위치에 길이 120mm선으로 설정한다.

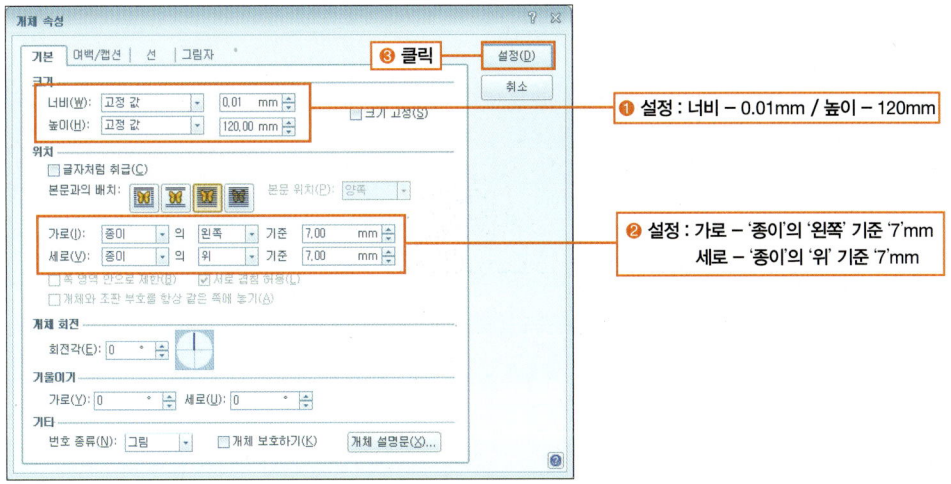

❶ 설정 : 너비 - 0.01mm / 높이 - 120mm

❷ 설정 : 가로 - '종이'의 '왼쪽' 기준 '7'mm
　　　　 세로 - '종이'의 '위' 기준 '7'mm

❸ 클릭

이와 같은 방법으로 오른쪽 수직선의 가운데 수평선의 길이와 정렬 위치를 설정한다.

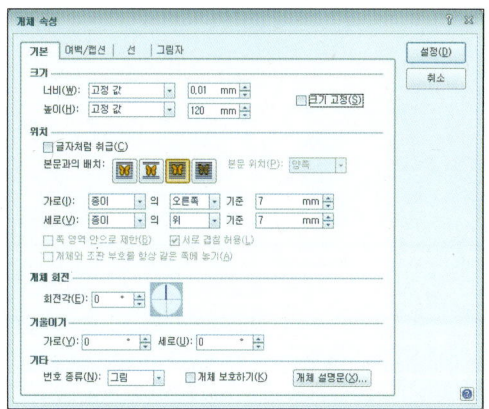 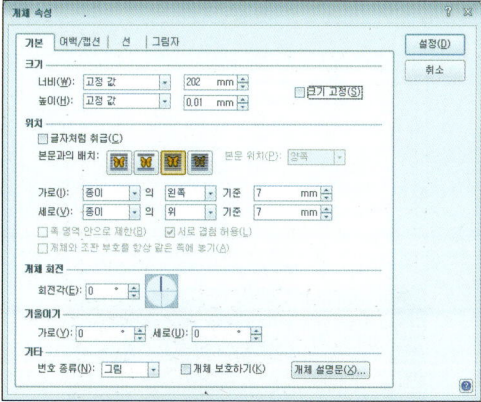

다음과 같이 설정된다.

06 선의 특성(선 종류, 선 색상 등)을 바꾼다. 선이 선택된 상태에서 [도형] 탭 - [스타일] 패널에서 '선 두께'를 클릭하여 '2mm'를 지정하고, '선 종류'를 클릭하여 '점선'을 지정한다. 다음과 같이 점선으로 바뀐다. 선 색을 '초록색'으로 지정한다.

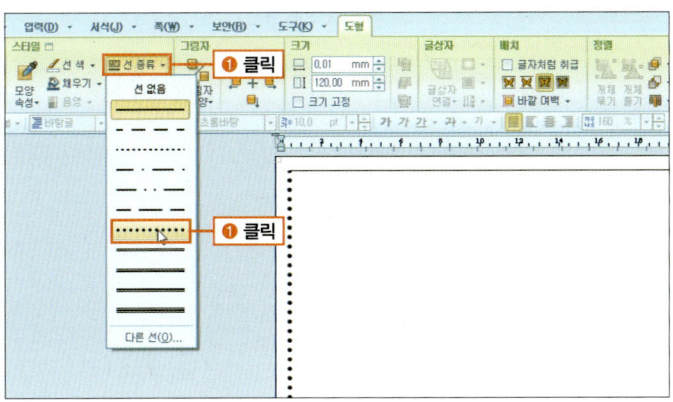

나머지 두 선도 동일한 방법으로 선의 특성을 변경한다.

07 고리를 만든다. 먼저 도형 기능을 이용하여 고리의 형상을 그린다. [입력(D)] 탭 - [개체] 패널의 도형 중 '타원'을 선택한다. 임의의 위치를 지정한 후 [도형] 탭 - [크기] 패널에서 가로와 세로의 크기를 '9.0mm'로 지정한다.

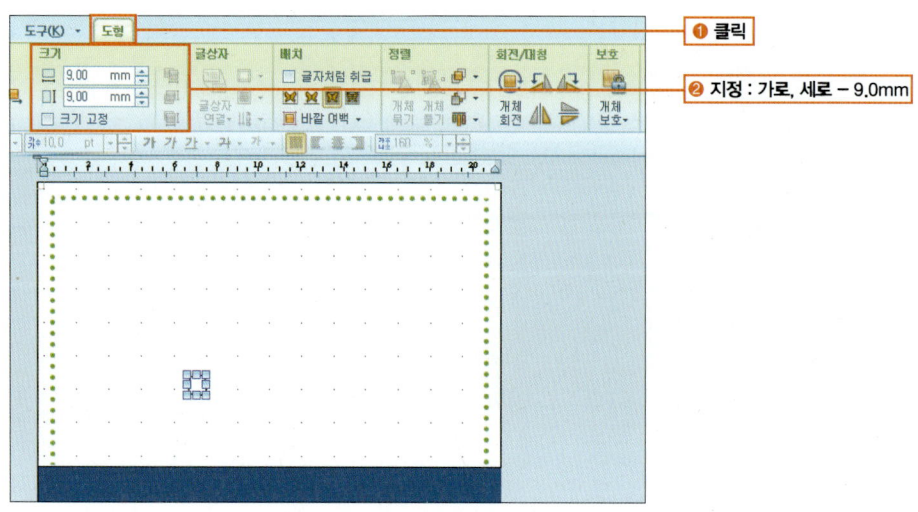

08 [입력(D)] 탭 - [개체] 패널의 도형 중 '직사각형'을 선택한다. 원의 중앙에 맞춘 후 [도형] 탭 - [크기] 패널에서 가로 '3.5mm', 세로 '12.0mm'를 지정한다.

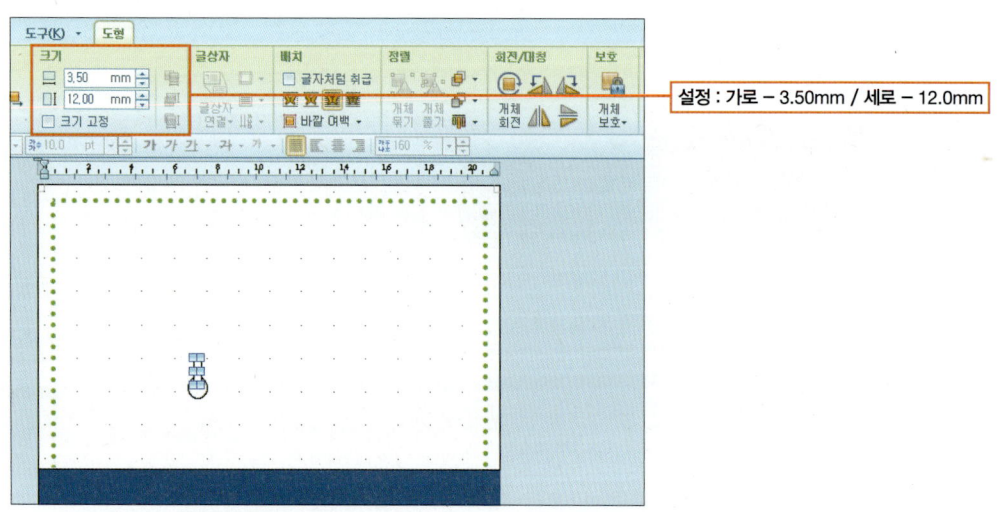

09 채우기 기능으로 원(검정)과 직사각형(빨강)의 색을 채운다. 테두리 선의 두께를 '1.0mm'로 지정한다.

10 원과 사각형을 그룹으로 묶는다. 원과 사각형을 선택한 후 [도형] 탭 – [정렬] 패널에서 '개체 묶기(G)'를 클릭한다.

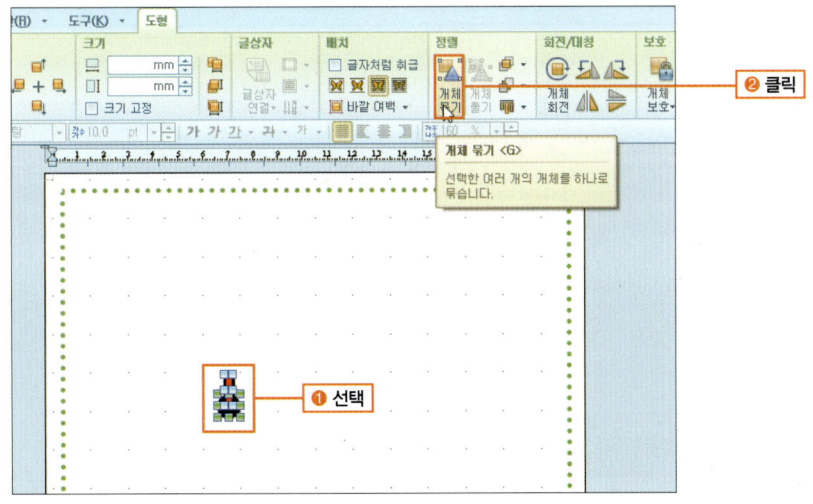

 Tip '개체 묶기(그룹)'를 하면 같이 묶인 개체의 이동이나 복사가 편리하다. 여러 개의 개체(이미지)를 하나의 그룹으로 묶을 수도 있고 묶어있는 개체를 풀 수도 있다. 반복해서 그룹으로 묶고, 그룹으로 묶인 개체는 묶은 수만큼 반복해서 풀 수 있다.

11 고리를 복사한다. 고리를 선택한 후 Ctrl 키를 누르면 '+' 마크가 나타나면 복사하고자 하는 위치로 드래그한다. 다음과 같이 적당한 간격으로 5개를 배치한다.

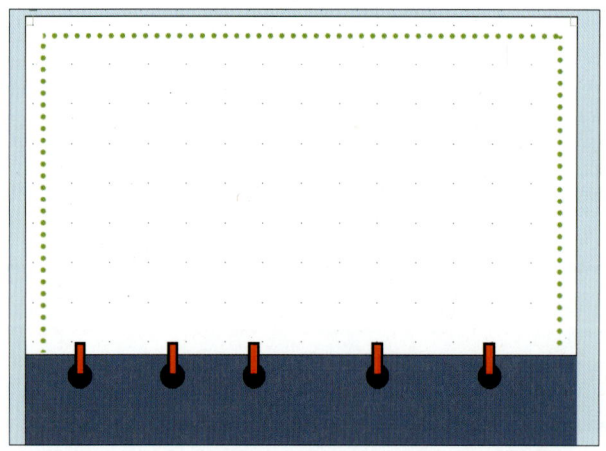

12 일정한 간격으로 배열한다. 먼저 고리 5개를 선택한 후 [도형] 탭 - [정렬] 패널에서 '맞춤/배분' 확장 버튼(▼)을 눌러 '가로 간격을 동일하게(H)'를 클릭한다.

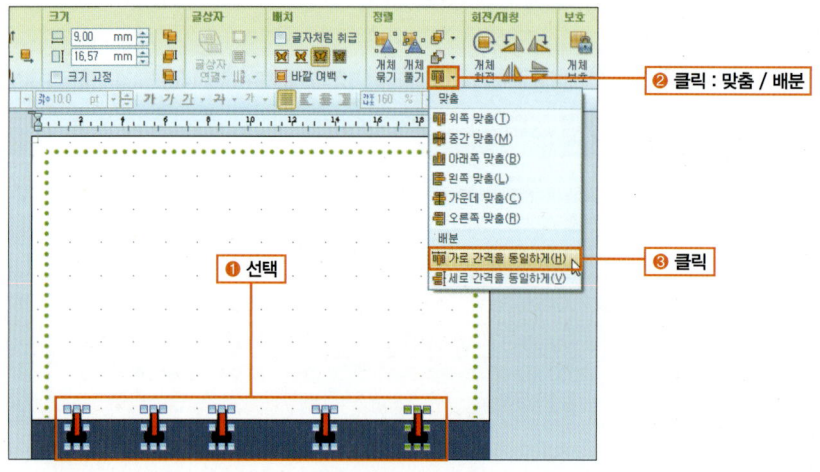

- Ctrl 키는 개체를 복사하는 기능을 수행한다.
- 한 번에 여러 개의 개체를 동시에 선택할 때는 Shift 키를 눌러 선택한다.

다음과 같이 선택한 개체가 동일한 간격으로 배치된다. 좌우 간격은 마우스를 이용해 조정한다.

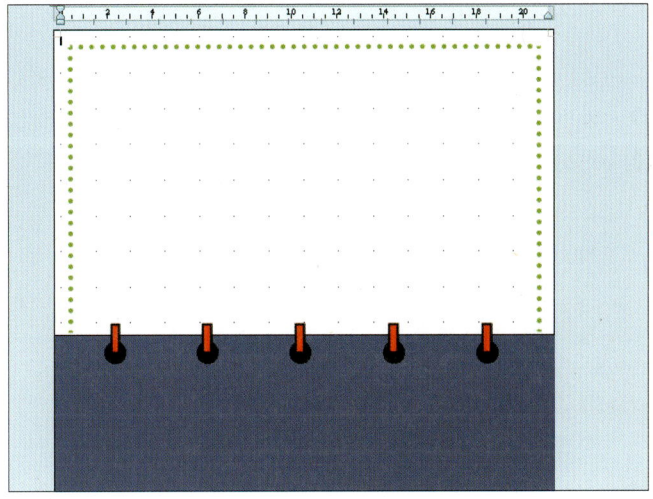

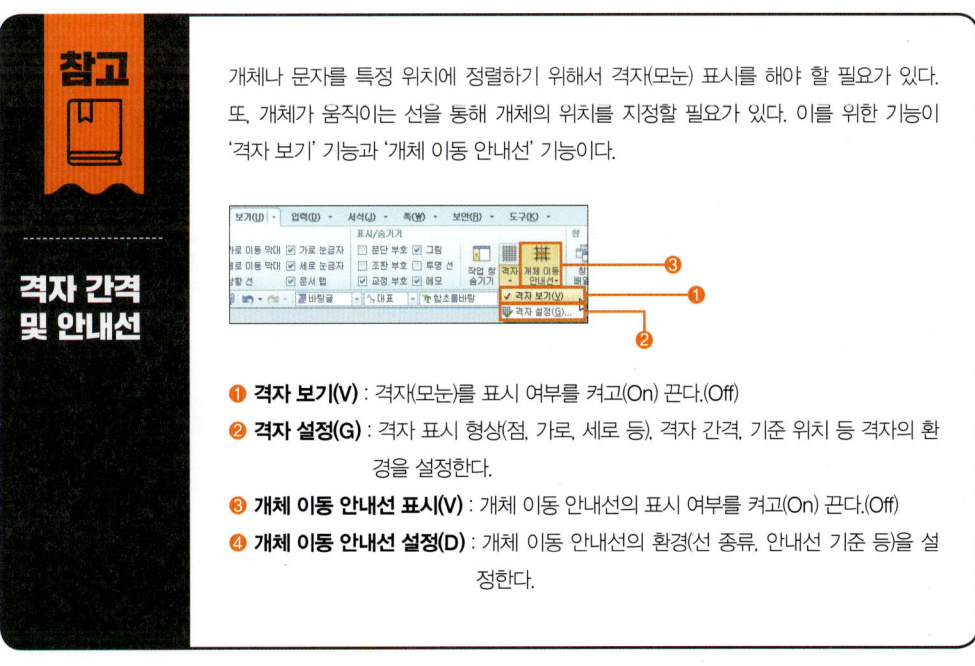

개체나 문자를 특정 위치에 정렬하기 위해서 격자(모눈) 표시를 해야 할 필요가 있다. 또, 개체가 움직이는 선을 통해 개체의 위치를 지정할 필요가 있다. 이를 위한 기능이 '격자 보기' 기능과 '개체 이동 안내선' 기능이다.

❶ **격자 보기(V)** : 격자(모눈)를 표시 여부를 켜고(On) 끈다.(Off)
❷ **격자 설정(G)** : 격자 표시 형상(점, 가로, 세로 등), 격자 간격, 기준 위치 등 격자의 환경을 설정한다.
❸ **개체 이동 안내선 표시(V)** : 개체 이동 안내선의 표시 여부를 켜고(On) 끈다.(Off)
❹ **개체 이동 안내선 설정(D)** : 개체 이동 안내선의 환경(선 종류, 안내선 기준 등)을 설정한다.

3 그림 및 문자의 배치

배경이 완성되었으면 내용(그림 및 문자)을 작성한다.

01 먼저 문자를 배치한다. [입력(D)] 탭 – [개체] 패널의 '글맵시' 확장 버튼(▼)을 클릭하여 맵시를 선택한다. '글맵시 만들기' 대화상자에서 글꼴을 지정하고 '초'를 입력한다.

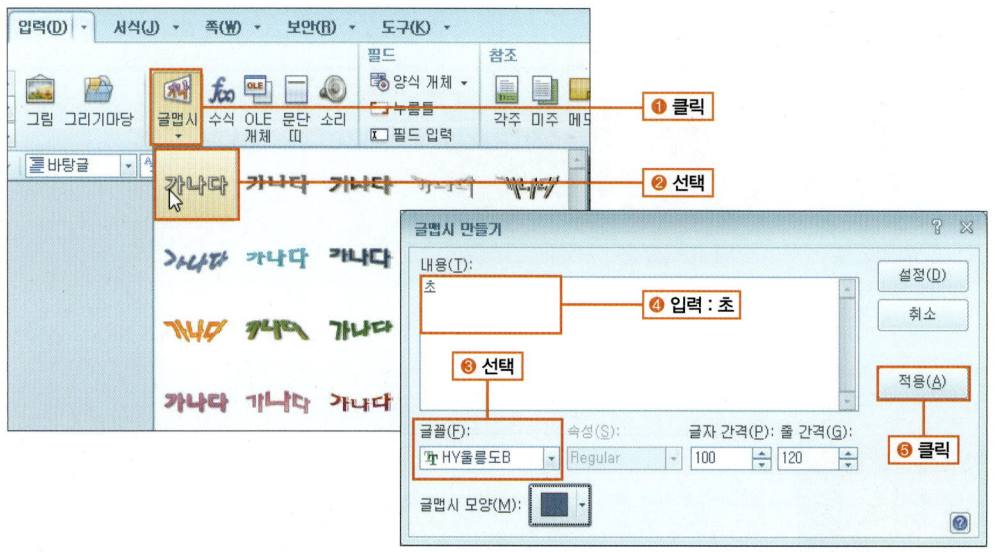

02 문자가 삽입되면 문자를 선택한 후 [글맵시] 탭 – [크기] 패널에서 가로, 세로 크기를 각각 '25'로 설정한다. 색상을 '빨강' 색으로 설정한다. 테두리선은 '선 없음'으로 설정한다.

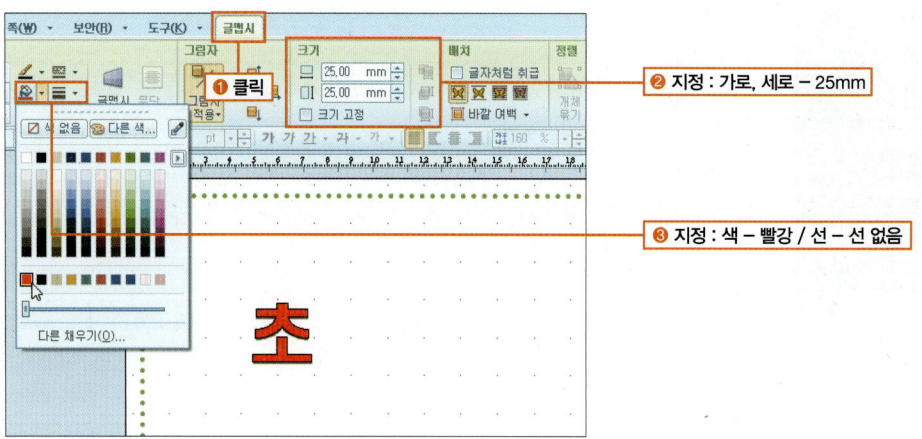

03 문자를 선택한 후 Ctrl 키를 눌러 4개를 더 복사한다.

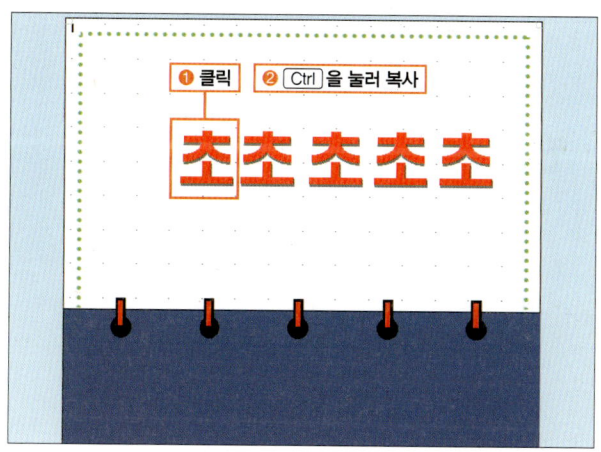

04 문자를 더블클릭하여 대화상자를 통해 문자 내용과 색상을 수정한다. '등'은 문자 크기는 그대로 두고 색상만 '주황'색으로 설정한다. '공', '부', '방'은 문자 크기는 '18', 색상은 '검정'색으로 설정한다.

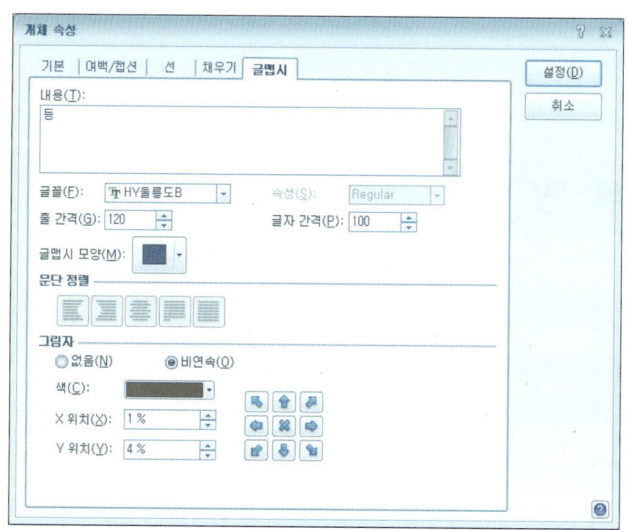

Tip 문자의 크기나 색상 등은 더블클릭하지 않고 문자를 선택한 상태에서 상단의 리본 메뉴에서 수정할 수도 있다.

다음과 같이 문자가 작성된다.

05 문자를 회전하고 배치한다. 문자('초')를 선택한 후 [글맵시] 탭 - [회전/대칭] 패널에서 '개체 회전'을 선택한다. 마우스 커서를 모서리로 가져가면 회전 마크가 나타난다.

회전 마크를 회전한다. 다음과 같이 글맵시가 회전된다.

06 문자를 적당한 위치에 배치한다. '공부방'은 배치한 후 세 개의 문자를 선택하여 [글맵시] 탭 - [정렬] 패널에서 '맞춤/배분' 확장 버튼(▼)을 클릭하여 '가로 간격을 동일하게(H)'를 클릭한다. 다음과 같이 세 개의 문자의 간격이 일정하게 배치된다.

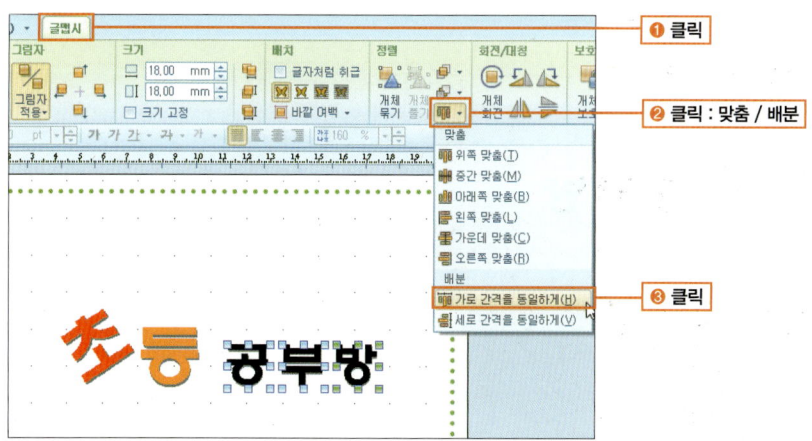

07 상단에 문자('공부가 재미있다!')를 배치한다. 이번에는 글상자를 이용하여 배치해보도록 하자. [입력(D)] 탭 – [개체] 패널에서 '가로 글상자'를 클릭한다. 작성할 위치를 지정한 후 문자('공부가 재미있다!')를 입력한다.

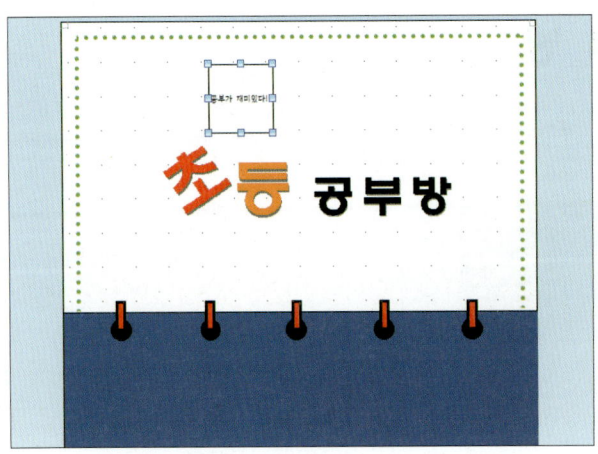

08 문자의 특성을 수정한다. [도형] 탭 – [스타일] 패널의 '선 종류'에서 '선 없음'으로 설정하고, 글꼴을 '나눔글씨 펜', 크기를 '48'로 설정한다. 다음과 같이 작성된다.

입력 : 공부가 재미있다!

폰트 – 나눔글씨 펜
크기 – 48

Tip 네이버에서 배포하고 있는 '나눔 글꼴'은 상업적인 용도로도 사용 가능하다.
http://hangeul.naver.com/2017/nanum 해당 링크로 이동하여 '나눔 모음 글꼴 설치하기'에서 '윈도우용'을 클릭 후 실행하면 나눔 글꼴 서체가 모두 자동으로 설치된다.

09 하트 이미지를 넣어보자. 하트 이미지를 미리 준비하여 배치하도록 하자. [입력(D)] 탭 - [개체] 패널의 '그림'을 클릭한다. 대화상자에서 하트 이미지를 선택하여 임의의 위치를 클릭하면 이미지가 삽입된다.

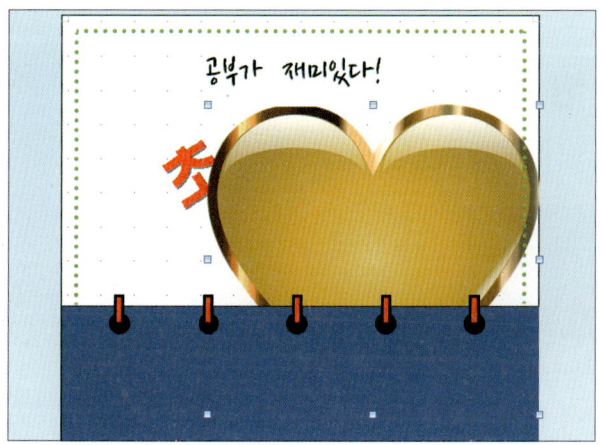

10 이미지의 크기를 줄인 후 '개체 회전' 기능을 이용하여 회전하여 다음과 같이 배치한다.

11 동일한 방법으로 앞쪽의 하트도 배치한다.

12 하단의 연락처(사각형 안에 배치된 문자)를 작성해보자. [입력(D)] 탭 – [개체] 패널의 도형 중 '직사각형'을 선택한다. 임의의 위치를 지정한 후 [도형] 탭 – [크기] 패널에서 가로, 세로의 크기를 '20'으로 설정한 후 바탕색을 지정한다.

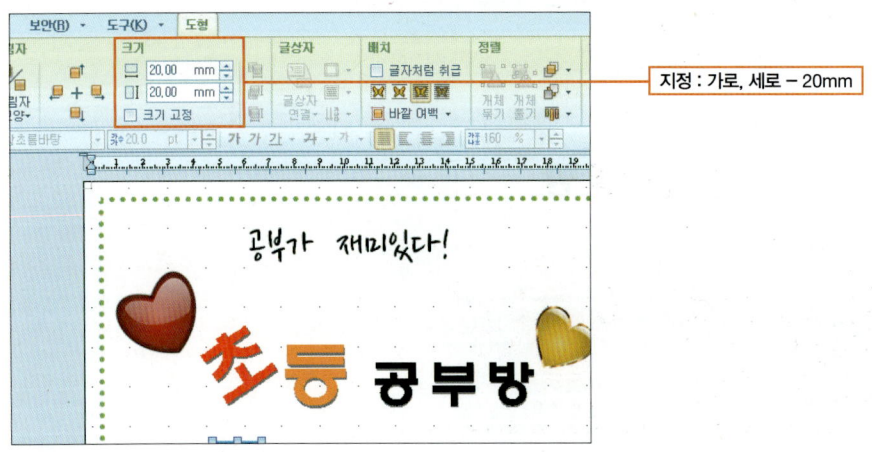

13 글맵시 기능으로 문자('상')를 작성한다. 문자를 작성한 후 [글맵시] 탭 – [크기] 패널에서 가로, 세로의 크기를 '17'로 설정하고, 채우기 색상을 '주황색', 테두리 '선 없음'으로 설정한다.

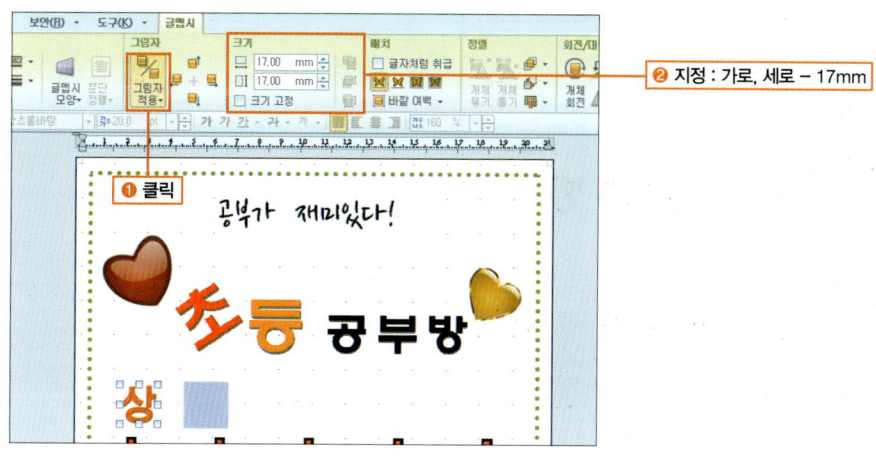

14 문자를 상자 위에 겹쳐지도록 배치한다. 문자가 뒤로 배치되어 보이지 않으므로 앞쪽으로 배치한다. 마우스 오른쪽 버튼을 눌러 '본문과의 배치(J)'를 클릭하고 '글 앞으로(O)'를 클릭한다.

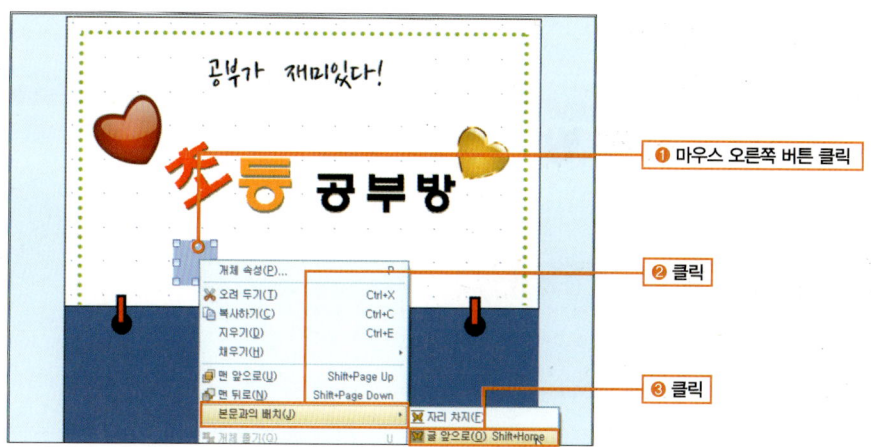

15 개체를 복사한다. 개체를 선택한 후 [Ctrl] 키를 누른 채 드래그하여 복사 위치에서 클릭한다. 다음과 같이 4개가 되도록 복사한다.

16 문자를 수정한다. 문자를 더블클릭하여 개체 속성을 수정한다.

17 문자와 사각형을 그룹으로 묶는다. 문자와 사각형이 선택된 상태에서 [글맵시] 탭 - [정렬] 패널에서 '개체 묶기'를 클릭한다. 반복하여 4개를 각각 묶는다.

18 작성된 문자를 하단으로 이동한다. 이동한 후 '개체 회전' 기능으로 다음과 같이 배치한다.

19 '가로 글상자' 기능을 이용하여 전화번호와 주소를 기입한다.

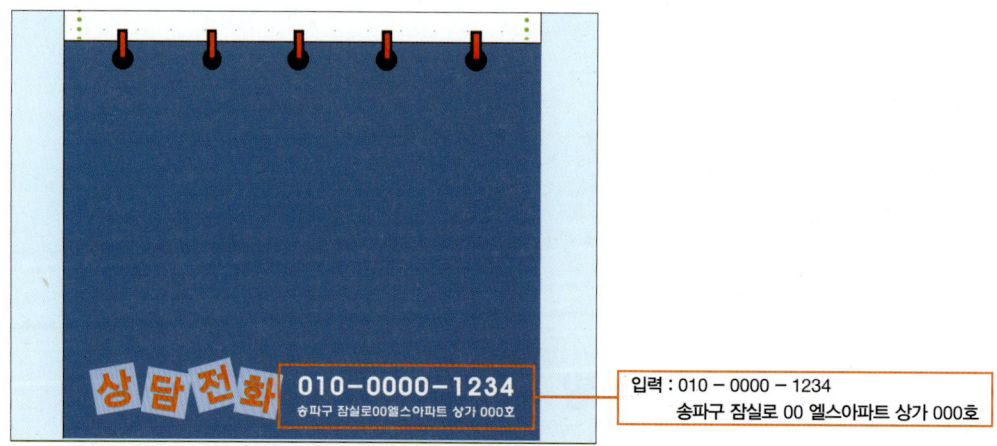

20 본문을 기입한다. '가로 글상자' 기능으로 다음과 같이 문자를 작성한다. 문자 크기는 '24', 색상은 '검정'색으로 설정한다.

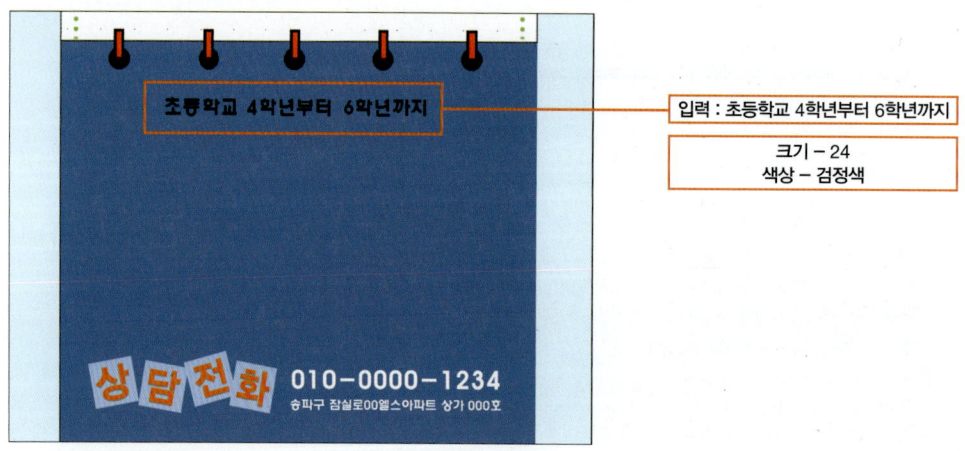

21 가운데 문자('4학년부터 6학년')의 색상을 바꾼다. 바꾸고자 하는 문자를 선택한 후 색상 팔레트에서 색상을 지정한다.

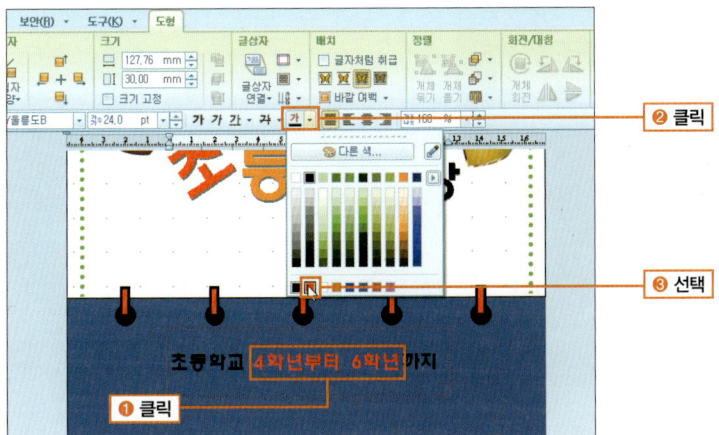

22 '가로 글상자' 기능으로 다음과 같이 문자를 작성한다. 색상은 '흰색'으로 설정한다.

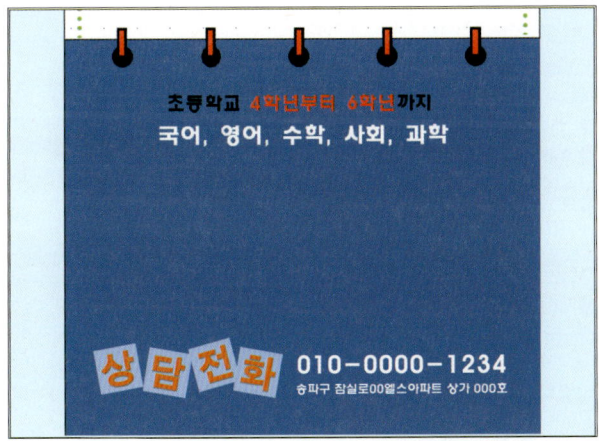

23 '가로 글상자' 기능으로 다음과 같이 문자를 작성한다.

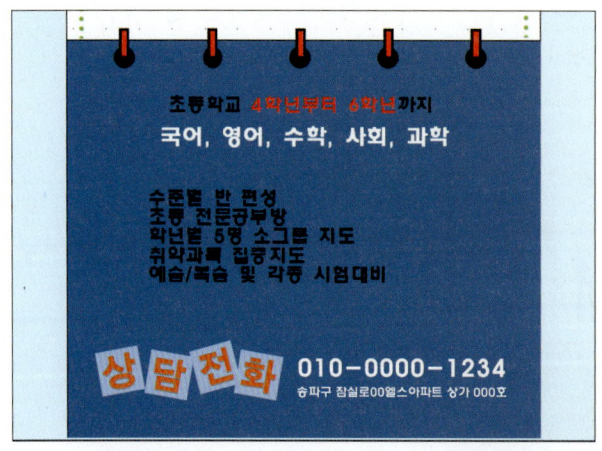

24 각 문장 앞에 기호(글머리)를 넣어보자. 문장 전체를 선택한 후 [서식] 탭 – [글머리] 패널에서 확장 버튼(▼)을 눌러 삽입하고자 하는 글머리 모양을 선택한다.

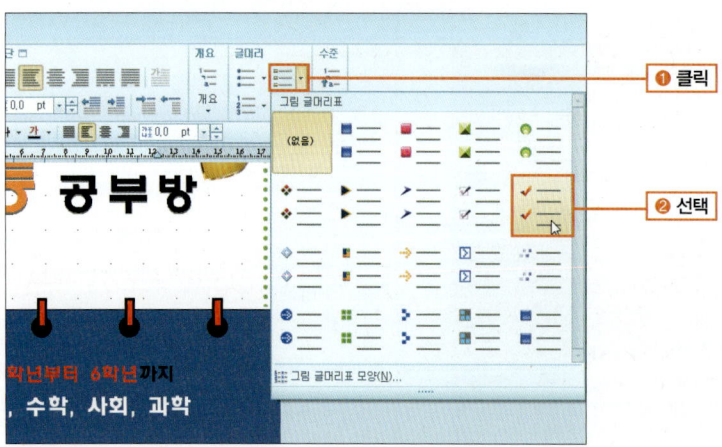

다음과 같이 글머리 기호가 삽입된다.

25 문자의 색상을 바꾼다. 드래그하여 문자를 선택한 후 색상을 지정한다.

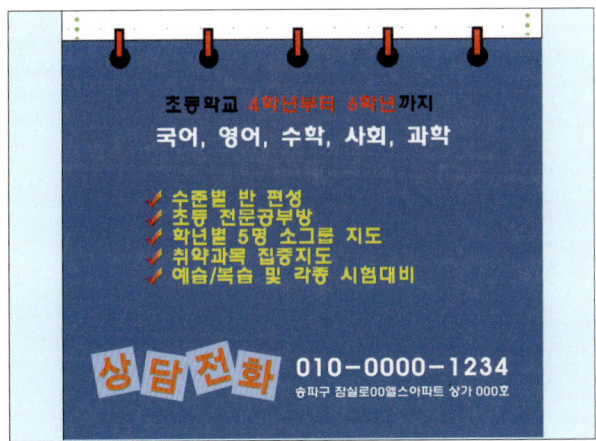

26 이렇게 하여 공부방 전단지가 작성되었다.

4 문어발 작성

전단지를 본 사람들이 연락처를 떼어갈 수 있도록 문어발 형식의 연락처를 만든다. 명함을 건네듯 잠재 소비자가 연락처를 가져갈 수 있도록 한다. 앞에서 작성한 전단지에서 하단의 연락처를 지우고 위쪽의 여백을 줄여 공간을 확보하여 문어발을 만들어보자.

01 먼저 하단의 연락처를 지운다. 개체를 선택한 후 Del 키를 누른다.

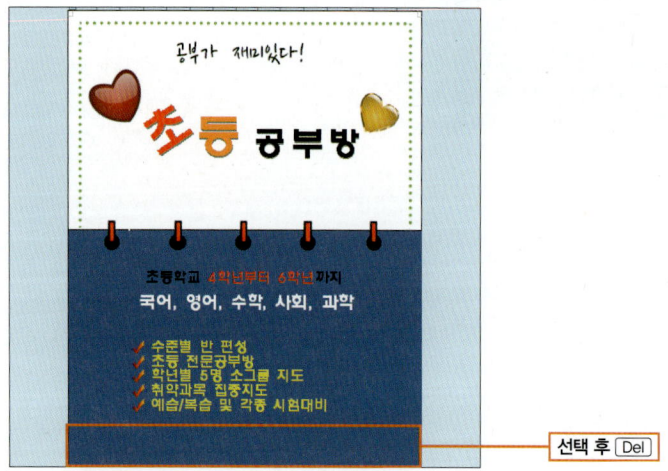

02 '초등 공부방'과 하트 이미지를 선택해 위쪽으로 이동한다. 이어서 아래쪽 바탕 이미지와 고리, 문자를 함께 선택하여 위쪽으로 이동한다.

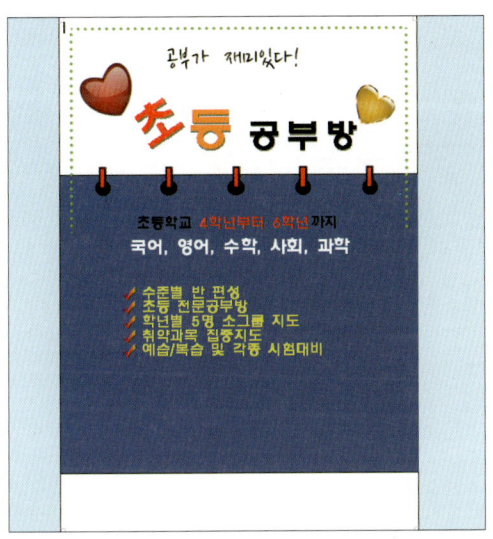

글자가 일정 위치에서 움직이지 않을 때

글맵시로 작성한 문자를 이동하고자 할 때, 일정 위치에서 이동되지 않는 경우가 있다. 이는 영역이 제한되어 있기 때문이다.

개체(문자)를 선택한 후 오른쪽 버튼을 눌러 바로가기 메뉴를 펼친다. 바로가기 메뉴에서 '개체 속성(P)'를 클릭한다. 다음과 같은 '개체 속성' 대화상자가 나타난다. '쪽 영역 안으로 제한(B)'의 체크를 해제(ㅁ)한다.

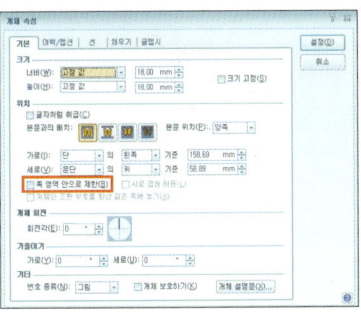

Section 06. 전단지 작성 예제 : 공부방 전단지

03 양쪽의 중복된 선(점선)을 위쪽으로 끌어서 맞추고 바탕을 위로 이동하여 하단에 문어발을 작성할 공간을 확보한다.

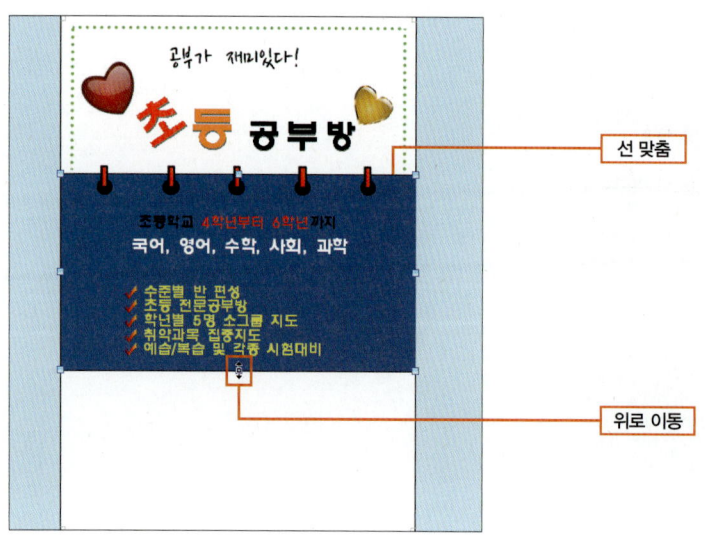

04 표를 삽입한다. [입력(D)] 탭 - [표] 패널에서 '표' 확장 버튼(▼)을 클릭하여 작성할 표의 칸 수(예: 1 x 8)를 지정한다.

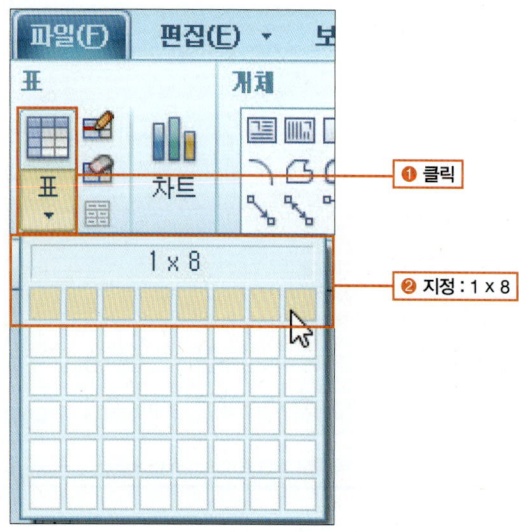

삽입된 표가 위쪽에 배치되면 마우스로 배치할 위치로 이동한다.

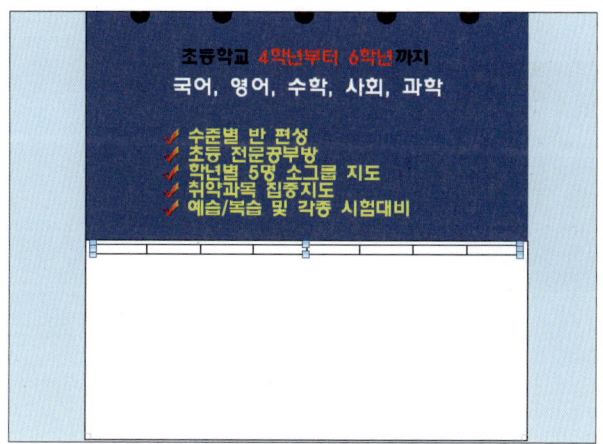

05 표를 테두리에 크기에 맞춘다. 확장 그립을 드래그하여 다음과 같이 하단에 맞춘다.

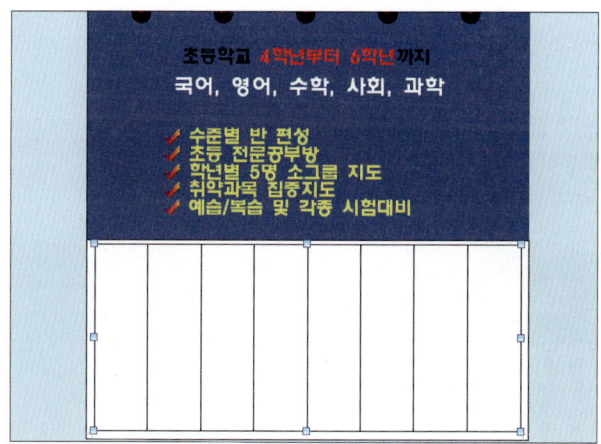

06 문어발 공간에 들어갈 문자를 작성한다. [표] 탭 - [셀 편집] 패널에서 '세로 쓰기'를 클릭한 후 작성한다. 문자의 크기는 '24' 정도 설정한다.

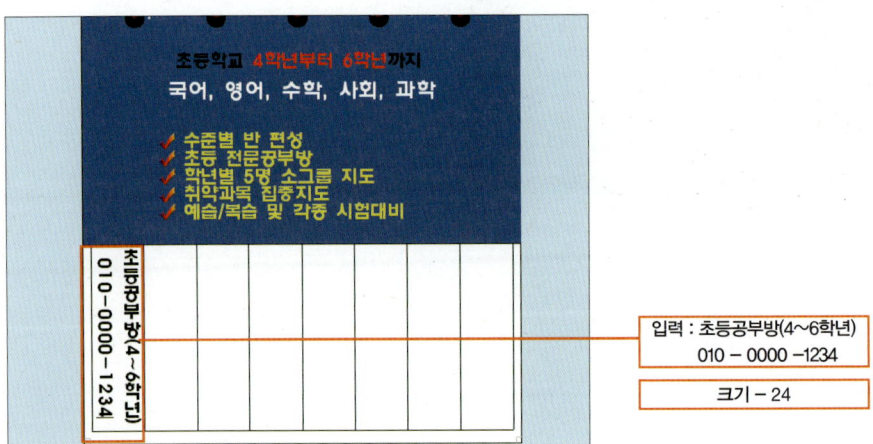

07 문자를 복사한다. 복사하고자 하는 문자를 선택한 후 Ctrl 키와 'C'를 눌러 복사한 후 복사하고자 하는 위치에 커서를 맞추고 Ctrl 키와 'V'를 눌러 붙여 넣는다. 붙여 넣은 문자가 가로 쓰기가 되면, 문자를 선택한 후 '세로 쓰기'를 클릭하여 세로 방향으로 수정한다.

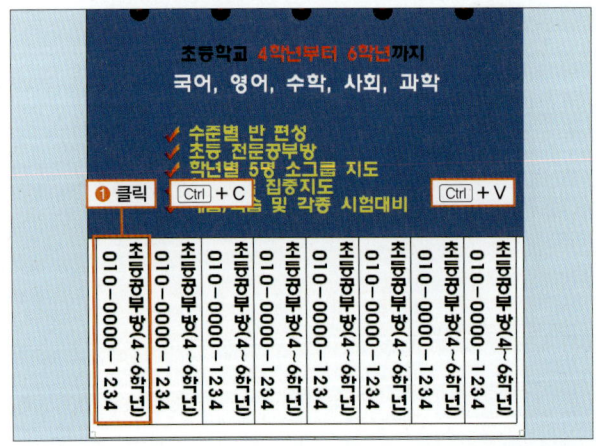

08 테두리 서식을 설정한다. 먼저 드래그하여 표를 모두 선택한다. 다음과 같이 선택된다.

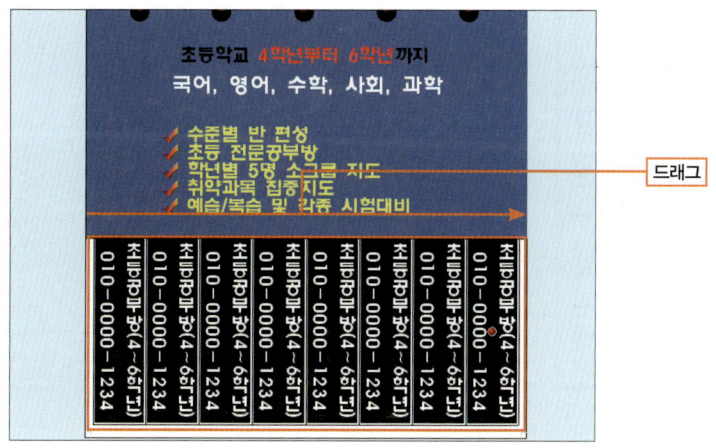

09 위쪽 경계선은 실선, 연락처와 연락처 사이는 파선(점선)으로 작도되도록 한다. 표가 선택된 상태에서 [표] 탭 – [셀 속성] 패널에서 테두리 확장 버튼(▼)을 누른다. 다음과 같은 순서로 설정한다.

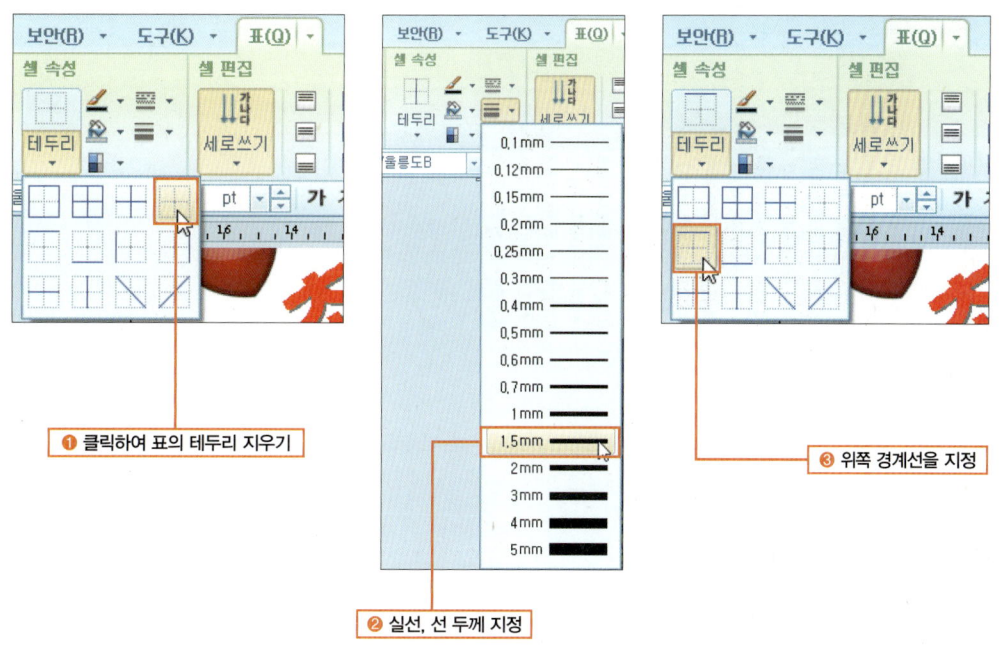

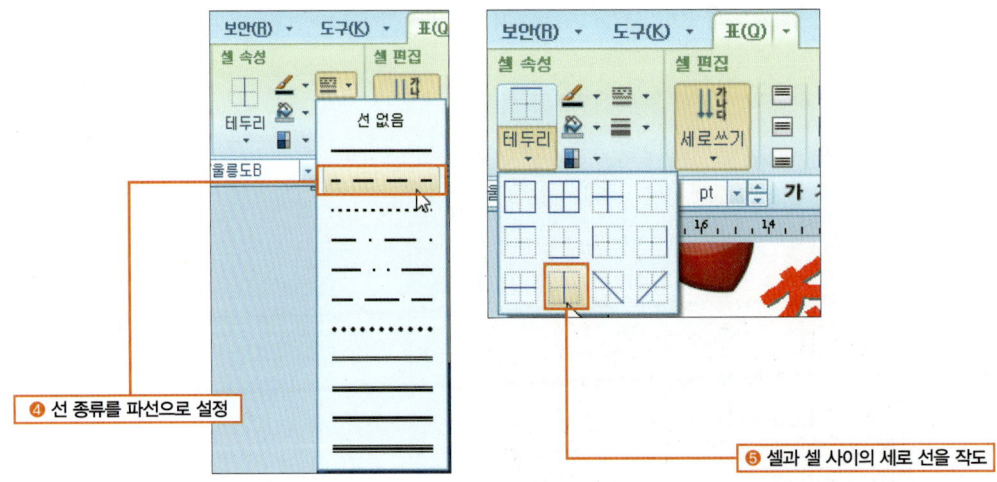

❹ 선 종류를 파선으로 설정
❺ 셀과 셀 사이의 세로 선을 작도

다음과 같이 점선으로 표시된다.

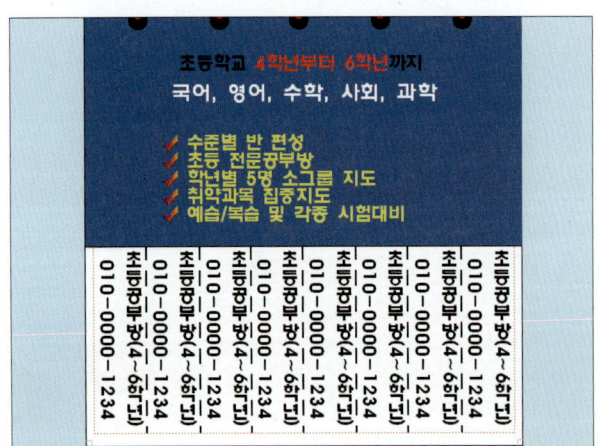

다음과 같은 문어발 형식의 전단지가 완성된다. 점선으로 된 부분은 떼어가기 쉽게 가위로 잘라서 배포한다. 출력 시 잘려나갈 염려가 있으므로 테두리로부터 약간 여유를 두어 작성하는 것이 좋다.

Section 07 전단지 작성 예제 : 카페 전단지

이번에는 카페 전단지를 작성해보자. 작성에 필요한 이미지(커피, 샌드위치, 약도 등)를 미리 준비한다.

1 용지 크기 지정

앞에서 학습한 방법으로 용지를 설정한다.

01 「한글」을 실행한 후 용지를 설정한다. [파일(F)] 탭 - [쪽 설정] 패널에서 '쪽 여백'의 확장 버튼(▼)을 클릭하여 '쪽 여백 설정(A)'를 클릭한다.

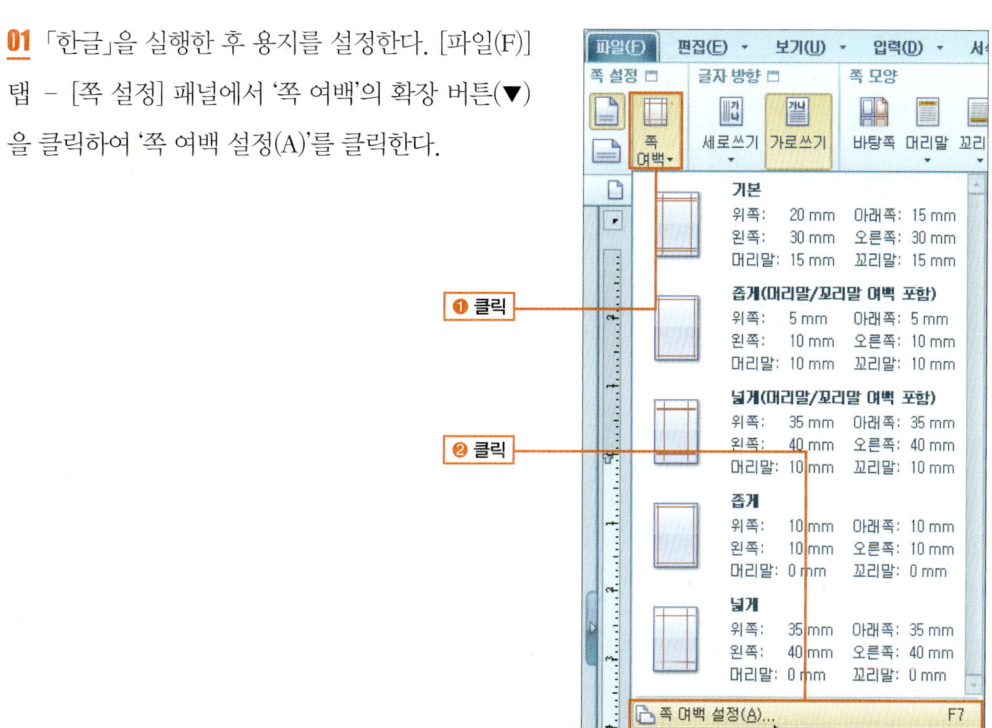

02 다음과 같은 편집 용지 대화상자가 나타난다. '용지 종류'의 '폭(W)'을 216mm, '길이(E)'를 303mm로 설정한다. '용지 여백'의 '왼쪽(L)', '오른쪽(R)', '위쪽(T)', '아래쪽(B)'을 각각 3mm로 설정한다.

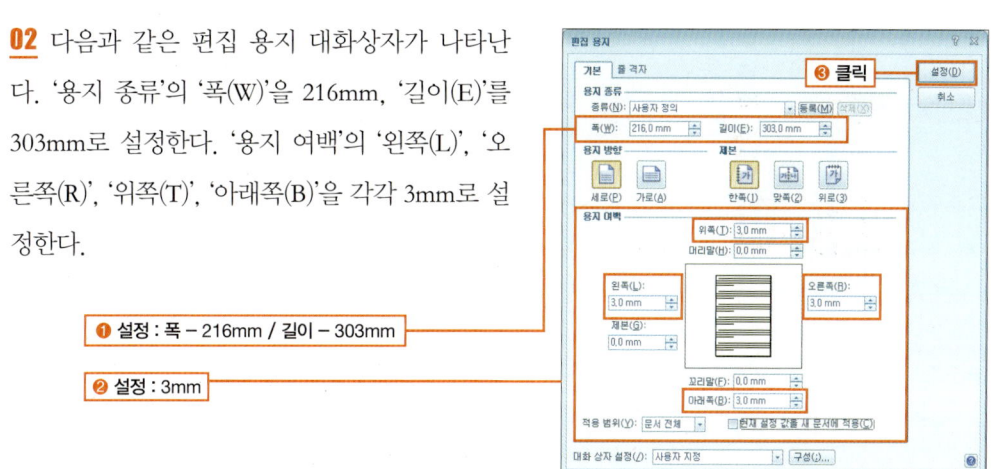

다음과 같이 설정된 용지가 표시된다.

2 배경 설정

전단지 전체의 윤곽이 되는 배경을 설정한다.

01 [쪽(W)] 탭 – [쪽 모양] 패널에서 '쪽 테두리/배경'을 클릭한다. '배경' 탭에서 채우기 색(예: 연한 올리브색)을 지정한다.

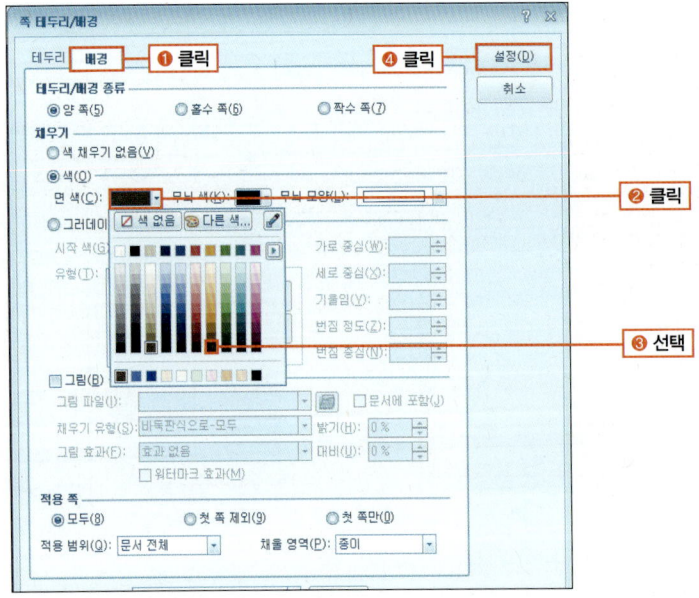

02 [설정(D)]을 누르면 다음과 같이 배경 색이 설정된다.

03 하단의 연락치 영역의 배경을 작성한다. [입력(D)] 탭 - [개체] 패널의 도형에서 '직사각형'을 선택한다. 양쪽 구석 점을 지정하여 직사각형을 그린다. [도형] 탭 - [크기] 패널에서 가로 '216mm', 세로 '45mm'를 지정한다.

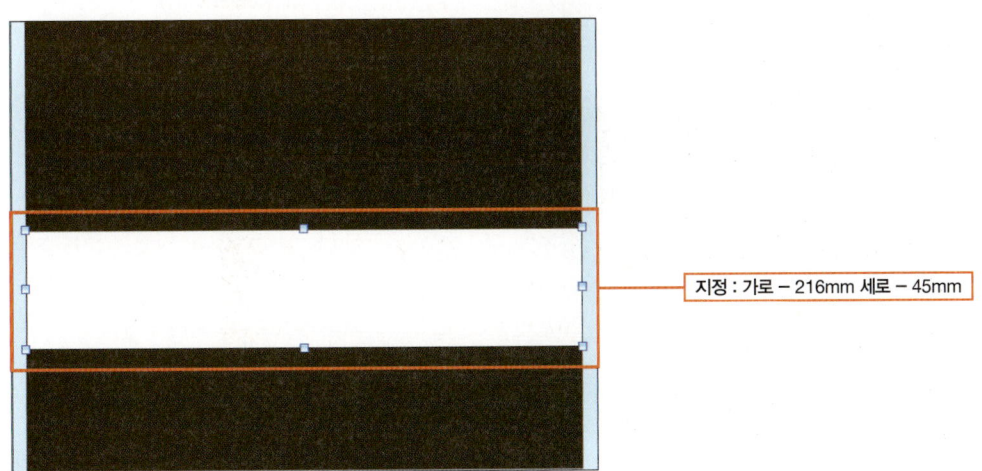

04 윤곽선을 지우고 도형을 색상으로 채운다. [도형] 탭 - [스타일] 패널의 '선 종류'에서 '선 없음'을 선택한다. [도형] 탭 - [스타일] 패널의 '채우기'에서 색상(노랑색)을 선택한다.

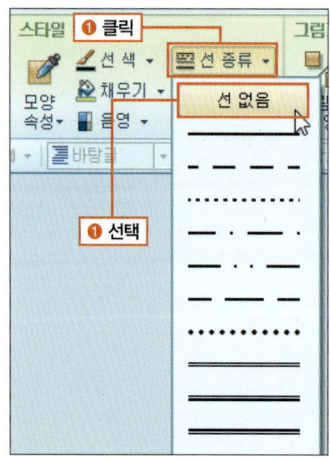
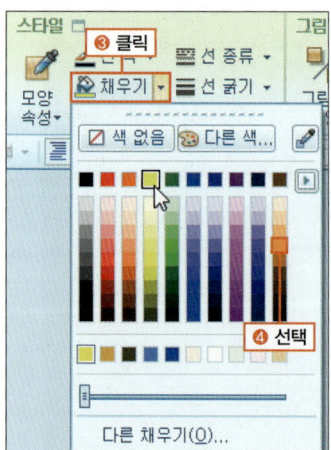

다음과 같이 작성된다.

3 문자 및 이미지 배치

본문이 되는 이미지와 문자를 배치한다.

01 준비한 이미지를 삽입한다. [입력(D)] 탭 – [개체] 패널의 '그림'을 클릭한다. 대화상자에서 준비한 그림을 선택한다.

02 샌드위치를 배치할 공간을 원으로 작성한다. [입력(D)] 탭 – [개체] 패널의 '도형'에서 원을 선택하여 다음과 같이 중간에 배치한다. '선 종류'에서 '선 없음'으로 설정한다.

 Tip 작성된 원을 키우거나 줄이고자 할 때는 [Shift] 키를 누른 채 드래그해야 찌그러지지 않고 키우거나 줄어든다.

03 원을 복사한다. 원을 선택한 후 Ctrl 키를 누른 채로 왼쪽과 오른쪽에 하나씩 복사한다.

04 간격을 일정하게 정렬한다. 세 개의 원을 선택한 후 [도형] 탭 - [정렬] 패널의 '맞춤' 확장 버튼(▼)을 눌러 '가로 간격을 동일하게(H)'를 클릭한다.

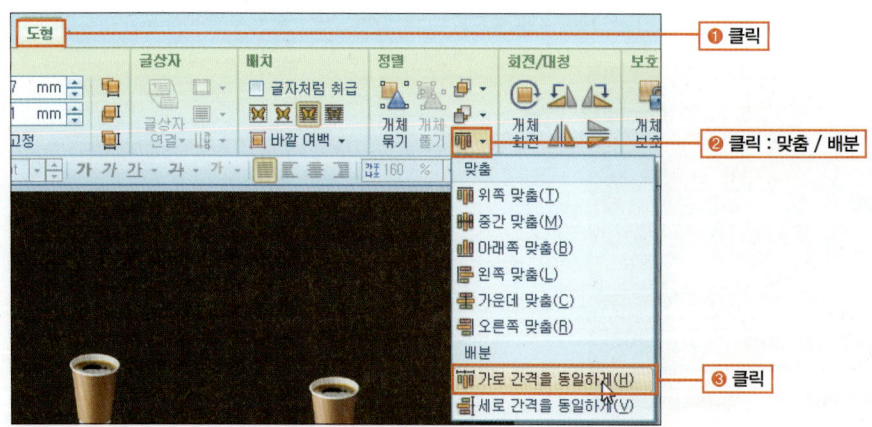

다음과 같이 일정한 간격으로 정렬된다.

05 각 원에 샌드위치를 배치한다. 샌드위치 그림을 원으로 가져가면 샌드위치 이미지가 원 뒤로 숨겨진다.

06 샌드위치 그림을 원 앞으로 배치되도록 한다. [그림] 탭 - [정렬] 패널에서 '맨 앞으로'를 클릭한다.

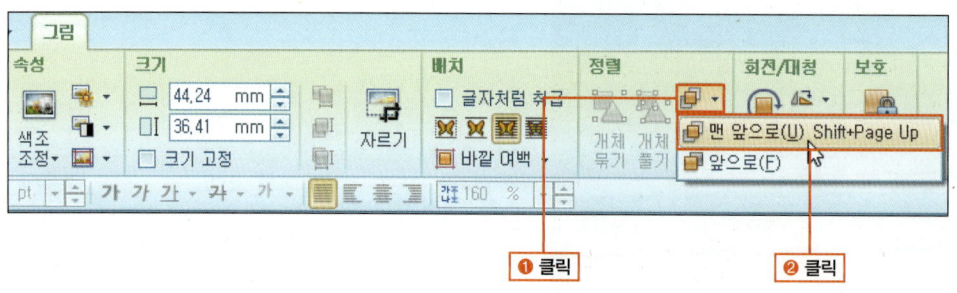

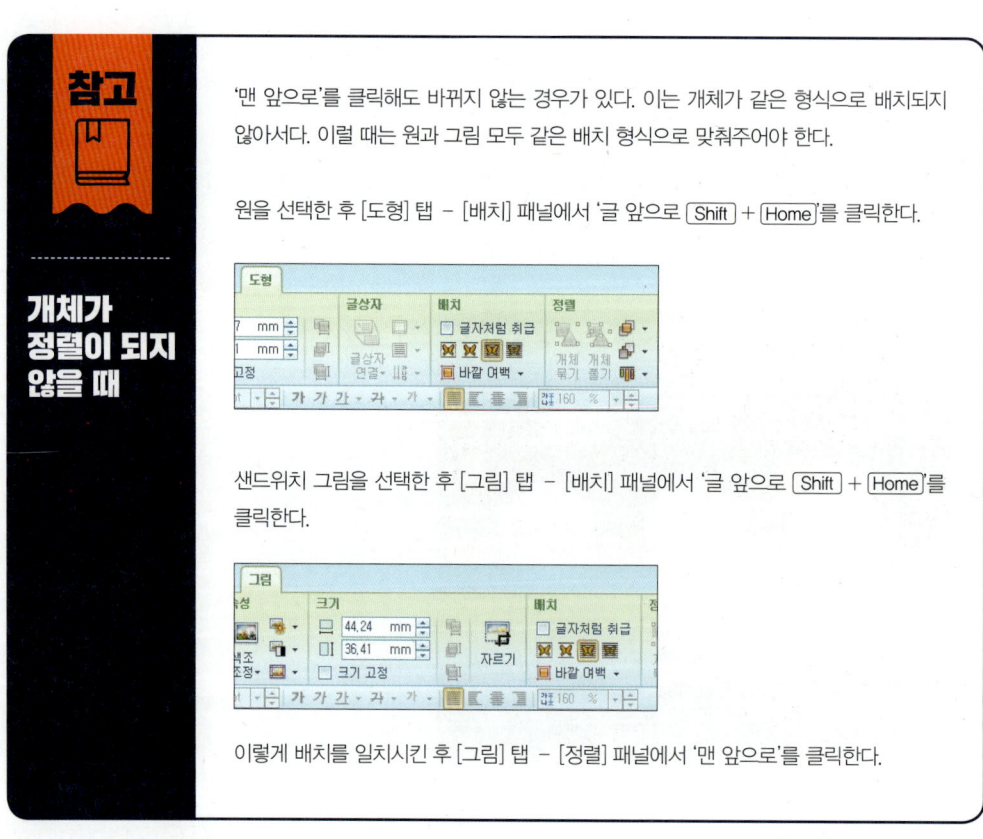

다음과 같이 샌드위치가 원 앞으로 배치된다.

07 동일한 방법으로 다른 샌드위치도 다음과 같이 원 위에 배치한다.

08 원과 샌드위치를 하나의 개체로 묶는다. 두 개의 개체를 선택한 후 마우스 오른쪽 버튼을 클릭한 후 '개체 묶기(G)'를 클릭한다. 세 개 모두 원과 샌드위치를 묶어 그룹화한다.

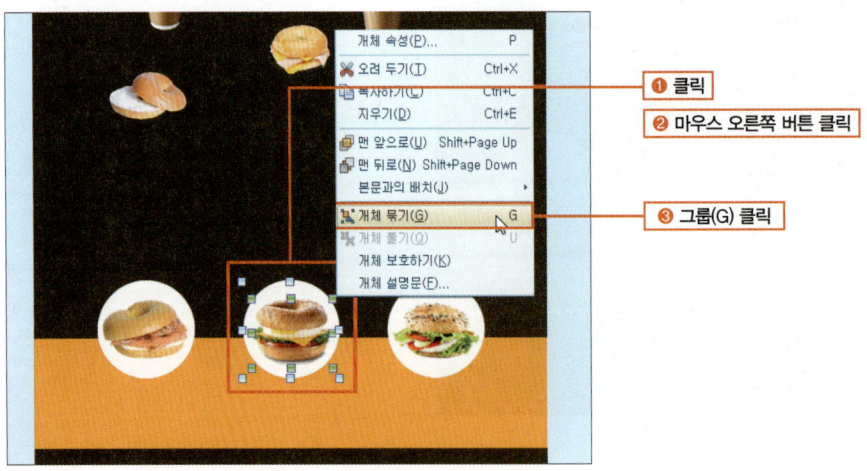

09 이번에는 배치된 3개의 개체(그룹화된 개체) 크기를 키워보도록 하자. [Shift] 키를 누른 채 3개의 개체를 선택한 후 마우스로 드래그하여 키운다.

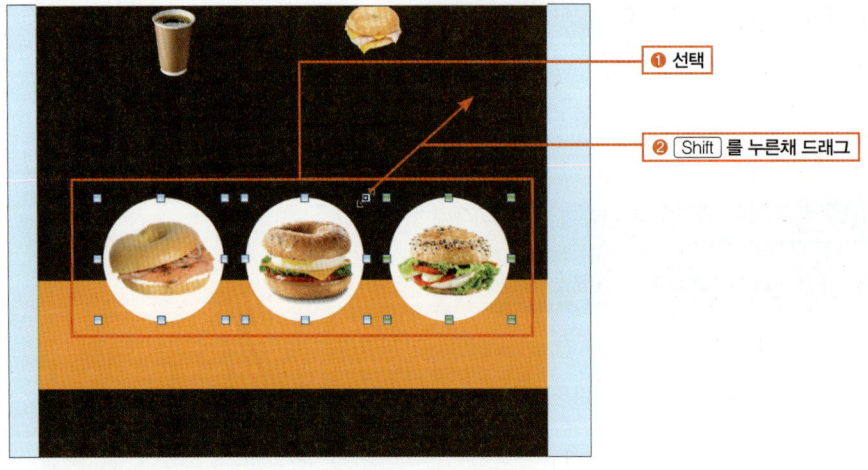

다음과 같이 중앙에 정렬한다.

10 커피와 빵을 배치한다. 커피와 베이글 이미지의 크기를 조절하여 다음과 같이 배치한다.

11 문자를 작성한다. [입력(D)] 탭 - [개체] 패널에서 '가로 글상자'를 클릭하여 문자 위치를 지정한 후 문자('CAFÉ ANNO')를 작성한다.

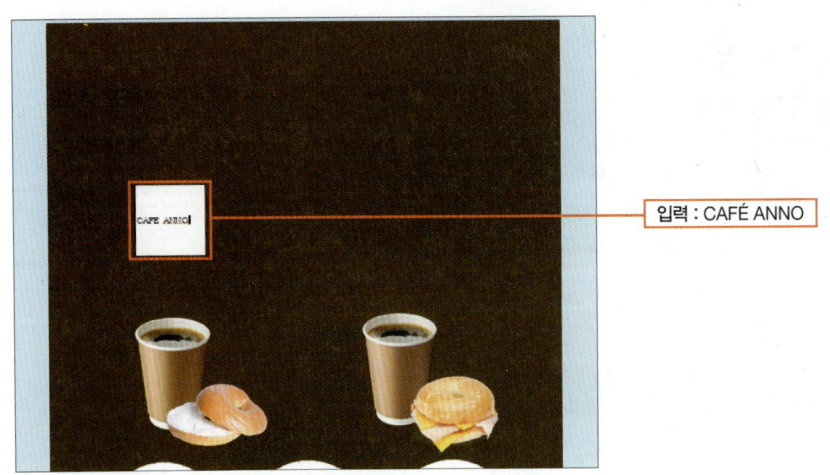

12 문자를 선택한 후 속성(글꼴, 크기, 색상, 테두리 등)을 바꾼다. 테두리 선은 '선 없음', 크기는 '32', 색상은 '흰색'을 지정한다.

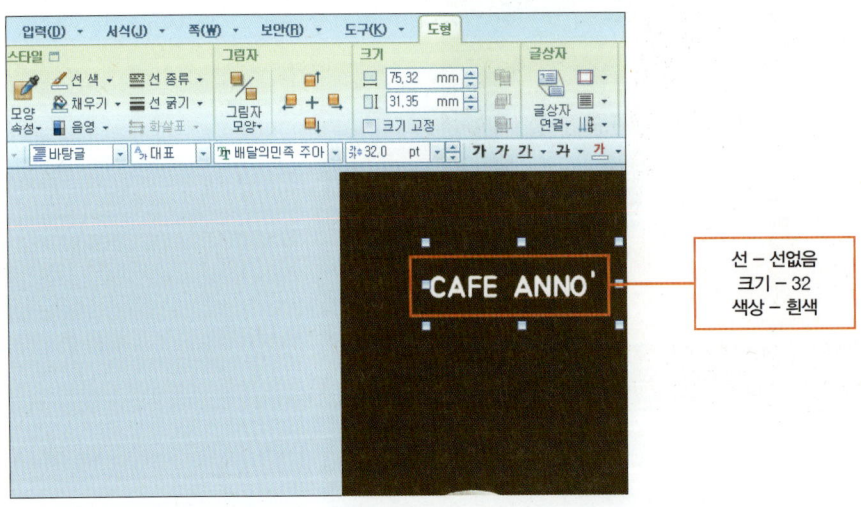

13 이번에는 글맵시 기능으로 문자를 작성해보자. [입력(D)] 탭 – [개체] 패널의 '글맵시' 확장 버튼(▼)을 클릭해서 글맵시를 선택한다. 지정한 후 문자(SET MENU)를 작성한다.

14 다음과 같이 작성된 문자의 속성(크기, 색상, 채우기 등)을 변경한다.

15 나머지 문자는 기존에 작성한 문자(CAFÉ ANNO')를 복사하여 수정하도록 하자. 먼저 문자를 Ctrl+'C' 기능으로 복사하여 Ctrl+'V' 기능으로 필요한 수량만큼 붙여 넣기를 한다.

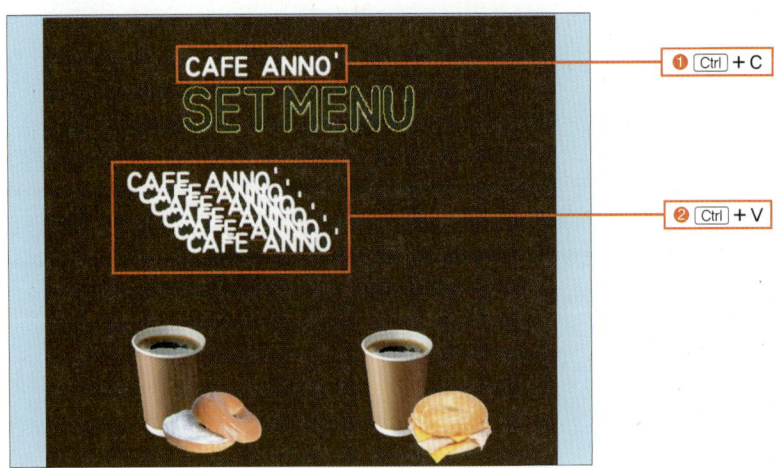

16 문자의 속성(텍스트, 색상, 크기 등)을 수정하여 배치한다.

17 이와 같은 방법으로 다음과 같이 '1인 SET B' 메뉴 문자를 작성한다.

18 아래쪽의 샌드위치 메뉴도 동일한 방법으로 문자를 작성한다.

19 하단의 '베이글 샌드위치 종류'의 문자도 기존 문자를 복사한 후 수정한다. 그리고 선택된 상태에서 문자 상자의 크기를 조정하고 채우기 색상과 문자 색상을 지정한다.

20 약도 이미지를 삽입하고 문의전화, 영업시간 등을 기입한다.

다음과 같이 작성된다.

21 선을 한 두 개 넣어 디자인 요소를 가미해보자. 가운데 점선을 그어보자. 수직선을 그으려면 Shift 키를 누른 채 두 점을 지정한다.

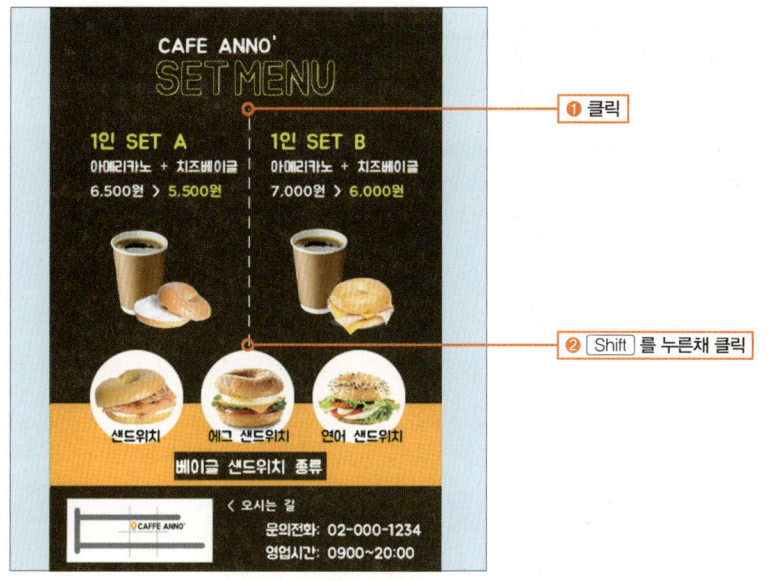

22 'SET MENU' 하단에 선을 긋는다. 선 이미지를 삽입하여 배치해보았다.

다음과 같이 카페 전단지가 완성된다.